本书是全国教育科学"十三五"规划2017年度课题国家一般项目
"'从游式'教育的现代形态：以西南联大为个案的诠释"（BOA170042）成果

The Modern Form of
"FOLLOW-TOUR" EDUCATION
Interpretation of Southwest Associated
University as a Case

"从游式"教育的现代形态
以西南联大为个案的诠释

王喜旺◎著

科学出版社

北　京

内 容 简 介

本书从德才堪为学生楷模的教师高度集中、日常生活中的师生密切接触、师生共同的价值追求、教育家的倡导等方面展开，探讨"从游式"教育的生成机制；从日常生活中师生之间的游谈、"沙龙"与讨论会中的"脑力振荡"、旁听与演讲中的追随、在"私相授受"中共同探究、社会实践中的把臂同行、题词中的劝勉、作为特殊"从游"方式的读书等方面，呈现"从游式"教育的外显形态；从发现学生的个性特点、激烈辩论中的思维磨砺、感通中的陶冶、放松中的思维散射等方面，分析教师对学生产生影响的机理；从精神境界的提升、学术研究范式的形塑、探究方向的导入与学术观念的传承、德性的养成等方面，探查"从游式"教育对学生品格的塑造作用。最后，对西南联大"从游式"教育经验的当代价值进行了创造性阐释。

本书可供研究中国现代高等教育史的学者、研究生参考，也可为各个层级的教育决策者、大学校长确定中国大学改革方略时提供借鉴。

图书在版编目（CIP）数据

"从游式"教育的现代形态：以西南联大为个案的诠释/王喜旺著. —北京：科学出版社，2022.12
ISBN 978-7-03-074217-9

Ⅰ.①从… Ⅱ.①王… Ⅲ.①西南联合大学-校史-研究
Ⅳ.①G649.287.41

中国版本图书馆CIP数据核字（2022）第235652号

责任编辑：朱丽娜　高丽丽 / 责任校对：何艳萍
责任印制：赵　博 / 封面设计：润一文化

科 学 出 版 社 出版
北京东黄城根北街16号
邮政编码：100717
http://www.sciencep.com

北京市金木堂数码科技有限公司印刷
科学出版社发行　各地新华书店经销
*
2022年12月第　一　版　　开本：720×1000　1/16
2024年11月第二次印刷　　印张：14 1/4
字数：256 000
定价：89.00 元
（如有印装质量问题，我社负责调换）

目　　录

绪　论

　　品味教育世界散发的醉人芬芳，破解那醉人的芬芳得以化生之"道"，是每一位对教育事业充满热望的研究者共同的追求。令人遗憾的是，面对整全的教育世界，一些研究者主要把目光投向了正规和制度化的教育目标设定、课程设置、课堂教学的展开、管理制度的建构、校园文化建设等方面，对于师生日常生活中所散发出的教育芬芳的关注度非常低。即使有少量关注师生日常生活的研究，也往往是以一种单主体的思维方式进行的，如关注学生的衣食住行、读书、政治活动参与等日常生活，或者关注教师的衣食住行、学术研究、政治活动参与等日常生活。这样的研究有两个不足：其一，只是把教师和学生的日常生活作为教育实践发生的背景来描述与分析，没有充分揭示其教育意义；其二，在描述与分析教师和学生的日常生活时，没有引入主体间性思维，使得教师与学生的日常生活存在交集的部分没有进入研究者的视野。有鉴于此，非常有必要把我们研究的视线大幅度转移，转向充满生命的温情的教育世界：在制度限定的课堂教学之外，学生自觉地追随教师，参与教师的日常生活实践。在这样的世界中，师生之间进行着自然而频繁的互动。这样的互动使得教师对学生的教诲在悄然间发生，学生的心智亦随之潜滋暗长。从这一意义上讲，师生共享的日常生活的教育芳香自然而然、源源不断地流溢而出。

　　当然，我们之所以要关注师生共享的日常生活的教育芬芳，并不仅仅因为它是既往研究的缺失，更为内在的根源是，与其他教育世界散发的教育芬芳相比，师生共享的日常生活的教育芬芳具有不可替代性。本书研究拟以国立西南联合大学（简称西南联大）师生"从游"的历史经验为质料，在还原历史原貌的基础上进行必要的阐释。在开始属于自己的解析之旅之前，先让我们看一看研究者已经做了哪些工作，得出了哪些有价值的研究成果。

一、研究动态

"从游式"教育在中国可谓历史悠久。从孔子开始，其倡导者、实践者代不乏人。因此，将"从游式"教育视为中国教育传统的一个不可分割的部分，对其进行整体性的宏观透视，自然就成了研究这一课题难以回避的视角。王文凯（2011）的《中国传统"从游"教育模式平议》一文便是在这一视角指引下的一种探索。在该文中，王文凯在展示从先秦到宋明许多史料的基础上，通过语句分析与共性经验归纳，深入分析了"从游式"教育模式的内涵与特点。

"从游式"教育作为一种教育传统在中国历史上或隐或显地绵延不绝，离不开教育家的倡导与支持。因此，在关于教育家的研究中，常常会有"从游式"教育研究的印记可寻。例如，在关于梅贻琦的研究中，不少研究者便常常将"从游式"教育的思想与实践资源的挖掘作为其重要研究内容。吴洪成和甘少杰（2011）在《梅贻琦"从游论"的教育思想与当代启示》一文中便是这样做的。在该文中，他们指出，梅贻琦的"从游论"教育思想既是对中国优秀教育传统的发扬光大，也是对中国当时大学教育中存在问题的深刻反思。显然，吴洪成和甘少杰是把"从游论"教育思想作为梅贻琦教育思想中一个独立的元素来看待的。可是，在另外一些研究者的视野中则不然。如刘剑虹和杨竞红（2005）在《梅贻琦通才教育思想引论》一文中，则把"师生从游"作为通才教育实施的途径来看待，认为其有整合学生知识和人格的作用。可见，刘剑虹和杨竞红是把"从游论"思想作为通才教育思想的一个组成部分来看待的。无论前面的研究者是把"从游论"的思想作为一种独立、自足的思想要素来看待，还是将其视为大的思想系统中的一个结构元素，都是从教育思想的角度来论述的。与此形成视差的是，另外一批研究者则是从师生关系的视角来透视"从游论"的。如屈志斌（2015）在《梅贻琦的师生关系理念及其实践》一文中，把"从游论"视为梅贻琦师生关系理念的核心，并把该思想解读为：对于学生而言，教师不仅负有传授知识的责任，还肩负着以身示范、培养学生人格的使命。

当然，"从游式"教育作为一种教育传统能够在中国历史上或隐或显地绵延不绝，固然需要教育界有影响力的人士大力倡导，更离不开实体化的教育机构承担相应的实践重任。因此，除了关于教育家的研究之外，在关于教育机构的研究中，也常常会有"从游式"教育研究的辙迹。如推行"从游式"教育成就卓著的西南联大，常常会有研究者聚焦于其间的"从夫子游"。笔者在《学术与教育互动：西南联大历史时空中的观照》这一著作中，便做过这一工作（王喜旺，2008）。在这本专著中，笔者先是从学术对教育的塑造作用的视角描述、分析了西南联大的教师与学子在课外热情论道的图景，然后从教育对学术的反向作用的视角出发，分析了师生之间的"从夫子游"对学生精神成长所产生的潜隐而深刻的作用。

"从游式"教育作为中国历史上持续存在的一种教育形态，不仅引发了许多研究中国教育史的学者的兴趣，促使他们从中国教育传统、人物与机构的视角对其进行研究，其中闪现出来的智慧灵光还激发了那些身处教育改革一线的学人，促使其从传统资源的当代转换、应用的视角提出了若干创造性设想。王一川等（2009）在《研究型大学艺术专业的"从游式"教学模式》一文中便做了这样的尝试。在该文中，他们认为，在当前的研究型大学中，应当借鉴中国悠久的"从游"教育传统，实施"从游式"教学。另外，他们还对"从游式"教学实施的基本策略与主要路径进行了探讨。该文作为集体智慧的结晶，在操作设想上可以说是相当系统化、具体化的。遗憾的是，该文的学理根据不足。为了弥补这一不足，王一川（2010）在《中国古典"从游"传统与重建本科艺术专业教育》一文中对"从游式"教学的学理根据进行了较为系统的阐发。王一川认为，中国历史上悠久的"从游式"教育传统与美国20世纪90年代力图改革本科教育的《博耶报告》中的相关内容存在着精神上的高度契合、关联。有鉴于此，吸收二者的思想精华，我们应当倡导一种新时代的"从游式"教学。

总之，虽然上述几种研究取向都有其合理性，也做出了一些可圈可点的研究成果，但是，在笔者看来，对于该课题的研究，尚有很大拓展、深化的空间。对传统的"从游式"教育的研究，应该是在思想与实践传统的纵向勾勒基础上进行整体性、横断性的分析，可是目前仅仅有篇幅甚微的一些横断研究成果，纵向勾勒式的研究还寥寥无几。如果把"从游式"教育看作教育家整体思想中的一个结构要素，仅仅关注提倡"从游式"教育甚力的梅贻琦是远远不够的，对孔子、孟子、朱熹、王国维、马一浮等教育家有关思想与实践的研究亟待展开。当我们把"从游式"教育视为教育机构的重要实践时，只是关注西南联大，视野还是太狭窄了。中国古代的太学、书院以及近现代的复性书院、清华国学院等机构的相关实践，也应当引起我们的重视。即使针对西南联大的相关研究，也非常不充分。目前，对于西南联大"从游式"教育的研究，只有个别学者进行的从课外师生之间的学术性游谈这一侧面的形态展示与功能分析，更多层次的形态展示、功能分析，以及对原发性的发生机制、作用机制的描述与分析，几乎没有。至于站在传统教育资源的当代转换、应用立场上的研究，虽然成果具有一定的系统性、可操作性，但是我们认真思考就会发现，其理据还是不够充分的。无论是从孔子到梅贻琦的传统呈现，还是对《博耶报告》的分析，都只是为"从游式"教育提供了若干精神指引、理念支持，更为自觉、系统的理论思考还是付诸阙如。在笔者看来，关于"从游式"教育的理论研究，如概念界定、发生机制、具体形态、作用机理、育人功能等是无论如何都回避不了的问题。系统地回答这一系列问题，是该课题研究的当务之急。可是，迄今为止，我们既没有看到系统的研究成果，也没有看到对其中的若干关键问题，如发生机制、作用机理进行研究的专门成果。相关应用研究都是建立在浅薄、松散的理论"地基"之上的，这样的应用研究成果很难真正令人信服，也难以真正对实践起到正确的指引作用。因此，我们可以断言，今后"从游式"教育研究的努力方向之一便是着眼于系统的理论研究基础之上的应用研究。

正是基于上述对"从游式"教育研究既有成就与努力方向的判断，笔者才确定了以西南联大为个案对"从游式"教育进行系统研究的设想。与既往的研究成果比较，本书研究有一定的价值。

二、研究价值

（一）理论价值

第一，为完整地描绘西南联大教育生态的图景奠定重要基础。描绘西南联大教育生态的完整图景，是研治"西南联大"的学人念兹在兹的一个夙愿。可是，迄今为止，这一夙愿还没有完全实现。重要原因之一便是"从游式"教育作为西南联大教育生态的一个有机组成部分，其样态始终模糊不清。本书对西南联大"从游式"教育的系统研究，恰恰可以为完整地再现西南联大"从游式"教育的全貌略尽绵薄之力。

第二，为"从游式"教育理论系统的理论建构做出贡献。翻阅有关西南联大的史料，我们不难发现，不可胜计的追忆者常常聚焦于西南联大学子的"从夫子游"及其创造的"教育奇迹"，抚今追昔，一唱三叹。这让我们在神往不已的同时，还深深地感到西南联大的师生之间真正是梅贻琦所倡导的"大鱼前导，小鱼尾随"的"从游"关系，建基于这一师生关系的教育形态亦是典型的"从游式"教育。就此而言，西南联大的"从游式"教育是中国现代大学中"从游式"教育的典范。因此，本书研究以西南联大为个案，针对"从游式"教育的概念界定、发生机制、一般形态、作用机理、育人功能等问题，在历史经验还原的基础上，进行系统的理论思辨，对于"从游式"教育理论系统的构建具有一定的积极意义。

第三，弥补关于梅贻琦研究的缺失。梅贻琦作为现代教育大家，对其进行研究的学者甚众，研究成果也甚为丰厚，可是对其"从游式"教育思想的研究，无论是把"从游式"教育思想作为独立的教育思想元素来看待，还是将其作为通才教育思想或师生关系思想的一部分来考察，大多数没有对梅贻琦论述"从游式"教育思想的文本《大学一解》进行细密解读，并在此基础上对其"从游式"教育思想进行全面、准确的诠释。本书研究将在对《大学一解》及梅贻琦的其他文本进行互证、互释的基础上，对梅贻琦"从游式"教育思想的本相进行还原，这对于呈现一幅完整、清晰的梅贻琦教育思想的样貌，具有拾遗补阙之功。

（二）应用价值

本书研究以理论思辨、历史经验参照、现实国情与学情分析三个维度的考察为基础，为"从游式"教育在当代大学的推行提供条件支撑、策略确定、路径选择等方面的系统操作方案。这对于完善中国当代大学教育改革的操作方案、切实提升中国当代大学教育的品质，具有一定的借鉴价值。

三、研究内容

本书主要沿着以下的逻辑思考线索展开：第一，探讨"从游式"教育的生成机制。"从游式"教育从理想变为现实，需要一系列条件的支撑。德才均堪为学生楷模的教师高度集中，是先决条件。不过，要使这一条件能够发挥作用，就必须依靠课堂教学中的探究性教学与日常生活中的师生密切接触，把教师的过人才智与高尚品格最大限度地示现出来，让学生发自内心地对教师产生敬重。当然，要使学生发自内心的敬重变为师生充满生机的"从游"，还需要教师与学生有着共同的价值追求。最后需要说明的是，学校领导者的自觉倡导也不是可有可无的，它起到了推动诸多条件尽快发挥作用的功效。第二，展现"从游式"教育的外显形态。本书主要从日常生活中师生之间的游谈、"沙龙"与讨论会中的"脑力振荡"、旁听与演讲中的追随、在"私相授受"中共同探究、社会实践中的把臂同行、题词中的劝勉、作为特殊"从游"方式的读书等方面，呈现了"从游式"教育的外显形态。第三，探讨"从游"中教师影响学生的机理。本书主要从"对话"中的探察与了知、自由展示中的心灵冲击、论辩中的思想交锋、极度松弛中的思维散射、感通中的陶冶等方面，挖掘"从游式"教育中教师对学生产生深刻影响的心理机制、思维机制。第四，分析"从游式"教育的影响。本书主要从精神境界的提升、学术研究范式的形塑、探究方向的导入与学术观念的传承、德性的养成等方面，探讨了"从游式"教育对学生的影响，分析了"从游式"教育对教师的反哺作用。第五，对"从游式"教育的历史经验之当代价值进行阐释。本书主要从"从游式"教育的特征、"从游式"教育在当代大学教育中的意义、"从游式"教育实现的条件、"从游式"中教师影响学生的策略等方面，对"从游式"教育的历史经验能够给予当代高等教育的启示进行了阐释。

四、本书的研究思路与方法

（一）研究思路

从大的思路来说，本书研究先是回归前代人的立场，从西南联大学人的所思所感出发，尽可能地还原西南联大时期"从游式"教育的生成、展开的历史本相，然后再站在当代人的立场上，从中国当代大学教育变革的需要出发，对"从游式"教育进行一般的理论思辨，提出在中国当代大学生成、推行"从游式"教育的条件、策略、路径。

（二）研究方法

本书研究主要采用文献法。笔者大量搜集有关西南联大师生的日记、回忆录、纪念集、档案、传记等，通过对它们的排比、鉴别、连缀、分析，对西南联大"从游式"教育的历史原貌进行呈现与阐释。

五、创新之处

第一，对梅贻琦倡导的"从游式"教育思想进行全面解读，获得正解。在既往对梅贻琦"从游式"教育思想的研究中，很少有研究者对梅贻琦集中阐述"从游式"教育思想的作品——《大学一解》进行深入、细致的解读，从而对"从游式"教育思想进行全面的阐释。本书研究能够弥补这一缺失，使大家看到一幅完整、清晰、内在逻辑严谨的"从游式"教育思想的图景。

第二，探索"从游式"教育生成、发挥作用的一般机制。在既往的研究成果中，对于"从游式"教育生成、发挥作用的一般机制，没有系统的理论说明。本书研究在历史经验还原的基础上，对"从游式"教育生成、发挥作用的一般机制进行了系统的理论建构。

第三，完整地还原西南联大"从游式"教育的历史本相。在既往的研究成果中，我们能够看到的西南联大"从游式"教育的面相，只有师生课外的学术游谈一个侧面，关于其他侧面的样态及其机制、功能等的研究寥寥无几。本书研究可以把西南联大"从游式"教育的历史本相完整地呈现出来。

第一章

"从游式"教育的生成机制

第一节 学识与德性兼美的"大师"高度聚集

在大学中，师生"从游"得以发生，最重要的一个前提条件是大量学识与德性都堪为学生楷模的教师聚集在大学中。对于此类楷模人物，西南联大的掌舵者梅贻琦称其为"大师"。对此，他是这么说的：

> 一个大学之所以为大学，全在于有没有好教授。孟子说："所谓故国者，非谓有乔木之谓也，有世臣之谓也。"我现在可以仿照说："所谓大学者，非谓有大楼之谓也，有大师之谓也。"我们的智识，固有赖于教授的教导指点，就是我们的精神修养，亦全赖有教授的 inspiration。但是这样的好教授，决不是一朝一夕所可罗致的。（梅贻琦，2013：13）

可见，梅贻琦心目中的"大师"不是什么高不可攀的人物，而是在学识与德性上可以成为学生的指导者、示范者、激励者的师者。西南联大的很多教师恰恰是此类人物。

一、一流学者高度聚集

从学术上看，西南联大是一个一流学者云集的地方。在西南联大的教授群体中，在当时学界可以称得上俊彦的人物有很多。从下面的一组统计数据中，我们不难看出西南联大教授在当时学术界的地位。

1945 年，西南联大即将返回京津办学时，西南联大的学生结撰过一本纪念册，在这一纪念册的第四部分"联大教授"的前言中有这样一个统计，西南联大179 位教授中，97 位留美，38 位留欧陆，18 位留英，3 位留日，23 位未留学。3位常委，2 位留美，1 位未留学。5 位院长，全为美国博士。26 位系主任，除中国文学系及 2 位留欧陆，3 位留英外，皆为留美（西南联大除夕副刊，1946：192）。

1941 年，教育部门实行"部聘教授"制度，挑选一些在国内甚至国际上资望较高、任教 10 年以上的教授，由教育部直接聘任。1942 年 8 月，西南联大有 8位教授当选第一批"部聘教授"（全国共计 30 人），其中包括来自清华大学的吴宓、陈寅恪、吴有训等，来自北京大学的汤用彤、饶毓泰、曾昭抡、张景钺，聘期为 5 年。另外，在国民政府的研究院中，西南联大教授中的院士有 26 名，占院士总数的 32.1%。其中，数理组院士 28 名，西南联大就有 11 名，占 39.3%；生物组院士 25 名，西南联大就有 5 名，占 20.0%；人文组院士 28 名，西南联大就有 10 名，占 35.7%（杨立德，1995：67）。

在西南联大的教授群体中，有留学背景的约占 87.2%，即使是当代的任何一所中国顶尖大学，也不可能达到这样的比例。抗日战争时期，具有留学经历的教授比例就能达到这么高，在当时绝不可能有与其比肩的大学。在学术界水平较高的部聘教授、院士群体中，西南联大一所大学的教授所占席位就达到了近 1/3。从这些统计数据可以看出，说西南联大是学术大师云集之地，绝对不是虚语。

二、西南联大教师的"君子"人格

从德性修养的角度来看，西南联大的教师均堪称"君子"。对此，毕业于西南联大的汪曾祺在谈到其师长一辈人时，曾说这些人的共同特点是："一是都对工作、对学问热爱到痴迷的程度；二是为人天真得像一个孩子，对生活的充满兴趣，不管在什么环境下永远不消沉沮丧，无机心，少俗虑。"（云南省政协文史资料研究委员会等，1988：199）在这里，汪曾祺点出了西南联大教师群体的两个特点：一是超越情怀；二是刚健有为。这可以说是中国传统儒家心目中的"君子"最重要的两种品格。下面，我们就从这两方面出发，考察西南联大教师群体的品格特征。

中国传统的知识分子中流传着这样一句话："士穷乃见节义。"意思是只有在困境中，才能看出人的节操，可谓知人论世的真知灼见。我们就从这一点出发，一窥西南联大教师的品格。

西南联大人面对的最大困境是在死亡的边缘挣扎、求生。从 1938 年 9 月开始，一直到抗日战争结束，西南联大的师生处于时时有可能遭受日本侵略者空袭的危险之中。

抗日战争时期，日寇对国立长沙临时大学、西南联大的轰炸十分频繁。空袭的折磨与困扰就像蚂蚁啃食人的神经一样，让西南联大的师生苦不堪言。从《吴宓日记》中，我们大致可以看到日寇空袭时国立长沙临时大学师生的应对情形。1937 年 11 月 24 日，日本人开始空袭长沙的时间大约在下午一点半。对于这次空袭的经过，时任国立长沙临时大学教授的吴宓在日记中进行了较为详细的记载。

> 日本飞机忽至，在东车站投炸弹，毁交通旅馆（方举行婚礼）。及中国银行货仓等，死二百余人，伤者众。此为长沙初次空袭。当时，远闻轰击之声，楼壁微震，街众奔喧。乃下楼步行而北。行至中山北路，别微等，宓独沿大街东行。警察禁止行动，而街中人民拥挤奔窜。宓依檐徐进。至湖南商药局门口，被警察纺入局内。众留该局久久，至警报解除，始得出。此时街中人更多，盖群趋车站欲观轰炸之实况，无殊看热闹者，道途拥塞。及宓抵圣经学院已 4:30 矣。（吴宓，吴学昭，1998a：261）

从吴宓所记述的死伤几百人，轰炸之声不绝于耳，人们在街道上拥挤、奔跑、大声喊叫等，足见人们心理上的震骇、惊怖是何等强烈。

对于在昆明时期日本人空袭的状况，不少西南联大学子都有印象深刻的记忆。郝诒纯以其女性特有的细腻，对当时的空袭进行了细致入微的描述：

> 我们去的时候一直在被轰炸，那个时候，云南当地的学生、学校都疏散到乡下去了。我们联大的学生都是住他们的空房。1939、1940 年轰炸得最厉害。早晨天不亮就拉警报，就跟现在抓囚犯的车的声音似的。那个一放，我们就得赶快起来跑。

炸完以后，我们都是从死人堆里爬出来的。有的时候就是胳膊、腿什么的挂在树上，就在我旁边。因为跑得很远，有的老百姓就跑不动了，拖家带口的。我们学校死过几个，但是很少。因为我们没有家累，反正警报来了就跑。

炸完了以后，回来没电，学校做不出饭来，就饿着肚子。因此在我们学校外面有一个卖大饼的，后来他家就发了财。我们头天买好了饼，放在一个布袋里，身上仅有的一点钱，贵重的东西放在枕头底下。警报一放就赶快起来，把这个铺盖卷一卷放在床底下。（张曼菱，2013：154-155）

许渊冲则在日记中这样记述西南联大被轰炸时的情形：

日本飞机二三十架轰炸昆明。我和匡南躲在后山松树林中，看见在高空的敌机闪闪发光，扔下给阳光照得雪亮的炸弹，匡南说声"不好!敌机炸联大了!"我们赶快扑在松树底下。刚刚扑倒，炸弹就落在我们前后左右，炸出了很多大坑，掀起了大片泥土，铺天盖地压在我们身上，还好我们没有给碎片击中，总算运气。回到新校舍一看，理学院的宿舍炸倒了一间，篮球场上炸出了两个大坑。再到北院，发现师范学院落弹更多，熊德基（联大地下党领导人）的床铺都炸掉了，还好人不在家。再到南院，女生宿舍也不能幸免，同端三姐妹和宗蕖等几个女同学住在南院食堂旁边，床上落满了尘土。（许渊冲，2021a：319）

我们从他们的记述中不难看到，在日寇的空袭中，不少人被炸伤了，西南联大的校舍、师生的日常用品也被炸得四分五裂。轰炸过后，不但可能流离失所，还常常要忍饥挨饿。种种惨状，让人唏嘘不已。

起初，日本人对昆明的空袭只是为了对大后方的民众进行精神上的骚扰、威慑，轰炸昆明的次数还不太多。后来，在日本人占领了越南、缅甸后，中国的昆明便从大后方变成了抗日战争的前沿地带。自此，日本人对昆明的轰炸就成了家常便饭："从1940年夏天到1941年秋天，在这一年零一个季度的时间里，日本几乎天天来飞机轰炸，而且很准时，早晨九、十点钟肯定拉警报。"（何兆武，文靖，2006：180）

空袭给人们带来的直接伤害是死亡的阴霾随时笼罩在大家的心头，强烈的心理恐慌挥之不去。这种足以刻骨铭心的体验留在许多西南联大人的记忆中。

1940 年 10 月 12 日，近 30 架日本飞机一举侵入昆明上空，投弹多达百余枚。这次轰炸的重点目标就是西南联大与云南大学（吴宓，吴学昭，1998b：244）。云南大学及西南联大师范学院几乎被夷为平地，西南联大教授集聚的文化巷也被炸得面目全非。文化巷口棺木罗列，更是让人感到死神如在眼前虎视眈眈。这时，西南联大人惶惶无所归宿，便再自然不过了。当天晚上，吴宓准备继续讲授"欧洲文学名著"，但是因为选课者到场的极少，仅到许渊冲等两人，只能放弃上课的打算。到了 15 日，在吴宓再上"文学与人生理想"课时，到者五六人（吴宓，吴学昭，1998b：246-247）。吴宓是西南联大公认的名教授，授课认真、效果好，在学生中颇有口碑。在轰炸过后，就连这样的授课者上的课都很少有人听了，可见学生在其时心理上的恐慌是何等强烈。当然，心理上极度震骇、恐慌的不只是学生，即使是西南联大的教师也是如此。这从曾昭抡 1940 年 10 月 13 日的日记就可窥见一斑：

> 昨日敌机狂炸昆明后，我等住宅前后左右，落炸弹甚多。附近数屋变成一片废墟，有一屋全家六人均被炸死。联大师范学院的男生宿舍全毁，学校负责人，竟不露面。在办公时间内，全校无一人办公。（文集编撰委员会，1999：336-337）

他的日记中所说的"昨日"显然是 1940 年 10 月 12 日。10 月 12 日是日机轰炸西南联大后的第二天，偌大的西南联大连一个办公人员都没有，整个学校处于"停摆"状态。

为了从死神的魔掌下逃出去，西南联大的师生只能选择去"跑警报"，即空袭警报一出现，大家赶快逃往城外。对此，杨振宁说：

> 日本人第一次轰炸昆明，是 1938 年秋。从 1938 年秋天第一次日本人来轰炸，到 1940 年又来大轰炸，很多人家都受到很大的影响。那时候西南联大天天要"跑警报"。到了八九点钟就有警报，大家就跑到西南联大西北边的山上。到下午两三点钟警报解除了再回来，这是当时我们的生活。（张曼菱，2013：153）

可见，在昆明时期的西南联大，几乎在每天的上午八九点钟到下午的两三点钟，师生们都得跑到昆明城外的山上、田野的壕沟等地躲避日本飞机的轰炸。为了躲避空袭，学校不得不改变上课的时间。正常的教学时间一般是早上 8 点上课，一节课 45 分钟，西南联大的早上上课时间却改成了 7 点，一节课时长改为 40 分钟。一般上了三四节课，日本飞机才会来。警报一响，师生们都疏散开，往城外跑。到了下午，一般是 3 点开始上课，因为轰炸昆明的日本飞机要飞回越南，路上需要一定的时间，因此下午 3 点以后日本飞机就不会再来了（张曼菱，2013：153）。

面对这样的危难，西南联大的教师表现出难能可贵的超然、平静甚至是喜乐。虽然身处危难之中，但西南联大学人依然保持着文人特有的智性情趣。他们中的不少人依然经常聚集在一起谈诗论文。浦江清就曾说过，在"天阴，寒甚"的时候，他们一群人"在闻一多家围炉谈诗"，不仅"传观诸人近作"，还纵论近人诗作。在谈到陈寅恪之父散原老人的诗时，尤有劲（西南联大北京校友会，2002：74）。在战乱中的天寒地冻之时，他们却能围炉谈诗、赏诗，且兴致勃勃，可见其心态之从容。

手谈也是知识分子不可或缺的雅趣。不少西南联大学人在战乱中依然保留着这样的雅趣，吴宓便是一个典型人物。他很喜欢下围棋，可是在蒙自校区无围棋可买，无奈之下，只能自己找来木头自制木板棋盘，另外买了很多纽扣——黑、白各一半，当作棋子，这样就可以和别人下棋了。

除了聚谈诗文、对坐弈棋，唱昆曲也是西南联大学人的喜好。生物系的教授崔芝兰及其丈夫、哲学系的教授沈有鼎、数学系的教授许宝騄、中文系的教授罗常培等经常与云南大学的一些教授聚集在一起唱昆曲、赏昆曲，甚至把当时还是学生的朱德熙、汪曾祺等也拉进去，他们称之为"同期"（汪曾祺，2021：151）。

这些西南联大学人在空袭的危难中依然不忘论诗、弈棋、唱曲，可见其心境之坦然、平静。即使生活在危难中，他们还能把日常生活中的苦涩之美发掘出来，让人禁不住粲然一笑。例如，西南联大的教室屋顶是铁皮做的，如果遇上下大雨，雨水打在铁皮上面，声音很大，往往会盖过教师讲课的声音。一次，经济学院的陈岱孙教授给学生上"经济学概论"，讲到一半时，风云突变，下起了大雨，教室顶部发出了很大的声音。尽管陈岱孙极力提高嗓门上课，学生依然听不清他的声音。此时，陈岱孙苦笑着转过身来，在黑板上写下四个大字："下课赏雨。"对此，学生都不约而同地笑了（云南省政协文史资料研究委员会等，

1988：165）。

在昆明遭受空袭时，西南联大师生都要"跑警报"避险。此时，不少人都要急急忙忙钻入防空洞。针对这样的情景，陈寅恪做了一副对联："见机而作，入土为安。"（汪曾祺，2021：100）这是把常用成语与生活实情做了非常自然的嵌合，真有妙到毫巅的意味。如果没有在危难中超然、达观的心境，断不可能做出这样的妙联。

西南联大学人身处危难之中，甚至表现出令人难以置信的喜乐。例如，金岳霖在躲避空袭期间，寄居于同为西南联大教授的钱端升家。钱家有两个小孩，乳名分别是"都都""弟弟"。金岳霖一见到这两个小孩，就用"都都……""弟弟……"的声音来哼唱《马赛曲》，或者用口哨吹出《马赛曲》，两个孩子特别开心。这两个孩子一见到金岳霖，就高兴地大叫"金爸，金爸"（刘培育，2000：209）。金岳霖这种和同事的孩子经常逗趣的举动，无疑是其内心潜藏的喜乐的外化。

李辑祥也是一个与金岳霖在精神上若合符契的人物。在一次师生聚会上，他给大家讲了一个十分有趣的兄弟二人续写对联的故事。有一天，哥哥把自己的照片挂在书房的墙壁上，并且在旁边写了四句话：

> 仪貌堂堂，挂在书房。
> 有人问我？王氏大朗。

他的弟弟看见后，在每句后面加了两个字：

> 仪貌堂堂无比，挂在书房墙壁。
> 有人问我是谁？王氏大朗阿弟。

他的哥哥看见后，又在每句后面加了两个字：

> 仪貌堂堂无比之容，挂在书房墙壁之东。
> 有人问我是谁之像？王氏大朗阿弟之兄。

他一讲完这个故事，在场的人都捧腹大笑不止（云南省政协文史资料研究委员会等，1988：512-513）。从这一讲故事的情态上，我们不难体察到这个讲述者内心所蕴藏的快乐。

对于西南联大学人的这份超越情怀，汪曾祺曾经这么说：

在高吟浅唱、曲声笛韵中自得其乐，对复兴民族大业不失信心，不颓唐，不沮丧，他们是浊世中的清流，旋涡中的砥柱。他们中不少人对文化、科学做出了很大的成绩。安贫乐道，恬淡冲和，是中国的知识分子优良的传统。这个传统应该得到继承，得到扶植发扬。（汪曾祺，2021：145）

作为亲历者，他对当时西南联大学人的胸襟、抱负是感触甚深的。这里所说的"不颓唐，不沮丧""恬淡冲和"，正与笔者的判定如出一辙。

除了超越情怀，西南联大教师的君子人格还体现在自强不息上。这主要体现在：他们虽然身处危难，但没有被危难吓倒、压倒，均以异乎寻常的热情投入到学术事业中。

华罗庚在回忆他与闻一多埋首治学的日子时说："在陈家营闻先生一家八口和我们一家六口隔帘而居期间，我伏首搞数学，他埋头搞'槃瓠'……在他埋头'槃瓠'期间，无论春寒料峭，还是夏日炎炎，他总是专心工作，晚上在小油灯下一直干到更深，陶醉在古书的纸香中。"（佚名，1980：139）

在极端困难的条件下，吴韫珍经常率领助教、学生开展云南境内的植物调查和标本采集，足迹几乎遍布云南全境。他的同事李继侗在回忆吴韫珍的这段岁月时说："白昼跋涉终日，寒夜伴侣多早眠，先生独燃烛描绘日间所得之标本至午夜，山风砭骨，先生似不觉也。"（《李继侗文集》编辑委员会，1986：179）

与闻一多、吴韫珍相比，潘光旦更为不易。潘光旦身兼西南联大教务长和社会学系教授二职，在白天，他必须去昆明城内的校区办公，到了晚上，他还要走回十几里外的乡下。回到家，他简单吃几口饭，就沉潜到自己的研究工作中，一直到深夜。在乡下，生活条件特别简陋，无法使用电灯。"他曾自制一个八片玻璃条的灯罩以防夜风，在烛光下写作。一篇文章，一夜一气呵成，第二天早上，平放在他那总不离身的老黄皮包中，高兴地拎着走了。"（陈理等，2000：86）在那个结实的老黄皮包中，"总是放着他的手头作业，一有空隙，坐下便读便写，日机轰炸也难影响他的效率"（陈理等，2000：86）。

无论是闻一多终日"陶醉在古书的纸香中"，吴韫珍在绘制标本中"山风砭骨"而不觉，还是潘光旦没有因为"日机轰炸"而影响工作"效率"，都是忘我地投身学术事业的表现。

　　如果说上述的忘我投身学术事业之举在常人看来还是正常的话，有的学者沉浸在自己的学术世界中，则显得有些怪异。例如，曾昭抡沉浸在自己的学术世界之时，只顾着思考问题，浑然忘却了周围的一切，经常是在下雨的时候，手里拿着伞却忘了打开，像个"痴人"一样冒着雨大步前行（文集编撰委员会，1999：192）。

　　金岳霖在置身于自己的探究世界时，更是有一种几乎令人难以置信的忘我精神。1938年，昆明第一次被空袭，他住在原来的昆华师范学校的楼上，因为沉浸在哲思中，根本没有听到空袭警报。这一次，日机恰好以昆华师范学校一带为轰炸对象，虽然他所住的楼没有中弹，"但前后两楼被炸的声浪把金先生从思考中炸醒；出楼门才见到周围的炸余惨景……他木然不知所措"（刘培育，2000：127-128）。空袭过后，和金岳霖同住的陈岱孙等赶回昆华师范学校，看到"金先生还站在中楼的门口，手上还拿着他一直没放下的笔"（刘培育，2000：128）。经过这一次大难不死，金岳霖也跟着"跑警报"了，但没想到"跑警报"又跑出了磨难。每次"跑警报"，他都带着自己正在撰写的书稿《知识论》。有一天，因为沉浸在自己的玄思中，把几乎完工的书稿弄丢了："到了北边山上，我就坐在稿子上。那一次轰炸的时间长，天也快黑了，我站起来就走，稿子就摆在山上了。等我记起回去，已经不见了。"稿子丢了，没有办法，"只好再写"，但"一本六七十万字的书不是可以记住的，所谓再写只可能是从头到尾写新的。这个工作在1948年12月的某一天（可能是12或14日）写成了"（刘培育，2000：59-60）。空袭的警报都难以把他从沉思的世界中唤醒，陷入沉思的境地时，他都会忘了自己视若生命的书稿，可见金岳霖沉浸在自己的探究世界中是何等如醉如痴。

　　中国传统"君子"人格所涉及的要素甚多，我们无法一一尽列，只能在这里把超越情怀、自强不息这两种君子人格中最为重要的方面呈现出来。自此，我们把西南联大教师称为人中"君子"，当无异议了。

　　只有大学校园中有一批这样的师者群聚在一起的时候，学生才可能找到自己发自内心想要追随、学习的典范，作为"小鱼"的学生尾随那些作为"大鱼"的教师"畅游"才是可能的。在西南联大，正好具备了这样的契机。

第二节　课堂教学与日常生活中的魅力展示

西南联大教师头上固然有着令人欣羡的种种学术光环，但是这些光环不会自然而然地化为收摄人心的力量。这种力量的生成必须依赖教师对自己深厚的学问功底、透辟的识力的完美展示，在展示中对学生头脑甚至是心灵会产生冲击或震撼。西南联大的课堂教学，由于其品性的特殊，恰巧具备了这样的冲击、震撼的效果。西南联大的课堂教学具有什么品性呢？那就是探究性。

一、探究性教学带来的冲击

探究性的课堂教学，不是平面化地展示知识的现有结构、图景，而是把现有的知识结构、图景的生成过程充分展示出来。这一展示便是知识不断生成的动态化、立体化的过程。需要注意的是，其具体内容是有区别的。如果教师在课堂教学中讲授的是学科必修课、基础课，他需要把特定学科方方面面的知识脉络、节点都呈现出来。对于一个"术业有专攻"的学者来说，只能以讲授别人的研究成果为主，因此我们在其课堂教学中就会看到，在特定的学科史上，一代又一代研究者是如何呕心沥血，不断把对特定问题的研究一点点往前推进，最终到达现有的知识终点，形成既有的学科知识图景的。如果教师在课堂教学中讲授的是专题性的选修课，那就无须在知识选择上面面俱到，完全可以以讲授自己的研究成果为主。因此，在此类课堂上，我们看到的就是作为研究者的教师在前人已经打好的知识地基上如何发现问题、界定问题、分析问题、解决问题，最终形成既有的知识图谱。

具体来说，在通过课堂教学展示自己研究成果的教授中，陈寅恪无疑是一个典范。有学生说陈寅恪的课程都是专题研究性质的，"只讲他本人在那课程范围内的研究成绩"（张杰，杨燕丽，1999：192）。他的授课习惯是：一进教室，就把授课中要涉及的史料抄在黑板上，然后从史料出发，进行缜密的考证、分析。

对于他的授课特点，宗良圯说："其讲学也，似系考证学派，中外古今，旁征博引，论据卓越。"（张杰，杨燕丽，1999：242）季羡林则认为，他授课中的考证、分析细入毫发，如剥蕉叶，越剥越细，越剥越深，却一点也没有武断、夸大、歪曲的成分，而是实事求是的（张杰，杨燕丽，1999：123）。

在这些学生对其师授课的描述、评说中，我们可以看到，陈寅恪的课堂教学特点是：其一，旁征博引原始史料是其基础和出发点；其二，逻辑严密，层层深入；其三，阐幽烛微，发人所未发。这不正与高水准的史学论文的特点相一致吗？

闻一多也是"开课从不照本宣科，而是讲自己研究的东西"（马识途，2021b：128）。对于李白和杜甫，闻一多所做的研究很少，所以他就说："唐代的两位大诗人李太白、杜工部，我不敢讲，不配讲。不能自己没有踏实研究，跟着别人瞎说！"（闻一多等，2014：237）在文学史上，李白、杜甫确实很重要，但是因为自己的相关研究成果很少，就尽量少讲，对于不太重要的诗人，却花费了很多时间来讲，这就体现了闻一多只是讲自己的研究成果的授课特点。在其授课中，由于层层深入，直探唐诗的秘奥，"让人感到一种美，思想的美，逻辑的美"（汪曾祺，2021：53），所以才会导致"闻一多的课堂挤得人山人海的，教室里坐满了，外面窗台上、走廊里都是人"（马识途，2021b：128）。在这里，其探究的品性也是一目了然的。

对于唐兰的授课特点，马识途曾经这么说："唐兰教授讲'说文解字'课从来不按其五百四十个部首的顺序讲，只从他研究有心得的字来讲，既生动有趣，又有学术价值，而不像古时候甚至现代许多老学究讲得课那样循规蹈矩、枯燥无味。我们听得很认真，研究兴致渐浓。"（马识途，2021b：143）唐兰不按部就班地上课，而是把授课的焦点聚集在自己研究有心得的地方，使得学生研究的兴趣渐浓，其探究的色彩显然是非常浓厚的。

在谈到钱钟书的授课情形时，许国璋说："钱师讲课，从不满足于讲史实，析名作。凡具体之事，概括带过，而致力于理出思想脉络。所讲文学史，实是思想史……盖一次讲课，即是一篇好文章，一次美的享受……钱师，中国之大儒，今世之通人也。"（许渊冲，2021b：101）钱钟书所授的课是"文学史"，但他不注重对具体史实的说明，而是着眼于理出思想发展的脉络，使每一堂课都成为"一篇好文章"，其探究的特征当是清晰可辨的。

总之，在那些把授课的着力点放在讲自己研究心得的教授那里，其注重的是各逞其才，把自身独特的探究逻辑、思索历程、特色成果呈现给学生，给学生以"惠然独悟"式的启迪。

当然，以讲授人类认识史上他人是如何推进学科进程为主的教师也有不少。比如，吴有训在讲授"大学普通物理"时，把这个学科的所有问题归结为100多个题目，每一节课集中讲一个题目。每讲一个题目，都是围绕关于那个特定题目的人类认识史来展开的（钱伟长，2000：99）。

张景钺的授课风格与吴有训非常相似。他在讲授"普通植物学"这门课时，把理论知识的讲授和实验结合在一起，既让学生看活的植株，又让他们看标本，从种子的结构和萌发开始，一直讲到新一代种子的成熟，才把课程收尾。生物系和地质系的学生一起上这门课，两个系的学生都觉得这门课特别好。有一次，张景钺提出要增加一堂课，同班的一名学生马上说："增加几堂课都可以，上这门课是享受，不是负担。"上过他的课的学生总结道："如果生物学的各门课都能刻意改革，达到这门课的水平，生物学就不会再被讥讽为'死物学'或'名词术语学'了。"（西南联大北京校友会，2008：209）可见，在"普通植物学"这门课中，张景钺充分注意到了这一课程的独特性，把知识系统的展示和实验有机结合起来，由实验来印证知识探索、推进知识探索，把人类对植物产生、发展、终结的探究历程做了完整、鲜活的展示，学生从来没有把上这门课当作负担，而是视为一种难得的享受。

哲学史家汤用彤的授课风格与那些科学家如出一辙。他的学生汪子嵩在回忆其师的教学时曾说："他讲的中国哲学史课就是中国哲学，西方哲学史课就是西方哲学，分得清清楚楚。汤先生平时讲话不多，有点讷于言辞；但在讲课时却好像换了一个人，从这种学说的起源、主要的范畴和论证，到它的发展和影响，滔滔不绝；旁征博引，分析细致，逻辑严密，引人入胜。"（汪子嵩，1999b）这种完整地呈现哲学学说的起源、发展脉络，"旁征博引""逻辑严密"的授课，展示了人类对中国哲学与西方哲学发展的认识过程。对于汤用彤授课的探究性这一特点，杨祖陶还有一点重要的补充："先生对他所讲述的理性派与经验派诸家的哲学思想都要求有事实的根据，这个根据就是哲学家们的原著。一般说来，先生决不按照他人的转述——哪怕是西方的著名专家的著作来安排教学内容，而是严格地按照所讲哲学家本人的主要著作（一种或两种，视具体情况而定），以至先生的讲课在某种意义上几乎可以看做是哲学家原著的导读。同时，在讲到哲学家某个观点或问题时，先生都要指明见其某本著作的某章某节或某命题（如对斯宾诺莎）。先生的讲授显示了其讲课有根有据、客观真实、可靠可信的鲜明风格，同时先生也仿佛是在要求听众亲自去看看原著，并这样地亲自检验一下、判定一下他所讲得是否正确，是否真实可信。"（杨祖陶，2010：126-127）可见，在授课过程中，汤用彤在阐述自己的观点时，做到了言必有据，而且这些根据都出自哲学家的原著。这是实事求是的研究态度在授课中的体现，其授课的探究品性由此更见一斑。

无论是在课堂教学中展示学科中其他人对学科发展的推进过程，还是教师自身不断推进研究的过程，教师渊博的知识、敏锐的洞察力、深邃的分析力等都会在探求知识的过程中最大限度地展示出来，形成一种智性的迷醉力量，从而吸引学生，甚至对学生的心灵产生震撼。如季羡林所说，听过陈寅恪的课，"仿佛酷暑饮冰，凉意遍体"（季羡林，2002：12-13）。周一良说听陈寅恪的课，"就如看了一场著名武生杨小楼的拿手好戏，感到异常'过瘾'"（张杰，杨燕丽，1999：159）。申泮文在谈到杨石先讲的化学课时，称赞其常常使得"下得课来，同学们还舍不得离开课堂"（西南联合大学北京校友会，1988：187）。吴有训讲"大学普通物理"时，每一节都讲一个物理问题的人类认识史，被钱伟长称为"既是一节课，又是一篇引人入胜的演讲"（钱伟长，2000：166）。笔者在此列举的学生一辈人物，都是中国当代人文社会科学、自然科学领域较为杰出的人物，他们在晚年回忆自己的老师一辈人物时，用畅快、过瘾、舍不得离开课堂、引人入胜之类极尽赞美之词形容其课堂教学对自己的影响，足见西南联大教师的课堂教学所展现出来的学识是何等让人迷醉、震撼。

二、师生接触中雅量高致的展现

教师在智慧、才学上对学生的震撼依赖的是课堂教学，但是教师在德性上的雅量、风姿的展示，主要依靠的就不能只是课堂教学了，而是课外师生之间的频繁接触。由于战时条件的特殊，西南联大师生接触的机会大大增多，师生之间在课外的密切交往成为师生日常生活的重要组成部分。对此，姚秀彦是这样说的："那时老师跟学生完全像一家人。你随时随地跟着老师的问题，到他家里，打桥牌，给他倒点水啊，在他家里吃便饭，这都是很平常的事情。我到好几个老师家去过，比如龚祥瑞，他是教我们政治学的，师母我也认识。我们就到他家里去，无话不谈就像家里人一样。以后的大学，看着规模非常的大，学的东西非常多，但是那个情调没有。"（张曼菱，2013：237-238）赵瑞蕻曾说："师生之间可以随意接触谈心，可以相互帮助和争论；在春秋佳日的假期中，师生结伴漫游或喝茶下棋，促膝聊天，海阔天空，无所不谈。"（赵瑞蕻，2021：88）这二人所说的师生交往"很平常""可以随意接触""无所不谈"，正是对师生交往之密切的最好概括。

为什么说是战时的特殊条件促进了师生的密切交往呢？有以下几方面的原因。

第一，持续的恶性通货膨胀，使得教师的生活陷入了极度困顿状态。对于教师生活的困顿状况，不少人都有过声情并茂的描述。

陈寅恪曾赋诗描述自己生活窘迫的程度："淮南米价惊心问，中统钱钞入手空"；"日食万钱难下箸，月支双俸尚忧贫。"（西南联合大学北京校友会，2006：59）陈寅恪是西南联大为数极少的"部聘教授"之一，还在研究院兼历史组主任之职，其收入远远高于其他教授，就连他都要为通货膨胀之速感到"惊心"，为生活贫困而忧虑，其他教授的生活就更加困难了。

闻一多一家八口人，不得不住在一个"楼下就是马厩、牛棚"的小房子里，床上、地铺上挤得满满的。为了解决食材不足的问题，傍晚的时候，他领着孩子们到收割过的稻田里捉蚂蚱和田鸡。尽管节衣缩食，但还是维持不了一家人的生活。无奈之下只好"借贷度日"，甚至还"拍卖了自己仅有的一件大衣"，"忍痛地卖掉自己最心爱的藏书"（佚名，1980：409-410）。

闻一多的生活穷困如斯，历史系教授吴晗的日子也没有好多少。他住在昆明府甬道小菜市场旁边的一栋破楼里。"说破楼，其实还是冠冕话，四面都是纸窗、上面瓦缝可见青天，在楼下吃饭时，灰尘经常从楼上掉到饭碗里。"（苏双碧，王宏志，1998：93）知名大学的名教授居然只能住在四面漏风的破楼里，真可谓"斯文扫地"了。

与吴晗相比，华罗庚的日子就更苦了。他们一家六口住在距离昆明城20里的一个村庄的小厢楼上，楼下是房东饲养的牲畜。"晚上牛擦痒痒，擦得地动山摇，危楼欲倒，猪马同圈，马误踩猪身，发出尖叫。"（顾迈南，1997：44）他们住的楼不但破，还是危楼。如果不是万般无奈，何能至此？

针对西南联大教师的生活境况，经济学家杨西孟曾经做过这样的总结性描述："在抗战后期大学教授以战前八元至十元的待遇怎样维持他们和他们家庭的生活呢？这就需要描述怎样消耗早先的储蓄，典卖衣服以及书籍，卖稿卖文，营养不足、衰弱、疾病、儿女夭亡等等现象。换句话说，经常的收入不足，只有销蚀资本，而最后的资本只有健康和生命。但这一切我们在这里不拟加以描写……回视抗战中高度通货膨胀下的昆明生活，恐怕大家都会感觉有如噩梦一场，这份数字也许可以认为（是）梦中的一种记载吧。"（转引自冯至，2011：93）战时，西南联大教师不得不依靠典卖书籍、文稿、衣服等来过活，即便如此，他们依然被疾病困扰，甚至在死亡的边缘挣扎，让身历其境者感觉如噩梦一般。就此而言，其穷困之状几乎是无以复加了。

就是在这种生活状况下，西南联大的教授与学生打成一片，教授与学生之间频繁的交往成为普遍现象。

第二，师生居住在很小的一个区域内，形成了一体化意识。对此，曾在西南联大担任助教的何炳棣说西南联大和战前的北京大学、清华大学、南开大学最大的不同是，所处的地理环境有了极大的改变，生活空间骤然紧缩。西南联大的教职员工和学生主要集中在昆明旧城西北一隅：东起北门街、青云街，西到大西门。斜着横贯东西的文林街是西南联大人日常生活的大动脉。在这条街上，商店、书店、茶馆、饭馆林立。与西城垣北段平行的凤翥街，茶馆更为集中，成为西南联大人整日泡茶馆的理想所在。因此，何炳棣断言："我相信当时'联大人'的日常活动半径不会超过 25 或 30 分钟的步行。生活空间如此急剧的紧缩是造成联大高度'我群'意识的有力因素。"（何炳棣，2005：150-151）可见，何炳棣在此想要表达的是，与之前教师和学生住宿的高度分散相比，到了战时，西南联大的教师及其家属、学生都聚集在昆明城西北角一个很小的空间之中。这一师生共同生活空间的极大压缩，自然使得他们形成了"我们是一个共同体"的意识，这也是师生能够进行密切交往的重要原因。

第三，师生同呼吸、共命运的感受，最大限度地缩短了彼此的心理距离。对此，冯至曾经说："跑警报时，人人的心里各自有不同的忧虑，有几次昆明市内遭受轰炸，也感到气愤和担心，可是日子久了，见面时却都面带笑容，好像有一个共同的命运把人们融合在一起，生死存亡也置之度外了。这种心情，跟平日在自己房屋里那种独自一人的感觉迥然不同。每逢警报解除了，一想又要回到自己的家中，与那些看厌了的简陋的用具厮守，应付一些生活琐事，对于郊外阳光下的会合，反而有些依依难舍。"（冯至，2011：101）在这里，冯至想要说的是，因为大家有着共同的生存境遇，所以虽然日寇的轰炸威胁着大家的生命，但是大家却因为心贴得很近，反倒超越了对死亡的威胁的本能恐惧，对于"跑警报"的日子有几分留恋了。这种似乎有些矛盾的心情，正折射出了师生关系的亲密无间与二者接触的自然和谐。对于这一点，陈岱孙也曾说："老师与学生亲密一致，这与抗战有关。警报一响，师生一起跑出去，敌机飞到头上时，大家一起趴下，过后学生抬头一看，原来是某某老师，相视一笑。大家风雨同舟，患难与共。"（云南省政协文史资料研究委员会等，1988：6）陈岱孙在这里说的是，在抗战中风雨同舟、生死与共的生存状态拉近了教师与学生之间的距离，他们的接触变得亲切自然。当然，不仅是教师有这样的体验，学生亦然。任继愈曾说："日军投降后，北大迁回北京，郑先生生病，我们几个老学生去医院看望他。在正常情况下，对生病的师长也很关心，但是缺少抗战时期那艰苦与共、患难相扶持的亲切感。"（任继愈，2017：200）任继愈想表达的是，艰苦与共的生存感受是师生之间心理上贴近、频繁接触的重要原因。

总之，由于众多因素的交织作用，西南联大的师生交往密切，成为一个不争的事实。在日常生活的频繁交往中，西南联大教师良好的德性修养得以最大限度地展示出来，对学生产生了很大的心理触动。教师身上那种刚健勇为、豁达超越等品质深深地打动了学生，教师在品格修养上的高大形象得以在学生心目中树立起来。

教师富有智慧和德行高尚的形象在学生头脑中扎下根之后，学生便可能自觉地追随教师，"从游"便自然而然地发生。不过，要想使这样的可能性变为现实，还需要具备一个条件，即教师愿意带着学生一起"游泳"。在当时的西南联大，教师有着强烈的、自然的带着学生一起"游泳"的心理。为什么会出现这样的状况呢？这与教师和学生有着共同的价值取向有着密切关联。

第三节 师生共同的学术救国意识

在谈到西南联大人共同的价值关怀时，张奠宙等曾说："战时的西南联大，生活简单困苦，但学术研究十分活跃，为常人所难以想象。理由很简单，所有的人，都怀着满腔的爱国热情。"（张奠宙，王善平，2004：85）在下面的典型史料中，我们不难看到他们的满腔爱国热情。

一、爱国热情的勃发

梅贻琦曾满怀激情地说："我们现在，只要紧记住国家这种危急的情势，刻刻不忘了救国的重责，各人在自己的地位上，尽自己的力，则若干时期之后，自能达到救国的目的了。我们做教师、做学生的，最好、最切实的救国方法，就是致力学术，造成有用人材，将来为国家服务。"（梅贻琦，2013：14）他在这里着力强调"刻刻不忘""救国的重责"，希望通过培育人才"为国家服务"，足见其爱国热情之赤诚。

黄子卿在美国的麻省理工学院获得博士学位后，准备回国之时，芝加哥大学原子能研究所的负责人和麻省理工学院的化学系主任都许以优厚的待遇，希望黄子卿留在美国工作。他们对黄子卿说："你的祖国正像一只破船在风雨中飘摇，哪里会有美国这样好的研究条件？"面对真诚的善意与似乎难以拒绝的诱惑，黄子卿斩钉截铁地说："我愿和我的祖国一起受苦。"（西南联合大学北京校友会，1988：247）这一朴素却有力的言辞，正反映了黄子卿的拳拳爱国之心。

冯契在回忆师从金岳霖的岁月时曾饱含深情地说，他决定参加战地服务团，到抗战前线时，向金岳霖告别，金岳霖非常赞赏冯契的举动，还说："我要是年轻20岁，也要到前线去扛枪。"当冯契在抗战前线服务两年，返回学校继续读研究生之时，金岳霖专门约冯契到自己的住处谈话，详细询问抗战前线的状况（刘培育，2000：151-152）。金岳霖不但对自己的学生到前线奋勇抗敌的行为表示高度赞赏，而且对抗日前线的战况表现出极大的关心，这无疑是其对祖国命运高度关切的表现。

不仅西南联大教师都有着火一般的爱国热情，西南联大的学子也是如此。对于这一点，王瑶曾用非常简练的文字做过表达，他是这样说的："我们固然绝不忽视救亡，但也绝不空谈救亡，我们相信没有和现实世界超然存在的甚么学术，惟有把学术和现实密切地联系起来才是有价值的学术，也才真正对于救亡有所补助。"（王瑶，1936：5）显然，这里的"绝不忽视救亡""绝不空谈救亡"，意欲通过学术工作"真正对于救亡有所补助"，在此西南联大学子深沉、炽热的爱国之情表露无遗。

对于西南联大学子的爱国热情，任继愈表达得更直白："我觉得做学问也是个战斗，那时候我们念书，我们也是想着前方的将士，并不是打仗的归打仗、念书的归念书，我们这个做研究也要对得起前方的打仗。"（任继愈，2017：91）

在谈及西南联大学子的爱国情怀时，刘绪贻曾经这样总结："我和所有同学一样，思想上很明确：在此日寇压境、国难严重之时，我们青年人既未上前线杀敌，就必须专心一志地学好本领，为抗战胜利后的建国事业服务。否则就对不起祖国，对不起人民。"（刘绪贻，余坦坦，2010：130）

从前面几则有代表性的史料可以看到，西南联大学子与西南联大的教师一样，都有着浓厚的爱国热情。在当时国家危难之际，在有着浓厚爱国之情的学人面前有两条道路可以选择：一是投笔从戎，上阵杀敌；二是坚守学术阵地，为国家的文化传承与创造服务。在这两条道路中，虽然西南联大学人表现出对扛枪上阵的激赏，但基本上都选择了后面的道路。

二、学术救国的共同取向

西南联大学人之所以不约而同地选择了坚守学术阵地，不是激情驱使所致，而是审慎地进行理性抉择的结果。对于这一点，我们不难从贺麟的心路历程中一窥堂奥。

在国家处于生死攸关之际，贺麟写过一篇《德国三大伟人处国难时之态度》。仔细品读这篇文章，我们便会发现，这是一篇极其难得的知识分子理性考量其战时生存价值、生存方式的杰作。在这篇文章中，贺麟集中展现、分析了歌德、黑格尔、费希特在国家危难之际的生命风姿、生存方式。它的主要内容是：1806 年 10 月，拿破仑率领法国大军直逼德国，德方溃不成军，国家危在旦夕。当时的魏玛公爵府中，几乎所有的幕僚都逃走了，只有歌德毅然留下来，主持耶拿大学的校政，使该大学在战乱之中仍然保持弦诵不已。对于歌德在大军压境、生命安全随时可能受到威胁的态势下，能够超越一己之生死、荣辱，依然保持着对生命、国家的无限热爱，贺麟表示了高度的赞誉，极力称赞歌德具有"诗的人品"（贺麟，1931a）。

在歌德的"诗的人品"的映照下，黑格尔在国家危难之际显现出的则是"散文式的"取向。具体而言，从致思取向上来说，黑格尔"特别注重文化历史的研究，以明了祖国的民族精神，立国根本，以及古圣先贤所遗留下来的国粹或文化之所在"（贺麟，1931b）。从知识分子在国家危急之时的生命姿态来说，黑格尔主张知识分子各安其分、各得其所，坚守自己创造文化、传扬文化的职责。为什么要做这样的选择呢？因为"只有知识是惟一的救星。惟有知识能使我们对事变之来不致如禽兽一般之愕然吃惊，亦不致仅用权术机智以敷衍应付目前的一时……惟有知识才能使我们不致认国运之盛衰国脉之绝续仅系于一城一堡之被外兵占领与否"（贺麟，1931c）。

与歌德和黑格尔相对照，费希特的取向是富于戏剧意味的。在法国大军占领普鲁士的时候，费希特怀着赴死之心，以无比英勇的姿态发表了名噪一时的《告德意志民族的演讲》。这一演讲还不只是一次，而是连续多次。这一演讲给德国人带来了极大的精神鼓舞。在费希特演讲之前，由于出版《德国处于深深的屈辱之中》一书，书商帕尔姆刚被拿破仑处死。在德国人尚心有余悸之时，费希特敢于挺身而出，更彰显了其超常的勇气与胆力。这种正与邪的奇特对峙、生死之间的富有魔幻意味的变化，的确是具有浓厚的戏剧色彩的（贺麟，1932）。为了凸显费希特的这一特点，贺麟还把黑格尔与费希特身处国难时的生命姿态以设问的方式加以对比："当法军占领德土时，黑格尔曾打电报没有？曾发宣言没有？他曾公开演讲了若干次？他抗法救国的标语如何？想来，至少他曾散过传单无疑！不然，他总少不了要发出一个重要的快邮代电，以表示他爱国赴难的决心，而解释别人对他的误会？"后面的回答，当然都是否定性的。最后，贺麟特别总结道："黑格尔全副的热情，志气与精神，差不多尽贯注在他的学说里，而并未十分表现于外表的末节上。"（贺麟，1931c）

我们从上面的论述中可以看到，对于歌德、黑格尔、费希特这三大伟人在国家危难时的生命姿态，贺麟都表现出了激赏。那么，在这三种生命姿态中，贺麟最为推崇哪一种呢？贺麟的至交吴宓给出了明确的答案："篇中凡描述黑格尔之处，亦即作者个人主张信仰及其成己化世之热诚挚意之表现也。"（贺麟，1931b）可见，吴宓在发表文章的编者按语之处，明确告诉我们：贺麟更为赞同的是，知识分子身处国家危难之际，应该像黑格尔那样把知识当作"唯一的救星"，致力于"文化研究"工作。

就此而言，我们可以说，贺麟在经过反复权衡、审慎的思虑之后，确认文化研究、创造是知识分子在身处国难时最有意义的工作。因此，他才全身心投入到哲学学理的探究中。也正因为如此，他才会说："我们抗战的真正最后胜利，必是文化学术的胜利。我们真正完成的建国，必是建筑在对于新文化、新学术各方面各部门的研究、把握、创造、发展、应用上。换言之，必应是学术的建国。"（贺麟，1988：20-21）

当然，对于更多的西南联大学人来说，这种颇具内隐性的心路历程没有必要也无缘对外展示，这使得我们无法看到其理性抉择是如何完成的。但是，他们对学术研究之于救国的神圣而重大的意义的体认，与贺麟是如出一辙的。

对于学术研究在国家危难之际的意义，朱自清曾这样申述："教授们也感觉到，自己上战场打仗是不太可能的……自己的任务就是保持中国弦诵不绝，就是读书的传统不要绝。这个对中国的长远发展意义重大。"（张曼菱，2013：27）其中心意旨是，到前线上阵杀敌不是学者的长处，学者所长在于，用创造知识、文化与传播知识、文化的方式来挽救国家的危亡。这种救国方式具有其他任何救国方式都无法替代的重要意义。在西南联大教授中，与贺麟、朱自清同声相应者比比皆是。

钱穆认为，知识分子从事中国历史研究，是唤起民众的觉悟，为国家复兴提供强大的精神动力所必不可少的（转引自田亮，2005：259）。为什么要这样说呢？因为"世未有其民族文化尚灿烂光辉，而遽丧其国家者，亦未有其民族文化已衰息断绝，而其国家之生命犹得长存者"（钱穆，1948：32）。可见，在钱穆的心目中，一个国家的民族文化是关系其生死存亡的根荄。既然一国之文化直接决定着一国之兴亡，那么，要想中国不致陷入亡国的绝境，就必须千方百计保存、发扬中国文化，而要保存、发扬中国文化，就离不开返回到中国历史中对其中的文化进行钩沉、提炼。

闻一多虽然不像钱穆一样是一个思接千载的历史学家，但是在对文化研究之于国家兴亡重大意义的体认上，却不遑多让。闻一多在写给挚友梁实秋的信中曾说："我国前途之危险不独政治，经济有被人征服之虑，且有文化被人征服之祸患。文化之征服甚于他方面之征服百千倍之。杜渐防微之责，舍我辈其谁堪任之！"（闻一多，1986：191）身处国难，虽然是一介书生，但闻一多却有着政治家一样的眼光，他不但非常清醒地意识到了当时国家在政治、经济上面临的危机，还敏锐地察觉到了在文化上面临的危机。在发出了这样的洞穿七札之论后，他也领悟到了作为知识分子的现世价值：通过文化的传承与创造，最大限度地保护和传承中国文化。从其"文化之征服甚于其他方面之百千倍"一语来进行反读，我们可以深切地感受到，他把学者的这一价值看得特别重。

沈从文在当时大声呼吁："在任何困难中莫'灰心丧气'，是我们这个民族明天翻身唯一的希望。这不是一个人的事，是中国所有年青人的事。这不止是我的理想，还是我的信仰。"（沈从文，2002：19）那么，要想保持着"这个民族明天翻身唯一的希望"，从事文学作品创作、研究的知识分子能够做些什么呢？在沈从文看来，"文学运动的意义，是要用作品燃烧起这个民族更年青一辈的情感，增加他在忧患中的抵抗力，增加一点活力……好的文学作品应当具有教育第一流政治家的能力"（沈从文，2002：18）。可见，在沈从文的心目中，从事文学创作、传播的知识分子能为国家、民族的奋起提供精神动力和精神支撑力。

虽然钱穆、闻一多、沈从文在申论之时有一定的视差，但是其思想的焦点却是高度一致的：知识分子通过文化的传承与创造来抗敌兴国，具有任何其他方式不可替代的重大意义。

当然，西南联大的学生也与教师有着同样的觉悟。任继愈在谈到这一点的时候曾说：

> 因为我一直在城市里长大和学习，真正的农村基层没有接触过。到了抗战开始，经过从湖南长沙到常德到湘西这么过去，一直到贵阳，然后再往西走。有一段路是跟长征的路线相重合的，古代的《徐霞客游记》里头也提到过这一条路线。这次走路对我教育最大，真是看见最基层的人民是怎么活的，感触很大……那时我就感觉到，中华民族文化渗透在穷乡僻壤里。所以从那以后，我就开始专攻中国哲学史。过去我在大学学外国哲学多一点，西方的课本都是用的原始教材，过去从古希腊开始的西方哲学我知道得比较多，中国的也学了，但不是特别重视。可是走那一趟以后，我就感觉非要学习中国哲学不可了。（张曼菱，2013：68-69）

在这里，我们不难发现，任继愈之所以开始研究中国哲学史，是因为他在参加湘滇黔步行团时，充分感受到了中国传统文化绵延不绝、无比强大的生命力。自己希望通过研究中国哲学史，把中国传统文化传承下去，挽救国家危亡。

总之，正是因为西南联大的师生都有这样的价值认定与关怀，教师才会不仅在课堂上尽力做学术文化的播火者，课外亦有着浓重的传道热情。任之恭的下面这段言说，能够让我们体会到西南联大学人的苦心："我觉得教育者和研究指导者的真正报酬来自看到青年的天才和心灵在丰沃土壤上开花结果。在昆明的教室和实验室，我觉得最大的责任是防止那种土壤变得贫瘠荒芜。我想做的就是让新一代研究者在智力上保持活力和健康，使他们有可能追求科学生涯，并总是鼓励他们无拘束地发展革新的思想。像任何地方的教师一样，我常常为没有直接获得成功而感到沮丧。然而，由于我看到昆明经历了战争的青年科学家的力量和潜能，我觉得有一种难以用语言表达的丰富经验和深深的极大满足。"（任之恭，1992：102-103）任之恭在这里突出强调的是，虽然由于条件所限，他们这一代学人在科学研究上没有可圈可点的成就，但是因为他们怀着使"青年的天才和心灵在丰沃土壤上开花结果"的使命感和热情，并付诸努力，他们在激发青年科学家的力量和潜能上做出了不凡的业绩，从而获得了心理上的极大满足。其间氤氲的传道热忱，令人感佩。不仅作为华人的任之恭如此，侨居中国的英国诗人燕卜荪（Empson）亦然。燕卜荪在其一生中最长的诗作《南岳之秋》中这样写道："哪些珀伽索斯应该培养，就看谁中你的心意。"（转引自林建法，2014：14）所谓"珀伽索斯"，是希腊神话中长有双翼的马神，相传它曾经一足踩出灵感之泉。诗人喝了这一灵感之泉，即可以获得源源不断的灵感，因此"珀伽索斯"被视为缪斯的使者。燕卜荪用"珀伽索斯"来比喻那些和他交往颇多的青年学生，显然是希望在他的传道生涯中，通过一己之力使那些青年学生能够得到"缪斯"的眷顾。其传道的热忱，由此可见一斑。

总之，对于西南联大的教师来说，无论所传是自然之道还是人文之道，对于追随他们的学生，他们不但不会抗拒，还会以最大的热情接纳学生，利用课内、课外的一切机会，积极向学生播撒学术的种子。学生不但在课堂上孜孜不倦地吸取知识，在课外，面对智慧与德性都堪称楷模的教师，本就有崇敬、亲近之心，加上火热的求学问道之心驱使，更使亲近、追随之心多了几分热烈、迫切。二者的合力作用，使得西南联大师生把课内、课外的一切机会都牢牢地抓住，教师纵情地挥洒，展现自己的才学、美德，学生则尽情地汲取着教师的智慧、德性中流溢而出的甘甜与芬芳。在学校"这片大水"中，"从游"便以火热的景象呈现出来。对此，陈岱孙在其晚年谈到西南联大时曾说，西南联大之所以能够"为国家培养出一代的国内外知名学者和众多建国需要的优秀人才"，"不得不把这成果归功于同学的求知愿望和教职员的敬业精神。而这二者实植根于以爱国主义为动力的双方共同信念和责任感。"（西南联合大学北京校友会，2006：序）刘祚昌在回忆西南联大的求学岁月时说：

> 一言以蔽之，师生备尝辛苦，而"弦歌不绝"。为什么会这样？对于这个问题，我是这样解释的。当时，中国已有半壁江山落到日寇的铁蹄践踏之下，广大同胞陷入水深火热之中。绝大多数师生是怀着家国之恨离开沦陷区逃到大西南的。他们既同仇敌忾，又对抗战前途充满希望，因而都有高度的觉悟，教师能自觉地以教书育人为己任，以便为国家培养人材，学生能自觉地刻苦读书，以便学好本领为中兴大业贡献力量。正是因为有了这样一种时代使命感，大家才能甘心含辛茹苦，表现了"卧薪尝胆"的精神。（刘祚昌，2000）

这二人中，前者是西南联大的教师，后者是西南联大的学生，他们都不约而同地指出，师生共同的价值关怀是"师生弦歌不辍"的主要原因，可谓一语中的。

二者共同的价值关怀作为一种牢固的黏合力量，使师生"从游"得以大范围铺展开来。不过，要想使这样的"从游"更为自然、平易、持久，还需要"锦上添花"，西南联大师生之间亲密的关系便起到了这一作用。

第四节　亲切而纯洁的师生关系

抗日战争全面爆发以前，中国大学的师生关系是呈现疏离、隔膜之态的，师生之间的接触一般仅仅限于课内，只有少数学习成绩相当好、被视为天才的学生才会受到教师的重视，教师在课外给予其较多的指导（清华大学校史编写组，

1981：130）。但是，在抗日战争全面爆发之后，情形就发生了很大的变化，西南联大师生关系的状态就非常典型地体现了这一点。

毕业于西南联大、后成为世界顶尖数理逻辑学家的王浩在忆及西南联大的师生关系时曾大发感慨："我在1939年秋到昆明作新生，一直住到1946年春离开准备出国，住了将近7年。在这段感受力最强的日子，和许多老师及同学享受了一种人生极难得的平淡亲切而纯洁的人际关系。这样经验不但为以后的做人和学业打下了比较坚实的基础，而且彼此之间的信任和同情一直持续着，成为崎岖的生命历程中一个重要的精神支柱。"（转引自刘培育，2000：227-228）在这里，王浩把西南联大的师生关系判定为"亲切而纯洁"，并把这一关系看作"崎岖的生命历程中一个重要的精神支柱"，足见其对西南联大师生关系之特殊的感念之情。征之于史实，我们就会发现，王浩对西南联大师生关系的概括，的确没有夸大的成分。

闻一多与学生关系之亲密，一直为后来的追忆者所津津乐道。与闻一多关系特别亲密的何善周就曾说，闻一多从西南联大旁的住所搬到昆明城外的司家营之后，不少西南联大的学生纷纷到司家营去探访。每一次，少则三五人，多则七八人，甚至是十几个人，一同到闻一多家去。无论去的是多少人，只要一听到院子里有学生的声音，正在伏案写作或翻找材料的闻一多都会"立刻就放下工作，面带笑容走下楼去"，"两眼闪着欣喜的光芒，急忙地跨出门"（佚名，1980：259）。从他这一系列的举动中，我们可以感觉到，闻一多对于与学生会面，就像面见久已不见的亲朋一样，是那么迫不及待，没有一丝做作。当闻一多和学生坐在一起聊天的时候，学生为了让闻一多舒服一些，让其坐在床上，他们则坐在用稻草编的垫子上。可是，闻一多却似乎"不懂得"大家的好意，聊天刚开始一会儿，就挤到了稻草垫子上。学生们不忍心让他坐稻草垫子，他却说："你们以为我到你们中间是干什么来的？也许以为我是来教你们的，来领着你们走吧。那样想就错了。我是到你们中间来取暖的！"（闻黎明，1992：216）学生们听到了"取暖"这两个字，都心领神会，无声地笑了。作为老师，能够说出和学生抱团取暖的话，可见其是把学生视为十分亲密的朋友了。

西南联大的教师不但有把学生看作亲密朋友的，还有把学生视为亲人一样对待的。哲学系教授冯文潜与中文系教授沈从文、朱自清都是这样的典范。

在张世英生病住院的时候，冯文潜到处从同学那里打探张世英住院的医院、病房号。当确知其住院的信息后，买了不少营养品去探望，还在病床前不停地嘘寒问暖，那种慈父般的关爱，甚至引来了周围同学的羡慕（张世英，2008：34）。

冯文潜如慈父般对待学生，沈从文也是如此。有一天，汪曾祺去沈从文家拜访。汪曾祺到沈家的时候，正在患牙疼，半张脸肿起来，十足的一副惨相。汪曾祺刚刚走进沈家，沈从文就看到了汪曾祺那惨不忍睹的脸，半句客套话都没有说，马上走出家门，一会儿，就抱了几个能去火、消炎的大橘子回来了（汪曾祺，1998：257）。沈从文的这一举动，就像一个老父亲对待自己刚踏进家门的宠溺有加的儿子一样。

朱自清对待学生的态度，与冯文潜、沈从文几无二致。这一点，从他与季镇淮相处的一个细节就能看到。某一天，朱自清单独请自己的学生季镇淮去饭店吃饭，因为朱自清知道季镇淮的老家是江苏淮安，就特意为季镇淮点了淮扬菜中的名菜——炒鳝丝。师生二人边吃边聊，情同鱼水。朱自清的温情与体贴，让季镇淮终生难忘（夏晓虹，1999：141）。这种温情不正如父亲对待儿子一般吗？

闻一多对待学生的态度亦然。在闻一多一家住在西南联大旁边的西仓坡时，季镇淮、范宁这两位闻一多的得意门生常常出入闻家。只要去闻家，必留饭。虽然是粗茶淡饭，但师生边吃边谈，"主人兴高采烈，客人乐不思蜀，进门两手空空，出门腹中半饱，主人寒酸，客人也寒酸，彼此都不介意"（西南联大北京校友会，2002：89）。学生到老师家去，任何时候都不带礼物，且总是随时去随时留饭，这不就像父母对待已经独立门户的子女的态度吗？

当然，西南联大的师生不仅在私下非常亲密，在公众场合也是如此。对此，吴有训的学生曾说：

> 在吴先生的领导下，物理系的师生关系非常融洽，除上课外，师生接触也较多。物理系每学期都开一次全系性的座谈会，师生都参加，会上随便发言，开得生动活泼，吴先生也在会上带头说笑话，甚至和同学们开玩笑，如他说某同学是他家的宝贝，这从他的名字就看出来；又当同学们谈起谁是几年级谁是几年级时，吴先生指着葛庭燧说："他是七年级"，因葛原是清华六级，因患肺病，几次休学，后和九级一同毕业，历时七年；物理系有一男同学和一女同学很要好，许多同学都知道，会上谈起叫这位男同学做一件什么事时，吴先生就说：让某某同学（说那位女同学的名字）帮你做。那位男同学的脸立即有点涨红。大家听了觉得吴先生也知道他们的关系了。吴先生的

这些话引得同学们欢笑不已。(吴有训百年诞辰纪念活动筹备委员会，1997：60-61)

在这一段回忆性文字中，我们能够看到，在西南联大物理学系的座谈会上，老师和学生齐聚一堂。作为理学院院长、物理系主任的吴有训既能够和学生开很轻松的玩笑，又能点破学生之间的种种小秘密。如果不是有一种令人非常放松的、亲密的师生关系在维系，是不可能如此的。

总之，无论是师生之间在私下的朋友般的情谊、父子般的情感，还是公众场合表现出来的轻松、自在的关系，都是无愧于"亲切而纯洁"之誉的。这种特殊的师生关系使得嵌入日常生活的师生"从游"去除了任何生硬的成分，变得特别自然。其教育作用在事实上发挥了，却不著教育的名相，这才是"从游式"教育的理想境界。对于这一点，郑敏在回忆冯至与其交往的细节时所说的这段话恰好可以作为佐证：

> 我就曾在某晚去冯至先生在钱局街的寓所，直坐到很晚。谈些什么已记不清了，只记得姚可崑先生、冯至先生和我坐在一张方桌前，姚先生在一盏油灯下不停地织毛衣，时不时请冯先生套头试穿，冯先生略显犹豫，但总是很认真的"遵命"了。至于汪曾祺与沈从文先生的过往想必就更亲密了。生活使得师生之间关系比平时要亲近得多。当时青老间的师生关系无形中带上不少亲情的色彩，我还曾携小冯姚平去某树林散步，拾落在林里的鸟羽。但由于那时我的智力还有些混沌未开，只隐隐觉得冯先生有些不同一般的超越气质，却并不能提出什么想法和他切磋。但是这种不平凡的超越气质对我的潜移默化却是不可估量的，几乎是我的《诗集1942—1947》的基调。(多人，2005：310-311)

在这里，我们不难看到，冯至和他的夫人在家居生活中的相濡以沫，甚至是有些亲昵的举动，在学生面前毫不避讳，这是只有父母在子女面前才会有的举动。这说明在西南联大教师的心目中，学生就像自己的孩子一样。有这样的生活实感，郑敏再说出"生活使得师生之间关系比平时要亲近得多""当时青老间的师生关系无形中带上不少亲情的色彩"，让人觉得水到渠成。也正是因为这样的师生交往中的亲情色彩，在日常生活的接触中，虽然自己没有自觉，但冯至身上的"超越气质"对郑敏产生了"潜移默化""不可估量"的影响，以至于影响了郑敏的《诗集 1942—1947》的创作基调。这不正是最好的"不教而教"吗？

第五节　梅贻琦的自觉倡导

在西南联大，之所以会出现大面积的、热烈的师生"从游"景象，固然与前面那些客观的、历史的因缘有密切关联，另外的主观条件，我们也不能忽视，那就是梅贻琦的大力倡导。

梅贻琦作为西南联大的三个常委之一，名义上是该校的三个最高领导之一，但事实上是西南联大实际的唯一的掌舵者。①他的思想直接影响着西南联大的办学精神、形态。恰恰是在西南联大办学初期，梅贻琦公开发表《大学一解》一文，大力张扬自己的"从游"教育思想。如果有人说这一思想与西南联大师生"从游"的出现、持续没有关联，是难以想象的。下面，我们就一起进入对梅贻琦这一思想的探索之旅。

一、何谓"从游"

对于什么是"从游"教育，梅贻琦在其著作中没有也不可能给我们做定义式的说明。不过，在其论著中，我们不难发现其对"从游"教育的理解。整合梅贻琦对"从游"教育的相关论述，参之以中国古代文化、教育的相关思想资源，我们可以对什么是"从游"教育做出如下诠释。

（一）"从游"是师生共同参与的学校场域中的日常实践

对于"从游"教育，梅贻琦曾经做过如下集中阐述：

---

① 张伯苓和蒋梦麟虽然也是名义上的西南联大常委，与梅贻琦共同构成了西南联大最高管理层形式上的"三驾马车"，但是张伯苓和蒋梦麟均有其他职务，二人均常驻重庆，基本上不理校政。因此，事实上，梅贻琦是西南联大唯一的最高领导者。

孟子曰,"游于圣人之门者难为言",间尝思之,游之时义大矣哉。学校犹水也,师生犹鱼也,其行动犹游泳也,大鱼前导,小鱼尾随,是从游也。从游既久,其濡染观摩之效,自不求而至,不为而成。(梅贻琦,2012:5)

在这里,我们不难看到,梅贻琦想要告诉我们的是,所谓"从游",是在学校这一场域中进行的实践活动。这一实践活动的基本样态是,学生看到教师投身于某一实践活动,受其吸引,自觉地跟随教师参与到实践活动中去。那么,这一师生共同参与的实践活动包括的范围是什么呢?它涵盖了"课程以外之学校生活"中"师长持身、治学、接物、待人之一切言行举措"(梅贻琦,2012:3)。也就是说,"从游"中的学校实践活动,把教师的课堂教学活动之外学校日常生活中的所有方面都涵盖了。梅贻琦对"从游"所关涉范围的认识,与中国古代对"从游"的本初认识有着高度契合之处。

在中国古代,"从游"一词首次出现在《论语·颜渊》中,它是这么说的:"樊迟从游于舞雩之下。"它表达的意思是,樊迟常常跟从孔子在舞雩这个地方游历。另外,在《史记·仲尼弟子列传》中,还有关于孔子的弟子"从游"于孔子一事的记载:"子路喜从游,遇长沮、桀溺、荷蓧丈人。"其说的是,子路很喜欢跟从孔子到四方游历、践履,在"从游"途中,曾经遇到长沮、桀溺、荷蓧丈人等有出世风姿的隐士。由此可见,中国古人对"从游"的意义的认知是,弟子跟从老师游历,在日常生活中践履。这一认知与梅贻琦对"从游"是什么的认知的第一义正是若合符契的。

(二)"从游"是生机盎然的师生互动

对于"从游",当提到学生跟从教师参与到其日常实践中的时候,人们很容易对其做机械的理解,把"从游"视为一种教师示范、学生木偶般模仿的活动。事实上,在梅贻琦的心目中,它不是这样的,而是活泼、生机一片的互动。对于这一点,梅贻琦曾说:

吾们所最注意的,同时亦愿诸君认为是更宝贵的,就是领导诸君工作的师资。诸君来此,如果为择一个舒适的地方,那不是我们收录诸君的本意。诸君如愿利用这里比较完备的图书仪器,吾们必在可能范围尽量供给。但是诸君在工作指导上,即在人格熏陶上,所最需要的是师资。在现在学校大规模的收纳学生，组织上或者有机械式的现象。这是因为人多，不能避免的。但是教育上的紧要途径，还是在师生的关系。古人谓"教学相长"，现在的教育事业，仍应看作师生共同工作，期达一个共同的目的。但是来求学的人，是要格外多努力，要注重在这个求学。（梅贻琦，2012：210-211）

在这里，梅贻琦对于教师在治学指导、人格熏陶上对学生所起的重要作用的强调，对于"教学相长""师生共同工作"的突出张扬，正是其特别关注"从游"中的师生互动的显证。另外，从"大鱼前导，小鱼尾随"的比喻中，我们也可以进一步感知到，梅贻琦用这一生动的比喻表达"从游"，暗含了"大鱼"与"小鱼"声气相通、互相呼应之意。这就说明梅贻琦思想中的另外一层深意是，"从游"中的师生关联不是单向的、机械的，而是灵动的、交互的、充满生机的。否则，梅贻琦就不会在论述"从游"是什么的时候颇为沉痛地说"反观今日师生之关系，直一奏技者与看客之关系耳，去从游之义不綦远哉！"（梅贻琦，2012：5）显然，作为表演者与看客的师生关联是无生机的、机械的，二者之间没有内在的、思想情感的互动，这是梅贻琦激烈抨击的对象。其反面正是师生之间充满生机的互动。

（三）"从游"是师生分享的从容无碍的精神状态

从"学校犹水也，师生犹鱼也，其行动犹游泳也，大鱼前导，小鱼尾随，是从游也"这一譬喻式的表达中，我们可以想象这样的情景：学校就像大海一样，至少像是江河中的一大片水域。在这样的广阔空间中，教师如大鱼一般在自由舒畅地纵情畅游，学生如小鱼一般跟在后边，也在自在地舒展身姿，任性而游。在这样的情景中，我们可以感知到的是，"从游"是一种师生共同分享、自由无碍、从容自得的精神状态。

当然，笔者的这一想象、感知不是随意的，而是由来有自。事实上，在中国古代，士大夫阶层一谈到"游"字，其往往是将其与生命主体的精神自由、自在无碍联系在一起的。

中国古代文人有不少关于"游目"的描述。屈原在《离骚》中有"忽反顾以游目兮，将往观乎四荒"之句，曹植在《游观赋》中有"静闲居而无事，将游目以自娱"之语，王羲之在《兰亭集序》中则写道："天朗气清，惠风和畅。仰观宇宙之大，俯察品类之盛，所以游目骋怀，足以极视听之娱，信可乐也。"这些著名文人有关"游目"的言辞中蕴含的"游"之字的自由流转之意，呼之欲出。

视线、视野的解放带来的必然是心灵的解放，所以在"游目"的体验的基础上，便是"游心"。在中国古代文人的言说中，关涉"游心"的也有不少。如嵇康的《赠秀才入军》中有言："俯仰自得，游心太玄。"辛文房在《唐才子传》中曾说："游心万仞，虑入无穷。"《淮南子》中有言："身处江海之上，而神游魏阙之下。"虽没有直接用"游心"这个词，但意思也是"游心"。陆机在《文赋》中所言的"精骛八极，心游万仞"中的"心游"，无疑就是"游心"。在如此之多的有关"游心"的言说中，其自由无碍之意每每透射而出。

总之，无论在中国文人有关"游目"的词句中，还是关涉"游心"的文辞中，"游"之一字中流溢而出的自由无碍、从容自得的意旨，是清晰可辨的。自此，我们也可以说，梅贻琦之所以会拈出"从游"一词表达自己的教育理想，绝对不是随意为之，而是在吸取中国传统文化中"游"之一字的自由、从容之精义的基础上，仔细斟酌，自觉使用的。

（四）"从游"是师生之间的自然熏染

对于"从游"的这一特征，梅贻琦曾经这样说："从游既久，其濡染观摩之效，自不求而至，不为而成。"（梅贻琦，2012：5）显而易见，这是针对"从游"的结果来说的。其意思是，在"从游"这一活动中，时间长了，学生自然会受到教师言行的熏陶、感染，使学生的行为、思想发生不期然的变化。

综上所述，我们可以说"从游"不仅是一种师生共同参与的、交互作用的、充满生机的实践活动，还是一种二者分享的、持续的、自由从容的精神状态。在这种状态下的实践活动中，学生的思想与行为会发生自然而然的变化，达到"不教而教"的境地。

在解决了什么是"从游"这一问题之后，另外一个问题会接踵而至，即"从游"为什么是必需的。下面，我们就顺着梅贻琦思考的印迹，一步步进行探察。

二、"从游"何以必须

对于这一问题的考索，梅贻琦不是循着常规的就教育而论教育的思路进行的，而是选择了一个非常宏大的思考起点，从大学固有的使命出发来展开其绵密的思绪。

（一）"明明德"与"新民"：大学固有的两大使命

在甄定大学的使命之时，梅贻琦选择了一个与时流迥异的思路，即采用以中释西的思路进行。这在当时的中国思想界，可谓是一个异数。当时几乎是西化论者一统天下的时代，大多数人都是以西方概念、命题、原理为判准的立场来阐释中国传统文化的。如果说有"格义"之举，都是一边倒的"以西格中"。可是，梅贻琦却反其道而行之，选择了一条在时人看来显得怪异的思路。不过，这一怪异的思路却是从一个平实的起点出发的。在开始，梅贻琦是这样说的：

> 今日中国之大学教育，溯其源流，实自西洋移植而来，顾制度为一事，而精神又为一事。就制度言，中国教育史中固不见有形式相似之组织；就精神言，则文明人类之经验大致相同，而事有可通者。（梅贻琦，2012：2）

显而易见，梅贻琦在这里突出强调的是，从具体制度的角度来说，中西大学教育存在非常大的相异性；就抽象的精神而言，中西大学教育之间存在着很大的相通的可能。这就为中西大学之间沟通、贯通奠定了基础。立足于这一思想基础，梅贻琦首先从中西教育的同一与差异之处入手展开了申述。

1. 从中西教育的对比中呈现大学的两大使命

梅贻琦认为，西方大学教育目的在源头上的定位是古希腊人提出的"一己之修明"，中国大学教育目的在本源处的定位是"古之学者为己"。从这里可以看到，中西大学教育在本源上是相通的，都瞩目于个人修养的提升。不过，二者相比较，中国传统教育除了重视个人的修养提升之外，还倡导"修己以安人""修己以安百姓"。这充分说明中国传统大学教育的直接目的是培养能"修己"的君子，而最终目的是让"修己"的君子为众人谋福利，进而推动社会的发展。这既是中国大学教育传统超越西方大学教育传统之处，也是其时的大学教育应该确立的使命（梅贻琦，2012：2）。

2. 从群己关系中甄定大学的两大使命

从中西关系这一空间视角考察结束之后，梅贻琦把思考的落点转向群己这一空间视角。这一视角转换，不是空穴来风，而是有其历史根脉的。从先秦时期开始，群己关系就已经成为中国传统哲学的命题。自此以后，在整个中国古代社会，它一直是中国传统哲学绵延不绝的重要命题。梅贻琦把这一思想资源接续起来，作为自己探讨大学使命问题的思想武器。对此，他说："文明人类之生活要不外两大方面，曰己，曰群，或曰个人，曰社会。而教育之最大的目的，要不外使群中之己与众己所构成之群各得其安所遂生之道，且进以相位相育，相方相苞。"（梅贻琦，2012：2）可见，在梅贻琦看来，文明社会最大的关系便是群己关系。教育最重要的目的便是使个人与社会都能够各安其位、相互辅助、和谐共生。那么，如何达到这一目的呢？需要在"明明德"的基础上实现"新民"。也就是说，在个人经过教育实现"明明德"之后，最终目的是让已经修身有得的个体承担"新民"的责任，因为"修己为始阶，本身不为目的，其归宿，其最大之效用，为众人与社会之福利"（梅贻琦，2012：2）。在这里，梅贻琦站在社会价值本位的立场上，既将大学"明明德"与"新民"的使命凸显出来，又把教育价值论中的个人本位思想与社会本位思想统一起来，是别具慧眼的。

3. 从中国教育传统出发确立大学的使命

在空间视角的透视终结以后，梅贻琦便把思维转向时间的视角，从中国教育传统的绵延中探察大学的使命问题。那么，在中国源远流长的教育传统中，我们的先贤为大学确立的一以贯之的使命是什么呢？梅贻琦是这样回答的：

> 《大学》一书开章明义之数语即曰，"大学之道，在明明德，在新民，在止于至善"。若论其目，则格物，致知，诚意，正心，修身，属明明德，而齐家，治国，平天下，属新民。《学记》曰，"九年知类通达，强立而不反，谓之大成；夫然后足以化民易俗，近者悦服，而远者怀之，此大学之大道也"。知类通达，强立不反二语，可以为明明德之注脚，化民成俗，近悦远怀三语可以为新民之注脚。孟子于《尽心章》，亦言修其身而天下平。荀子论"自知者明，自胜者强"亦不出明明德之范围，而其泛论群居生活之重要，群居生活之不能不有规律，亦无非阐发新民二字之真谛而已。总之，儒家思想之包罗虽广，其于人生哲学与教育理想之重视明明德与新民二大步骤，则始终如一也。（梅贻琦，2012：2-3）

在这段话中，我们可以看到，梅贻琦想要表达的意思是，无论是在中国传统的教育经典中对大学所要承担的使命的直接论述，还是中国传统哲学中对中国传统教育应该承担的使命所做的间接的、曲折的表述，都指向一个共同的方向："明明德"与"新民"是中国传统大学始终如一的使命。

从多个侧面反复审视大学的使命之后，他最后才说："今日之大学教育，骤视之，若与明明德、新民之义不甚相干，然若加深察，则可知今日大学教育之种种措施，始终未能超越此二义之范围。"（梅贻琦，2012：3）由此可见，梅贻琦最终把当时大学教育的使命甄定为"明明德"与"新民"两方面。既然梅贻琦把大学教育的使命甄定为上述二者，那么这两大使命的完成，需要"从游"教育在其中发挥哪些作用，就是紧接着需要回答的问题。

（二）"明明德"视野中"从游"的意义

1. "全人格"教育需要"从游"

在梅贻琦看来，以"明明德"为使命的大学教育，指向的是"整个之人格，而不是人格之片段"。这一"整个之人格"，至少应有知、情、志三个方面。但是，当时的大学教育只是着眼于"知之一方面而已"，忽略了情感和意志这两方面。即使是就"知之一端论之，目前教学方法之效率亦大有尚待扩充者"。为什么这么说呢？因为理智生活的基础在于好奇心和创造新知识的心态。好奇心和创造新知识的心态建立在学生主动、积极的基础之上。可是，当时的大学教学，"灌输之功十居七八"，在学生理智生活的启发上做得远远不够。这就使得学生在积极思考、主动探究、举一反三方面存在很大的欠缺（梅贻琦，2012：3-4）。

总之，在"全人格"的教育、完整的人的培育上，当时的大学教育存在着非常大的缺失。这主要表现在：只是注重对学生知识的授受、能力的养成，对于情感的陶冶、意志的磨砺等面向，则完全忽略了。这就需要通过"从游"教育，弥补其在情感陶冶、意志磨砺上的不足，从而造就知、情、意等方面全面发展的、完整的人。退一步来说，即使是单就理智的培育来说，在大学教学中重灌输而轻视启发，导致了学生主动、积极思考能力的衰退，好奇心、创新心理的淡漠。这也需要在课堂教学之外，通过师生的"从游"，自然而然地启发学生积极思考，从而打开学生的思维空间，铸炼其思维的灵活性、主动性等品质，弥补通常大学教学在涵育学生理智生活上的不足。

2. 情感的陶冶与意志的磨砺离不开"从游"

如果说理智的培养还可以在一定程度上依靠通常的课堂教学实现的话，那么情感的陶冶与意志的磨砺则要完全依赖"从游"。对此，梅贻琦曾说："意志须锻炼，情绪须裁节，为教师者果能于二者均有相当之修养工夫，而于日常生活之中与以自然之流露，则从游之学子无形中有所取法；古人所谓身教，所谓以善先人之教，所指者大抵即为此两方面之品格教育，而与知识之传授不相干也。"（梅贻琦，2012：4）在这里，梅贻琦说得很明确，意志的磨炼和情感的调节，只能依靠在师生共同参与学校的日常实践中，教师给学生树立楷模，让学生在无形中取法。那么，为什么梅贻琦要在这里突出强调"从游"对于学生情感的陶冶和意志的磨砺所具有的重要意义呢？在他看来，不仅是因为情感的调节和意志的磨炼具有自足的价值，还因为情感的调节和意志的磨砺对于学生的理智生活起着重要的制约作用。用梅贻琦的话来说就是："治学之精神与思想之方法，虽若完全属于理智一方面之心理生活，实则与意志之坚强与情绪之稳称有极密之关系；治学贵谨严，思想忌偏蔽，要非持志坚定而用情有度之人不办。"（梅贻琦，2012：4）他在这里说的是，认识主体要想避免对事物认识的片面与疏漏，就需要有稳定的情绪与坚定的意志这两方面的支持条件。这无疑是对人类的理智生活有深刻领悟的见道之解。

（三）"新民"视野中"从游"的意义

1. 担负"新民"重任的通才之养成需要"从游"

对于大学所负有的"新民"之责，梅贻琦曾经这样说："大学有新民之道，则大学生者负新民工作之实际责任者也。"（梅贻琦，2012：8）这就把大学与大学生应该担负"新民"的责任的观点一语道破。既然大学生必须担负"新民"的重任，则事先必有充分的准备，即大学生必须成为通才。因为只有通才，才足以担负"新民"的重任。对此，梅贻琦曾说：

> 窃以为大学期内，通专虽应兼顾，而重心所寄，应在通而不在专，换言之，即须一反目前重视专科之倾向，方足以语于新民之效。夫社会生活大于社会事业，事业不过为人生之一部分，其足以辅翼人生，推进人生，固为事实，然不能谓全部人生即寄寓于事业也。通识，一般生活之准备也，专识，

特种事业之准备也，通识之用，不止润身而已，亦所以自通于人也，信如此论，则通识为本，而专识为末，社会所需要者，通才为大，而专家次之，以无通才为基础之专家临民，其结果不为新民，而为扰民。（梅贻琦，2012：8）

在这里，梅贻琦对"新民"与通才之间的关系做了相当透彻的分析。在他看来，专门的事业只是人的整个生活的一部分，对人的整个生活起着辅助作用，绝对不可能替代人的整个生活。专才只能应对专门的事业，对于人的完整生活，无法有效应对与干预。要想有效地干预、应对人的完整生活，必须依靠通才。所以，要想在"新民"的过程中，真正恰当地干预、改造大众的生活，为其谋福祉，就只能依靠通才。然而，通才不能仅仅依靠大学中设置的种种花样繁多的课程来培育，还需要依赖课外师生"从游"中潜移默化的涵育。因为只有通过课外师生"从游"共同探究自然与人文世界的活动，对于自然科学、人文科学、社会科学"三大部门"之间，学生才能"识其会通之所在"（梅贻琦，2012：9）。

2. 大学"教化一方"需要"从游"

在梅贻琦看来，大学要发挥"新民"的作用，除了培育足以担负"新民"之重任的人才之外，"为社会之倡导与表率"也是非常重要的途径。对此，梅贻琦这样表述：

表率之效之凭藉为师生之人格与其言行举止。此为最显而易见者。一地之有一大学，犹一校之有教师也，学生以教师为表率，地方则以学府为表率，古人谓一乡有一善士，则一乡化之，况学府者应为四方善士之一大总汇乎?设一校之师生率为文质彬彬之人，其出而与社会周旋也，路之人亦得指而目之曰，"是某校教师也，是某校生徒也"，而其所由指认之事物为语默进退之间所自然流露之一种风度，则始而为学校环境以内少数人之所独有者，终将为一地方所共有，而成为一种风气；教化云者，教在学校环境以内，而化则达于学校环境以外，然则学校新民之效，固不待学生出校而始见也明矣。（梅贻琦，2012：10-11）

我们如果仔细体察，就会发现，梅贻琦在这里给我们描绘了这样一幅通过师生的"从游"塑造一方社会风气的理想图景：在学校，教师为学生树立"文质彬彬"的楷模，学生自然模仿教师的言行，也表现出"文质彬彬"的风度。这种风度刚开始只是学校内部的一种风气，慢慢地，它就会流溢而出，浸润到周围的社

会上的人群中，同化一方的人群，形成一方人群共同的风尚。到这一步，大学
"新民"的效果就不期而至了。

三、如何实现"从游"

在谈到师生之间的"从游"时，梅贻琦曾经提到"从游"难以实现的三个方
面的原因。从对这三个原因的反读中，我们不难看到他对"从游"实现条件的基
本认知。

（一）教师将启智与育德作为当然之责

在梅贻琦看来，"从游"教育之所以不能实现，最重要的原因是大学教师只
是专注于"一己所专长之特科知识，有充分之准备，为明晰之讲授，作尽心与负
责之考课"（梅贻琦，2012：4），对于学生的意志磨砺与情感调节，从来不加措
意。这样的价值取向"历年既久，相习成风，即在有识之士，亦复视为固然"
（梅贻琦，2012：4）。梅贻琦在这里想要表达的意思是，正是因为大学教师只是
注重专业知识的教学，对于意志磨砺与情感调节完全忽略，所以他们才会对在学
校的日常生活中以身示范，在意志、情感方面潜移默化地影响学生，一点都不加
注意，"从游"教育的实现自然就变得不可能了。如果从这一结论出发进行反向
推断，我们就可以说，要想在大学中实现师生之间的"从游"，就需要大学教师
确立这样的观念：教师不仅是传授给学生知识、培养学生理性能力的人，还是陶
冶学生情感、磨砺学生意志的人。事实上，在梅贻琦那里，这一观念是一以贯之
的。在1931年的"就职演说"中，梅贻琦就曾说："我们的智识，固有赖于教授
的教导指点，就是我们的精神修养，亦全赖有教授的inspiration。"（梅贻琦，
2013：13）在1932年的开学典礼上，他还说："吾认为教授责任不尽在指导学生
如何读书，如何研究学问。凡能领学生做学问的教授，必能指导学生如何做人，
因为求学与做人是两相关联的。凡能真诚努力做学问的，他们做人亦必不取巧，
不偷懒，不作伪，故其学问事业终有成就。"（梅贻琦，2012：17-18）梅贻琦自觉
地阐述"从游"的教育思想是在1941年，而在1931年就任清华大学校长的"就
职演说"和1932年的新生开学典礼上，便早已有了这样的明确的观念。可见，

对于梅贻琦来说，这一思想是一贯的、自觉的。

（二）教师自觉讲求品格修养

梅贻琦认为，"从游"教育之所以不能实现，还有一个重要的原因，那就是教师"于持志养气之道，待人接物之方，固未尝一日讲求也"。既然教师在自我品格修养上从不在意，无任何境界可言，"又何能执以责人"？（梅贻琦，2012：5）既然如此，"从游"教育的实现，自然就无从谈起了。如果对梅贻琦的这一观点进行反读，我们就可以得出这一结论："从游"教育的实现，要求教师在品格修养上自觉讲求，使之在品格修养上达到相当的境界。只有如此，在课外，学生才可能找到值得自己追随的教师，教师也才有可能以身示范，在与学生的接触中，将"持志养气之道"与"待人接物之方"自然流露出来，潜移默化地影响学生。至此，真正实现师生的"从游"，才会是水到渠成的。

（三）教师与学生接触机会的增多

在梅贻琦看来，"从游"教育之所以不能实现，第三个重要的原因是：

> 今日学校环境之内，教师与学生大率自成部落，各有其生活之习惯与时尚，舍教室中讲授之时间而外，几不相谋面，军兴以还，此风尤甚，即有少数教师，其持养操守足为学生表率而无愧者，亦犹之椟中之玉，斗底之灯，其光辉不达于外，而学子即有切心于观摩取益者，亦自无从问径。（梅贻琦，2012：5）

梅贻琦的这一观点虽是卑之无甚高论，却是切中肯綮的。如果除了课堂教学之外，教师与学生几乎都没有见面、接触的机会，即使教师中有"持养操守足为学生表率而无愧者"，这些教师也只能成为"椟中之玉，斗底之灯"，难以进入学生的视线，学生又如何能够有机会观摩、习得其持养操守之道呢？就此而言，我们可以说，要想实现大学中的师生"从游"，就必须创造条件，让教师与学生在课堂教学之外有比较多的、自然的接触机会。

（四）学生自觉的个人修养意识

前面所述的教师的育人理念、品格修养及师生接触机会的增多只是为师生

"从游"提供了外在条件，要想使师生"从游"变为现实，还必须具备内在条件，即学生要对增进自身修养有明确的、自觉的意识。正因为如此，梅贻琦才会道出"所恃者厥有二端，一为教师之树立楷模，二为学子之自谋修养"之语（梅贻琦，2012：4）。对于这一点，梅贻琦还如此进一步申说：

> 学子自身之修养为中国教育思想中最基本之部分，亦即儒家哲学之重心所寄。《大学》八目，涉此者五，《论语》《中庸》《孟子》之所反复申论者，亦以此为最大题目。宋元以后之理学，举要言之，一自身修善之哲学耳；其派别之分化虽多，门户之纷哄虽甚，所争者要为修养之方法，而于修养之必要，则靡不同也。我侪以今日之眼光相绳，颇病理学教育之过于重视个人之修养，而于社会国家之需要，反不能多所措意；末流之弊，修身养性几不复为入德育才之门，而成遁世避实之路。然理学教育之所过即为今日学校教育之所不及。今日大学生之生活中最感缺乏之一事即为个人之修养。（梅贻琦，2012：5）

从这段话中，我们可以清楚地看到，梅贻琦念兹在兹的是注重个人修养一直是中国教育传统中最稳定的基因，但是在当时的大学教育界，以理学教育为重要代表的这一中国教育传统过于注重个人修养而忽视了对国家、社会需要的关切，对个人修养采取鄙弃的态度，从而导致个人修养反倒成为当时大学生活中最大的缺失。就此而言，我们可以断言，要想使大学中的学子自觉地追随德才兼备的教师"从游"，必须具备的条件之一便是学子必须具有自觉地进行个人修养的意识。否则，大学中的教师即使才高八斗、德高万仞，学生也会对之视若无睹，更不可能自觉地追随。

（五）学校具备游刃有余的精神空间

前面四方面只是为学生参与到教师的日常实践中提供了条件，要想使学生和教师以从容、自在的心理状态"畅游"在大学这片"海域"，真正享受"从游"之乐，还离不开自由的氛围。对此，梅贻琦这样写道：

> 所谓无所不思，无所不言，以今语释之，即学术自由（Academic Freedom）而已矣。今人颇有以自由主义为诟病者，是未察自由主义之真谛者也。夫自由主义（Liberalism）与荡放主义（Libertinism）不同，自由主义

与个人主义，或乐利的个人主义，亦截然不为一事。假自由之名，而行荡放之实者，斯病矣。大学致力于知、情、志之陶冶者也，以言知，则有博约之原则在，以言情，则有裁节之原则在，以言志，则有持养之原则在，秉此三者而求其所谓"无所不思，无所不言"，则荡放之弊又安从而乘之？此犹仅就学者一身内在之制裁而言之耳，若自新民之需要言之，则学术自由之重要，更有不言而自明者在。新民之大业，非旦夕可期也，既非旦夕可期，则与此种事业最有关系之大学教育，与从事于此种教育之人，其所以自处之地位，势不能不超越几分现实，其注意之所集中，势不能为一时一地之所限止，其所期望之成就，势不能为若干可以计日而待之近功。职是之故，其"无所不思"之中，必有一部分为不合时宜之思，其"无所不言"之中，亦必有一部分为不合时宜之言；亦正惟其所思所言，不尽合时宜，乃或不合于将来，而新文化之因素胥于是生，进步之机缘，胥于是启，而新民之大业，亦胥于是奠其基矣。（梅贻琦，2012：11-12）

仔细品味梅贻琦的这段话，我们可以明白，他想要说的是，在大学这片"水域"中，作为"小鱼"的学生追随作为"大鱼"的教师"游泳"，想要做到从容自在，而不是身疲神劳，其空间绝对不能是逼仄的，必须是阔大的。"自由"的氛围，正为师生之间畅快地"游泳"提供了"海阔凭鱼游"的空间。其间，师生之间方可以从容、悠然自在的心态共同参与到学校的各种日常实践中，真正实现有效的自我修养，为新民之大业做充分的准备。

综上所述，我们可以看到，"从游式"教育思想是梅贻琦植根于中国传统文化、教育的沃土之中，在对民国时期的大学教育状况进行深入反思的基础之上，经由绵密而细致的工作，培植而出的思想硕果。

从上述思想痕迹可以看到，梅贻琦对于什么是"从游式"教育、其意义何等重要、实现的条件等，均具有自觉而明确的认识。一个具有这样的"从游式"教育思想的领导者，必然会为"从游式"教育的出现、延续创造各种条件，或者是助推各种既有条件的组合、相互作用。这对于西南联大"从游式"教育这一特殊形态的教育类型的出现、持续，无疑是具有重要意义的。

第六节 云南的边地色彩与宽松氛围

西南联大的师生能够以从容的心态"从游",固然与校内的诸多因素密切相关,但是校外的政治氛围也是不得不注意的一个因素。如果在学校所处的行政区域内,政治人物把权力的魔杖不时伸入到校园内,干扰其独立、自主运行,校内师生不免人心浮动。在此种心态下,从容、自在的"从游"很难出现,即使出现,也不过是昙花一现。因此,考察其时云南的政治氛围,也是非常必要的。

一、浓厚的边地色彩

西南联大存在之时的云南,所谓的"云南王"是龙云。在龙云治下,政治上特别宽松、自由。不仅使用武装力量钳制百姓、大量张布眼线监视百姓等手段从来没有出现过,就是并非极端的政治运动,都为官方所默许。在当时国民党的黑暗统治时期,这几乎是一个奇迹。为什么会出现这种状况呢?与以下因素密切相关。

第一,国民党最高统治者对龙云的放任态度。其时的国民党最高统治者蒋介石在经过多方考察之后,对龙云形成了一个特别的判断:龙云就是当代的南越王赵佗,只会"自帝其国",没有其他野心,绝对不会为害天下、祸乱国家。对于这类地方割据者,蒋介石的态度是:对龙云要容忍,只要服从国民党,即使在云南另搞一套,最后还是为我所用,无伤大局(赵振銮,1983)。因此,蒋介石对龙云的态度是"放任自流",对云南的统治手法是"无为而治"。所以,国民政府所使用的政治钳制的"铁腕"在云南是看不到的。

第二,龙云对国民党最高统治者有很深的戒心。从军政派系上来说,龙云不是蒋介石的嫡系,处于被排挤、被打压的地方势力之列,本来就对蒋介石有着本能的戒备心理。在抗日战争伊始,蒋介石即使用政治手腕和军事打击相结合的手段,迅速瓦解了韩复榘、刘湘等地方势力,这使得龙云大有"兔死狐悲"之感,对蒋介石排除异己的戒备心理变得更加深重了几分。因此，对蒋介石企图把持、钳制云南的举动，龙云都是表面上积极听从，暗地里坚决抵制。如 1939 年 9 月，国民党的三青团就已经在昆明设立筹备处，本应很快在云南遍地生根开花，但是，刚进入 1940 年，龙云就下令，不准三青团在云南境内的各个大学设立支部，甚至还秘密下令逮捕三青团团员。这使国民党的这一"先锋组织"的势力发展大大受阻。1941 年初，昆明在发生"倒孔"运动之后，国民党特务头子康泽两次带领大量特务抵达昆明，企图大肆搜捕包括西南联大学生在内的进步学生，都因为龙云的抵制铩羽而归。龙云诸如此类的举动，使得国民政府对云南实现政治上的钳制变得无从措手。

　　第三，龙云是一个开明、进步的地方统治者。我们可以假设一下，即使龙云反对国民党的政治控制，却在自己掌控的行政区域专横、霸道，云南是否能够拥有良性的、宽松的政治空间，还需要打一个大大的问号。让云南百姓庆幸、西南联大师生庆幸的是，龙云是一个难得的开明、进步的人物。正因为如此，龙云对云南的民主运动、大学中的学术自由，一直持守宽容、支持的态度。龙云之所以会成为这样一个人物，采取这些举动，与中国共产党人秘密开展的统一战线工作关系至密。20 世纪 40 年代初期，中国共产党专门委派华岗去云南，通过进步人士的牵线搭桥，与龙云建立了较为密切的联系。在常来常往中，华岗使用各种善巧，苦口婆心地劝导龙云，使龙云对中国共产党的革命政策有了较为全面的了解，对云南乃至全国轰轰烈烈开展的民主运动有了全新的认识（云南西南联大校友会，2003：47-49）。于是，龙云秘密加入了中国民主同盟（简称民盟）。不过，他的民盟成员的身份，外界没有人知道。即使是在民盟内部，也只有屈指可数的几个人知道。另外，龙云还让其子龙绳武秘密加入了民盟。这足见龙云在思想上革命、进步的倾向。

　　总之，由于以上三方面因素的交互作用，在当时的云南便构筑起一个宽松、自由的政治空间。在这样的空间中，学人基本上没有来自政治的压力与干扰。他们自然可以保持一种超然独立的姿态，在大学当中"从游"。如果不是这样，潘光旦不可能在晚年依然对龙云之于"昆明民主运动"的庇护念念不忘。对于这一点，我们从潘光旦 1962 年的日记中可见一斑。他是这么记述的："午后入城，先至努生寓，旋同至北京医院太平间视龙志舟殓。1941—1945 年间，昆明民主运动曾得其掩护之力；民主同盟活动经费大部分归其筹措而来；其与地下党之联系，由努生及我居间绍介；大学教授生活困难，渠首创学术演讲付酬，其后成为惯例，我曾两度为之开具讲员讲题名单——有此一段因缘，此最后一视自是不可缺也。"（陈理等，2000：99）在这里，我们可以看到，在龙云去世入殓之时，潘光旦感念其长时间掩护"昆明民主运动"、赞助民盟活动经费、资助大学教授的生活，无论如何都要在最后一刻"亲视含殓"。作为一个非亲属、非密友的故人，如果不是感念很深，是不可能有这一举动的。自此，也足见龙云对昆明自由空气的保护之力。

二、龙云对西南联大的保护与支持

西南联大师生之所以能够以自由、安然之态在大学中"从游"，较少受政治风雨的侵蚀，除了云南整体的政治氛围相当宽松以外，与龙云对西南联大的保护、支持密不可分。对此，曾任龙云秘书的刘宗岳说：龙云作为云南省主席，对云南的学者、教授，在安全上给予了一些保障，在经济、生活上给予了一些照顾，因此，很多高级知识分子都和龙云交朋友（中国人民政治协商会议云南省委员会文史资料研究委员会，1964：154）。西南联大的教授是其时云南教授的主体，许多西南联大教师得到过龙云安全上的保护与经济上的支持，当无疑问。在其他史料中，我们也不难看到刘宗岳所言不虚。

正是因为龙云对西南联大的保护、支持是及时的、得力的，所以西南联大师生对龙云也是赞誉有加，给予了其极大的拥护、支持。这从"倒孔"运动中西南联大学生对龙云的态度就可看得一清二楚。所谓"倒孔"事件，其缘由是，在太平洋战争爆发之后，为避免滞留在香港的学者、知名人士受到日本人的报复性打击，国民政府专门派遣一架飞机去接滞留在港的知名学者和社会名流（其中就有被迫滞留于香港的西南联大教授陈寅恪）归来。令人气愤的是，这架飞机没有用来接大家期待已久的学者、名流回来，却被孔祥熙用来接自家的老妈子、洋狗、抽水马桶归返重庆。这个消息一传到西南联大，马上引起了全校学生的极大义愤，学生很快自发组织起一支游行的队伍，开始上街游行。其他大学的学生也纷纷加入游行队伍的行列，队伍越来越庞大。在沿街游行中，学生喊出了各种各样大肆辱骂孔祥熙的口号。其中的一个口号意味深长："拥护龙主席，打倒孔祥熙。"（云南西南联大校友会，1998：126-127）孔祥熙、龙云二人都是国民党的军政要员，一者成为急欲被打倒的对象，另外一者却成为学生极力拥护的对象，二者可谓云泥之别。在这一富有戏剧性的对比中，我们可以看到西南联大师生对龙云的态度极为友善。

龙云对西南联大的保护、支持，织就了一张防御之网，使西南联大师生在风雨飘摇的时局中有一种实实在在的安全感。这使得他们能够以安然、自由的心态展开"从游"。对此，毕业于西南联大的李晓曾说："龙云在昆明主政的时候，没有人被捕。或者他透露出消息，大家就转移了。或者他说'不准你在我这儿抓人'。每次开大会，游行示威多少次，没发生任何问题，起到很好的掩护作用。昆明学生运动所以能够蓬勃发展，和这个关系很大。西南联大这样有为，我的文章里也写了这个问题——如果西南联大不在昆明，而在四川，就不可能学术是这么自由，就不可能民主运动这么高涨。"（张曼菱，2013：333-334）这可以说是一语中的之辞。

第二章

"从游式"教育的外显形态

康伲在谈及他与闻一多"从游"时的情形时曾说:"先生所开的每一门课我必选,每堂课我必听;在各种会议上领会先生的发言,在历次运动中追随先生的行止;经常向先生质疑问难,不论在昆明郊区司家营的家、市内昆华中学的家、我们南院女生宿舍隔壁西仓坡的家,我总是跑进跑出的。在三年中,我看到先生怎样由学术走向政治,从课堂走向广场。但学术与政治是结合的,课堂与广场也并行在先生的生活里。"(佚名,1980:283)从康伲的这段话中,我们不难看到,西南联大的学子在找到自己崇仰的老师后,无论是在课堂、学术讲演中,还是在各种讨论会、社会实践活动、老师的家居生活中,都紧紧追随着老师的脚步,从老师的一言一语中汲取精神的营养。对于这一点,我们可以在下面的论述中看得非常清楚。

第一节 日常生活中师生之间的游谈

日常生活中师生之间的游谈,应该是师生"从游"最基本的、最常见的形式。征之于史籍,我们发现,西南联大师生之间日常生活中的游谈往往有两种形式:一是由明确的目的或任务引入的畅谈;二是没有明确目的或任务、触境而生的漫谈。在课外围绕毕业论文指导发生的畅谈，便是第一种游谈的代表。在这一活动中，教师在思想上的卓识、做人上的嘉言懿行，往往会在悄然间传递给学生。

一、目的明确的畅谈

闻一多与学生之间的这种畅谈便是显例。有一天，一名学生到闻一多家中，向闻一多求教毕业论文写作的相关事宜。这名学生先说了自己的设想：研究中国文学中的人民性问题。在这个大的研究主题下，准备研究三个分论题：一是中国文学史上的人民性；二是唐诗中的人民性；三是五四运动以来的新文学。听学生讲完自己的想法，闻一多笑着说："你的野心真不小，中国文学史上的人民性太广泛了，怎么集中呢？五四以来的新文学意义深远，但我们手边的材料不够用，再说你写得再好，也拿不出来（指论文审查）。将来再写，你会写得更完美的。那么，依我看现在最好是写唐诗，不过'人民性'这题目太显露，你看很多文章不是都讲什么'思潮'之类吗？我们也含蓄一点，就定为'唐诗中的文艺思潮'如何？"这名学生听了闻一多的这番话，以为自己把老师的意旨完全领会了，就起身告辞，回学校着手做研究去了。过了一个月，他写出了一份提纲。这份提纲主要包含了唐诗的渊源、流变、各个诗家的特点、作品的分类等内容。他带着这份提纲径直去找闻一多。闻一多在看了这份提纲后，脸色马上沉下去，用严肃的语气对学生说："你，为什么也这样俗气？按这个提纲写下去，能符合我们原来的要求吗？"随即提出了对这份提纲进行彻底修正的意见。闻一多的意见是：首先必须在提纲的前面加上一个序，用它来导入正题。其次，将第一大部分的标题改为"从天宝之乱谈起"，第二大部分的标题改为"唐诗中人民思想之成长"，在第二大部分下面又分作甲、乙、丙三部分：甲部分是大历年间的元结与杜甫，乙部分是长庆年间的元稹、白居易，丙部分是晚唐的刘驾、聂夷中、曹邺。再次，将第三大部分的标题改为"唐诗中之会社"，并将其分为军旅、妇女、农民、商人、知识分子五方面。最后，把原来提纲中的二、三部分内容都删掉，只保留了一个"四"字，并加上"结语"二字。同时，他还对学生说："序和结语都不宜过长，天宝之乱是主要一环，而具体地谈人民性应放在'三'上，读全唐诗时要特别注意晚唐。"当把这些意见讲完后，闻一多的面色由沉郁转为慈和，用带着鼓励意味的语调说："拿去，好好写吧!"（佚名，1980：284-285）

在闻一多指导学生写作毕业论文的过程中，我们可以看到，西南联大的教授在指导学生从事学术研究上是非常细致、全面、富有卓识的。从宏观的方面来说，主要提示学生注意三点：第一，一定要注意选题的可行性。所谓可行，重点要考虑两个方面的因素：一是从逻辑上来看，口径不能太大。否则，研究工作就如老虎吃天，无从下口。二是从政治上来看，要避免触碰与政治密切相关的敏感论题。如果选题有政治风险，即使再有意义的选题也不要去触碰。第二，学术研究必须以问题为导向。学术研究不能只是抓住特定的主题就止步不前，还要在找到主题的基础上进一步深挖，挖出潜藏在主题下面的困境、难题，将其问题化。第三，将问题意识贯彻到底。在论文的写作中，要把确定的问题牢牢抓住，使每一部分都成为解决问题的逻辑台阶，绝对不能游骑无归。这些虽然不是什么高深的见地，但一定是真正的好学深思者才会有的见地。从微观的方面来说，资料的占有是否足以支持研究的开展，论文的标题如何设计才会让读者易于理解与把握，论文的导入与收尾如何安排等技术细节，都考虑到了。非深具智慧与仁心者，不可能做到这些。

在郑临川的回忆中，也有关于闻一多指导学生毕业论文的若干消息透射而出。对此，郑临川是这么说的：在临近毕业的前一个学期，他在搜集毕业论文资料上还没有大的进展，心里有几分焦急。于是，他就向指导教师闻一多求助。闻一多说寒假上他家里住一段时间，怎样？郑临川知道，闻一多的家就在昆明城外二十余里的司家营，清华大学、北京大学的书库都在那里，如果住在那里，查找资料是非常便利的。于是，郑临川欣然跟着闻一多到了乡下。到了司家营，郑临川才发现，闻一多的家就在清华大学文科研究所兼书库的那栋楼里面，闻一多的床和书桌居然就放在书库二楼的一个角落里。郑临川在一楼食堂旁边的屋角搭了一个临时铺位，就住下来了。白天的时间，郑临川就一头扎进书库，查找、抄录资料。他在乡间住了半个月，闻一多都没有做具体的指导，只是让他在书库翻找资料。由于是自己胡乱翻找，所得资料十分有限，郑临川的心里不免又焦躁起来。于是，他告诉闻一多，自己半月所得十分有限，需要回学校另谋良法。就在这时，闻一多不动声色地把郑临川带到楼上的书桌旁，指着一堆资料说："这是我多年抄集下来关于唐代诗人的资料，好些是经过整理的，里面有不少是你需要的东西，你就拿去选抄些吧！将来你如果研究唐诗，我可以全部拿给你……为什么不早拿给你，要等到半年后的今天呢？我是有意让你经过一番困苦探索的过程，使你懂得做学问的艰难。你嫌自己半年来搜集的太少，就该知道老师这些丰富资料是付出了多少年的心血吧。要知道，做学问当像你们三湘的'女儿红'（指湘绣），是成年累月用一针一线辛苦织成的，不是像跑江湖的要戏法突然变出来的。你能懂得做学问的艰难，才会自己踏实用功，也不至信口批评，随意否定别人的成绩。"这些对于郑临川来说，既是意外之喜，也是醍醐灌顶之教，让他大为感动，急忙"噙着热泪双手接过"老师捧给他的资料，"更在心灵深处铭刻下了这些有关治学的箴言，终身奉为典范"（闻一多等，2014：5-6）。在这里，闻一多在搜集毕业论文资料这件事情上不动声色地创造条件磨炼学生，待其受尽搓磨灰心丧气之际，又给其送去意外的惊喜，并对其发出振聋发聩般的教诲。个中的仁心与善巧，非真正智仁兼具的师者，难以做到。

像闻一多这样的导师还有不少，兹再举一例。吴宏聪在撰写毕业论文之时，选定的课题是研究曹禺，因为杨振声教授是研究现代文学的大家，他就选了杨振声做导师。当吴宏聪向杨振声请教如何在研究曹禺上着手时，杨振声话匣子一打开，如悬河泻水，讲了好多东西。他最初是追本溯源，先讲曹禺的家庭出身、人文教养与其创作的关系，再讲《日出》《雷雨》的写作过程中的细节。有趣的是，把曹禺在四川戏剧学校与某位女士谈恋爱的细节都涉及了。在这些个人生活经验铺陈的基础上，才就如何治学进行点拨："要了解作品，必须了解作家的生活和时代，不然，你就无法了解为什么他要写这样的作品和怎样去写这样的作品。"这是相当高明的见地。如今的研治文学史者所大谈特谈的"知人必须论世"，正与这样的见识如出一辙。接着，杨振声还告诉吴宏聪，《雷雨》中的序和《日出》中的跋都是难得的"奇文"，作者希望读者认真领会的主要意旨都在其中谈到了，一定要认真读、仔细读。另外，曹禺与俄国作家契诃夫有很深的文学渊源。曹禺曾在《日出》的跋中公开说，他特别希望拜契诃夫为师，"低首下气地做个低劣的学徒"。因此，要深刻理解曹禺，很有必要找一些契诃夫的作品来认真研读（西南联大北京校友会，2002：52）。可见，杨振声在这里特别强调的是，研究作家必须细读作家的核心文本，必须从研究对象与其他作家之间的文学因缘的角度理解作家，这都是初学者踏上治学正轨的"不二法门"。

总之，在毕业论文指导的过程中，西南联大的教师面对学生，或长篇大论、滔滔不绝,或惜言如金、关键处点拨,其目的都在于把学生引向治学的正途,使其能够在学术上昂首阔步,走自己的学术之路。

当然,西南联大教师与学生之间有目的的游谈,不全是因为毕业论文指导而展开,当学生面临人生、事业的重大抉择难以决断时,也常常会专门找老师当面咨询,不少师生之间的游谈往往自此流溢而出。

何兆武在大学时代的有一段时间,曾经对人生的意义问题做过穷思苦索。有一天,他读到了西班牙作家乌纳穆诺的《人生之悲剧的意义》这本书。读完这本书,他的思想陷入了很大的困惑中。为什么呢?因为这本书的核心观念是,人生的唯一意义就是获得世俗的荣光。对于这一观念,他从直觉上觉得这里面存在很大的问题,但是他自己又无法找到一个足以颠覆这一观念的东西来替代它,感到十分苦恼。于是,他就去找著名的哲学史家汤用彤,希望得到汤用彤的点拨。汤用彤在明白何兆武的诉求之后,很明确地告诉他:"人生的意义不是光荣,而是peace of mind(心灵的平静,心安理得)。"(何兆武,文靖,2006:202)这一足以振聋发聩的指示,使何兆武在电光石火之间找到了自己一生的价值所系:超越对所谓世俗光荣的追求,以个体的心灵宁静为毕生追求的最高目标。

刘绪贻在大学毕业时,面临着非常痛苦的人生抉择。起因是西南联大社会学系的教授陈达和在西南联大任兼职教授的费孝通都认为刘绪贻是个治学的好苗子,希望他一毕业即留下来,在社会学研究上进一步探索。但是,其时刘绪贻的女友周世英早已在重庆盐务分局扎下根,极力要求刘绪贻毕业之后马上去重庆工作。是响应老师们的殷殷召唤还是顺从女友的切切情思,成了刘绪贻不得不解决的难题。为此,刘绪贻纠结了好长一段时间。在实在委决不下的时候,刘绪贻登门向费孝通求教,师生二人就此事做了一番竟夕之谈。在这次对谈中,费孝通以自己的人生经历为例,谈了破解这道难题的想法。其中心意思是:"爱情的事是暂时的、可以变化的,而学问事业则是长远的,甚至是永远的。"(刘绪贻,余坦坦,2010:136)显而易见,费孝通是在劝导刘绪贻,应该为了自身的事业发展而打消去重庆投奔女友的想法。虽然刘绪贻最终还是没有听从费孝通的劝导,但这些老师对学生推心置腹、言之谆谆的细节,深深刻印在刘绪贻的记忆中,虽垂垂老矣,依然鲜活如昔。

综上所述,在西南联大,学生无论是在学术探索之路上碰到荆棘陷阱,还是在人生终极价值的选择、人生难题破解上遇到歧路沟坎,都会敞开心扉,向自己的老师求助。教师也会推心置腹,将自己的治学心得、人生经验、心路历程和盘托出,为学生在探求真理之路、人生求索之路上获得指路明灯提供种种助力。这种氤氲在亲密、信任气息中的、针对性特别强的明示,对于学生成长所具有的直指人心之功,其力量是难以估量的。

二、触境而生的漫谈

除了由特定目的或任务引发的游谈之外,更为经常而广泛的是老师与学生在日常交往中随机而生的、没有任何拘束的散漫的聊天。因为老师或学生受日常生活中特定情境的触发,或教师随心而发,或学生随机发问,师生之间的漫谈便得以展开。这种漫谈几乎每天都在教室、茶馆、宿舍、操场、弯弯曲曲的校园小径上发生着。

一般来说,这样的漫谈往往是以老师对学生的谆谆教诲的形式存在的。在西南联大学子的回忆中,这样的例证可谓不胜枚举。

钱穆在西南联大上"中国通史"课时,星期五、星期六住在西南联大的教师宿舍,学生们争先前去"请益","或坐床上,或倚壁而立。一些人方辞出,一些人又进去,常常络绎不绝"。对此,钱穆"毫无倦怠不胜烦之意"。在"请益"中,有的学生提的问题非常肤浅,几乎没有回答的必要,但是钱穆都一一予以认真解答。对此,钱穆十分信任的学生李埏大为不解,就问钱穆为何如此,钱穆的回答是,"你知道张横渠谒范文正公的故事吗?北宋庆历间,范文正公以西夏兵事驻陕西。横渠时年十八,持兵书往谒。文正公授以《中庸》一卷,说:'儒者自有名教可乐,何事于兵。'横渠听了,翻然而悟,遂成一代儒宗。可见有时话虽不多,而影响却不小"(中国人民政治协商会议江苏省无锡县委员会,1992:11)。由此可见,钱穆之所以对任何一个求教的学子都毫无倦怠、厌烦之意,是因为他对每位来访者都寄予厚望,希望他们都能经其点化而觉悟、成才。这恐怕也是西南联大教授的共同心愿。正是因为有着这样的殷殷之情,他们才会不约而同地表现出对学生的诲人不倦。

英国著名诗人、客居西南联大的燕卜荪的住处简直就是学生诗人们的"天堂",在那里,他们总是受到热情的接待,不但可以随意聊天,还"可以抽烟,可以一块儿喝酒"（杜运燮等，1997：172）。

温德（Winter）与燕卜荪一样，也是与学生关系特别融洽的外籍教授。他"上课时，如遇到空袭警报"，往往"和学生们一道疏散，从联大新校舍后门出去，沿铁路右行，到英国领事馆花园中去看书或聊天。有时，学生去到他家中，他还会煮好咖啡招待你。谈话中，话题自然离不开抗日战争、英诗、莎士比亚等"（西南联大北京校友会，2008：120）。

西南联大学生姚秀彦在回忆其求学生涯中老师和学生之间随意畅谈学问的情景时说："一下课，没有一个老师是单独走的，旁边总是跟着三五个同学，还有一些国事和书本的问题。所以老师跟学生，更能打成一片。什么问题都谈，国家的大问题、社会问题、书本上的问题，都谈。"（张曼菱，2013：238）在这段西南联大优秀学子的忆念中，我们不难看到，教师和学生之间在课后的校园小径上热情论学的现象是何等普遍。

当然，在漫谈中，除了以老师对学生和风细雨式的谆谆教诲这样的面貌出现之外，以激烈争辩的形式存在的也不乏其例。

曾任清华大学党委书记的贺美英在回忆其父贺麟与学生交往的细节时曾说："经常有学生到家里来。他们高谈阔论。我是小孩，我不懂他们在争什么，但是不同的看法可以争论得很激烈，都是在做学问的这种精神……后来我看到父亲的日记，说他经常和学生探讨人生、学问。这样的探讨，到家里来，就是平等的探讨。"（张曼菱，2013：167）我们从这则史料中可以看到，在贺麟和到其家中的学生纵论人生、学问之时，由于看法的不同，常常发生激烈的争论。

后来成为著名诗人的赵瑞蕻在回顾西南联大的学生生活时曾说：

一九三九年秋，有一天上午，我在联大租借的农校二楼一间教室里静静地看书，忽然有七八个人推门进来，我一看就是算学系教授华罗庚先生和几位年轻助教和学生（我认得是徐贤修和钟开莱，这两位学长后来都在美国大学当教授，成了著名的学者专家）。他们在黑板前几把椅子上坐下来，一个人拿起粉笔就在黑板上演算起来，写了许多我根本看不懂的方程式，他边写边喊，说："你们看，是不是这样？……"我看见徐贤修（清华大学算学系毕业留校任助教的温州老乡，当时教微分方程等课）站起来大叫："你错了！听我的！……"他就上去边讲边在黑板上飞快地写算式。跟着，华先生挂着拐杖一瘸一瘸地走过去说："诸位，这不行，不是这样的！……"后来他们越吵越有劲，我看着挺有趣，当然我不懂他们吵什么。最后，大约又吵了半个多钟头，我听见华先生说："快十二点了，走，饿了，先去吃点东西吧，一块儿，我请客！"（赵瑞蕻，2021：18-19）

在此，我们不难看到，在课外师生就学术问题畅所欲言时，作为名教授的华罗庚没有丝毫的架子，与学生争得不可开交。

何兆武在其晚年忆念西南联大的文字中曾说过，理学院有一个姓熊的同学，特别喜欢和周围的师生争辩。在周培源给他们上力学课的时候，经常在下课之后跟周培源论辩。周培源常常对这个同学说："你根本就没懂！你连基本概念都没弄通！"可是，这个同学总是不依不饶，依然与周培源争辩不休。在他们争辩的时候，还有很多人在听。以致周、熊二人争辩，众多人围着听，都成了西南联大南区教室的一景了（何兆武，文靖，2006：112）。师生在公众场合的争辩居然能够成为大学里固定的一道景观，可见师生之间的争辩在当时是何等习以为常。

总之，在课外，无论是在教室、校园的小径上，还是教师的居室，学生和教师都可以就人生、学术问题展开激烈的争辩。在这样的争辩中，所谓的师道尊严是不存在的，师生之间完全以平等的姿态畅所欲言。这样的恣意畅谈的喷涌的激流，与以教师对学生教诲为外显形式的涓涓溪流，共同协奏出一曲西南联大师生漫谈的华美动人的乐章。

第二节 "沙龙"与讨论会中的"脑力振荡"

日常生活中的游谈因其自然、简易、与日常生活的水乳交融，成为师生"从游"最基本的形式。在这种形式的"从游"中，最能得"不教而教"之三昧。不过，这样的形式也是有缺陷的，最主要的缺陷是，由于它基本上是以师生一对一的方式展开的，从教师大范围传道的角度来说，其效率是极其有限的。为此，在西南联大，出现了一对一游谈形式的扩展形式，即教师与学生以群聚的方式谈论、争辩。

在群聚式的谈论、争辩中，有两种形式：一是以轻松、自在的漫谈为主调的"沙龙"；二是以严肃的、正式的学术讨论为主调的讨论会。下面，我们就分别来进行分析。

一、"沙龙"中的智性砥砺

西南联大师生参与的"沙龙"，与日常生活中一对一的师生漫谈在精神气质上最为接近，多的是轻松、自然、散淡的气息，只是形式上是一对多、多对多的样态而已。这种精神气质的谈论、讨论，往往是由非正式的团体或个人组织的。其中，在西南联大，最为著名的是"十一学会"组织的集会和大普集学术茶会。

"十一学会"大约成立于 1942 年春天，成员有闻一多、曾昭抡、潘光旦等教授，何炳棣、丁则良、王佐良、翁同文、吴征镒、王瑶、季镇淮、李埏等尚在助教与学生之列者。该学会的学术集会，最初定为每两周一次，由其中的一名成员做学术报告，报告结束之后进行讨论。如果是教授做报告，学生必定要听，学生做报告时，教授同样去听。报告结束之后的讨论既热烈又轻松。后来，虽然因为学会的部分成员准备参加留学考试等因素的影响，不能保持每两周一次的频率，但报告、讨论的活动一直断断续续地在进行。吴宓在其日记中曾有关于"十一学会"的如下记载："十月二十四日，星期日……7—10 至 T. H 赴十一学会，炳棣讲 Dostoyevsky 小说。偕宁归。"（吴宓，吴学昭，1998d：139）从这则日记中，我们可以看到，吴宓与李赋宁也有可能是该学会的成员。至于报告、讨论的内容，我们现在能够知道的，除《吴宓日记》中提到的何炳棣讲陀思妥耶夫斯基的小说以外，还有何炳棣讲的英国、美国与世界政局关系的外交史专题，何鹏毓讲的"明代内阁"等（何炳棣，2005：160-161）。对于"十一学会"组织的报告、讨论的水准高低，从何炳棣的这段回忆可见一斑："我曾讲过一个外交史上的题目，19 世纪末叶以降，英、美是否合作与世界政能能否稳定有密切的关系。1944年'十一学会'里最精彩的一讲是北大何鹏毓的'明代内阁'。他运用史料之熟练，分析内廷宦官与内阁首辅关系之细致生动，远胜战前吴晗明史课中的演讲。"（何炳棣，2005：161）自此可见，"十一学会"组织的报告、讨论的水准是相当高的。

至于大普集的学术茶会，举办地点不在西南联大，也不在昆明城内，而是在昆明北郊的龙泉镇司家营。它是战时著名的学术研究中心，西南联大多所研究机构就设置在司家营及其附近。清华大学文科研究所、特种研究所都设在这里，北京大学文科研究所也设在这里，加上居住在司家营周围的学者，这一区域尽管地处郊区，但是因为学术研究机构和学术人才的集聚，学术氛围相当浓厚。因此，在这个地方，自然形成了大普集的学术茶会。西南联大生物系教授汤佩松在《为接朝霞顾夕阳——五十多年来在植物生理学领域中学习和工作的一些回顾》中特别用了相当大的篇幅记述了大普集的这一学术茶会，其最主要的内容是："在大普集期间的一个重要活动是三个研究所的人员之间在业务上的交流和合作。在我们搬到大普集新址后不久，由金属研究所的余瑞璜发起组织在这三个所工作的部分朋友，加上家住附近梨园村在西南联大教课的一些朋友，每月定期（星期天）在大普集与梨园村之间的一家茶馆会晤，由每人轮流作自己的工作报告或专题讨论。"（汤佩松，1987b）

从汤佩松的这一回忆性文章中，我们大体可以了解到一些这个学术茶会的信息。首先，集会是以茶话会的形式进行，和正规的学术演讲、学术讨论会存在着很大差别；其次，学术茶会的发起人是金属研究所的余瑞璜教授，该茶会并无正式的组织形式，也无正式的负责人，每次集会的时间和主持人都由上一次集会决定；再次，参加茶会的以当时西南联大理工科的教授为主，有余瑞璜、黄子卿、孟昭英、吴有训、王竹溪、任之恭、赵忠尧等，因而大普集的学术茶会是偏理工科性质的。大普集的学术茶会是以"英国皇家学会"为蓝本开展学术交流活动的，故有的研究者认为，大普集的学术茶会是"中国的皇家学会"（江渝，2010：157）。除了上述两个著名的非正式的学术研讨活动之外，还有不少西南联大师生组织的影响并不是太大的非正式学术"沙龙"。

吴宓就曾经组织了椒花诗社，对诗学问题展开讨论。对于这一点，在吴宓的日记中，就有若干记述。例如，吴宓在1939年9月17日的日记中有所记述："适宓将外出，赴椒花诗社集，遂邀健同往。先至玉龙堆，拟邀敬入社。见芳，乃知敬赴呈贡二日矣。不胜慨叹。于是径至武成路富春街洞口天饭店社集。是日，由郑侨为社主（作东）。除健外，杨周翰新加入本社，共六人。由侨钞整前作，众评定甲乙。并推定宓为下次社主（第四集）。出题如下：（1）《无题》七律。（2）《昆明竹枝词》七绝，至少二首。"（吴宓，吴学昭，1998b：71-72）吴宓在 1939 年 9 月 29 日的日记中记载："宓旋即步至绥靖路保定东方酒楼，赴椒花诗社第四集之宴。是日值宓为社主，作东，便宴（\$11）。客（社员五人外）有德锡及颉。评阅社稿而外，并以东字飞觞，行酒令。9:00 归舍。"（吴宓，吴学昭，1998b：79-80）从上述记述可以看到，椒花诗社的组织者是吴宓，其活动基本上都是围绕诗作优劣以及相关诗学观念的讨论进行的。虽然人数不多，但少而精，且将文人的飞觞、饮酒等雅趣融合其中，颇得将学术融入生活之妙趣。

除组织椒花诗社外，吴宓还与贺麟等组织了心社，就心灵哲学问题进行探讨。在吴宓 1939 年与 1940 年的日记中，有不少关于心社的记载。例如，1939 年 11 月 20 日的日记记述："至翠湖中心茶座，遇贺麟与任继愈，坐谈。宓述拟设讲道之学会，拟名曰'心社'。麟极赞成，共商分途进行。6:00 归。叶宅晚饭。晚撰作《心社简章》。"（吴宓，吴学昭，1998b：93）在这里，我们可以看到，心社是由吴宓、贺麟、任继愈共同倡议创办的。吴宓在 1939 年 11 月 22 日的日记中写道："4:00 赵紫宸来，述其传教工作原理及办法。4:30 贺麟来。共商'心社'事，决以文林堂为集会之所。将近 6:00 散。"（吴宓，吴学昭，1998b：94）从这里我们不难明白，为了组织心社，吴宓还认真咨询了神学家赵紫宸的意见。对于心社组织起来之后探讨有关心灵哲学问题的状况，吴宓还有如下几次记述。其一，吴宓在 1940 年 1 月 17 日的日记中记述："晚 7:30 独赴平政街 68 赵紫宸宅中心社会集。赵君以茶及糕饼款待。由宓讲述《石头记一书对我之影响》。继由诸君自由讨论人生爱情各问题。到者贺、任、石三君[①]。10:30 散。宓偕任、石二君步归。"（吴宓，吴学昭，1998b：120）其二，吴宓在 1940 年 3 月 20 日的日记中记述："晚 7—10 至平政街 68 宸宅。心社聚会。麟讲《道德标准之进化》，甚精密。讨论时，宓甚愤激。10:00 回舍。"（吴宓，吴学昭，1998b：145）其三，吴宓在 1940 年 4 月 3 日的日记中记述："即至平政街宸宅，心社聚会。朱宝昌主讲《释悲》。黄女士亦列席听讲。众复讨论，语皆精正。10:00 归舍。"（吴宓，吴学昭，1998b：150）从这有限的几次记述中，我们可以看到，心社的集会往往是采用一人主讲某一个与心灵哲学有关的专题，众人围绕该专题进行讨论的方式。由

---

① 即贺麟、任继愈、石峻三人。当时，贺麟是西南联大教授，任继愈、石峻都是北京大学文科研究所的研究生。

于参与人数少，且均是学养深厚、对心灵哲学问题有深切体悟者，讨论的水准往往是较高的。

当然，石社也是不得不提的一个非正式的学术组织。该社也是由吴宓倡导成立的，最起码吴宓是倡导者之一。对此，吴宓曾经如此记述："夕 5—11 顾良、黄维来，同赴朱宝昌请宴于曲园。畅叙，并行红楼梦酒令。石社成立，以研究《石头记》为职志。顾良任总干事。众同步归。"（吴宓，吴学昭，1998b：167）从这一日记可以看到，石社的倡导者是吴宓、朱宝昌、顾良、黄维等，也可能只有吴宓一人是倡导者，其他人只是响应者。虽然这个组织确立的使命是"以研究《石头记》为职志"，但从他们在诗酒唱和中成立该社，就可以看出该社的非正式性质。在该社成立后，陆陆续续有不少教师、学生或被邀请，或出于对《石头记》的喜好，纷纷加入了石社。如教授中的刘文典、沈有鼎、毛子水、郑昕，最初为学生、后成为助教的李斌宁，学生中的顾良、黄维、王逊、张尔琼、翁同文、王般、关懿娴、杨树勋、王先冲、房季娴、王映秋、秦文熙、王年芳、李宗蕖等。例如，对《石头记》亦研究有素的刘文典就是受邀加入石社的。对此，《吴宓日记》中也有记载："五月十三日 星期一……下午 1—3 寝息。3—4 至昆北，介绍顾良见刘文典。邀入石社。"（吴宓，吴学昭，1998b：168）

意味深长的是，除了极少数对《石头记》研究有素的名家是被邀入社外，如欲入社，吴宓提出了一个看似随意却很苛刻的条件：每一个想要加入该社的人，必须在《石头记》中找一个可以和自己对应的人物，且自己和这个人物的对应要得到大家的认可（张曼菱，2013：124）。初看起来，这个条件似乎很容易达到，但仔细一想，这个条件是非常苛刻的。为什么这么说呢？要满足这一条件，需要这么几个前提：第一，想要入社者必须对《石头记》很熟悉，熟悉到了解其中每一个人物的性情、精神气质。要想实现这一点，就需要这个读者对《石头记》非常喜爱，经常阅读《石头记》。靠这一个条件，就把很多"假石头迷"排除在外了。第二，想要入社者必须与《石头记》中的某一位人物构成精神的契合、认同。这就不仅仅是要求读者对《石头记》喜爱了，而是进入痴迷的境界。读者必须把自己的生命、情怀投入到《石头记》中，找到其中的人物与自己心息相通、相契之处，以至于对《石头记》的阅读欲罢不能，才可能实现这一点。这就把只是喜爱《石头记》但对其中的人物没有灌注生命情怀的人排除在外了。例如，吴宓在给大家示范的时候就说，他在《石头记》中自比的人物是紫鹃。从表面上看，吴宓与《石头记》中的紫鹃几乎毫无共同之处。从性别上看，吴宓是男性，紫鹃是女性。从职业上看，吴宓是大学教授，紫鹃是大家族中的奴婢。从人生经历上看，吴宓是一生走遍四大洲、阅人无数的哲人，紫鹃是一个终身在贾府为奴、人生阅历极其简单的仆人。但是，如果深入精神气质的层面，我们就会看到，二者是高度相通、相契的。紫鹃虽为奴仆，但在精神上却是高贵的，体现在其对林黛玉至死不渝的追随。在紫鹃的心目中，林黛玉是至美的、纯洁无瑕的化身，值得其终生不渝地追随。所以，无论林黛玉是万千宠爱集于一身、风光无限之时，还是被富贵逼人者弃置、奄奄待毙之时，她都要无怨无悔地追随。这里闪现的是一种唯美的理想主义精神。吴宓恰恰也是这样一位唯美的理想主义者。他的一生，无论身处何种境地，始终以殉道、殉情自命。就此而言，吴宓要在《石头记》中找一位对应的人物，非紫鹃莫属。这一甄选社员的条件，正为我们透露了这样的信息：吴宓希望进入石社的人，是情趣相投、精神上相契的教师、学生。这就保证了能够通过这一独特的甄选条件进入石社的人，都是志同道合的人。

这些志同道合的人在后来开展了一系列座谈、研讨方面的活动。在吴宓的日记中，多有相关记载。如1943年1月30日的日记记载："下午2—3般来，商红楼梦研究会郊游计划。"（吴宓，吴学昭，1998d：19）1943年2月5日的日记记载："翁同来舍，商红楼梦谈话会郊游事……晚食大饼。翁、般同来，缮就红楼梦谈话会请函，分别送出。"（吴宓，吴学昭，1998d：22）1943年2月7日的日记记载："晨10:00偕诸君至文林。红楼梦谈话会是日为二会。宓与翁同文、王般、李赋宁为主人。先在文林午饭（$235），客为张尔琼、沈有鼎、关懿娴、薛瑞娟、沈师光、杨树勋、项粹安。未到者毛子水、郑昕、房季娴、王映秋及下列诸女生同去者……正午步行出发，并于女舍邀王年芳、秦文熙，无线电台邀李宗薰，共十四人。1:15至大观楼。在观稼堂阁中茗坐，食松子（$77）。叙谈。寒甚。惟师光兴高采烈而宓和之。若关与琼等几于无言。光谈及《新学究》，谓宓境遇虽可比妙玉，性情则颇似宝玉。光又叙述日前偕二女同观《万世师表》电影，咸以宓为甚肖剧中人云……众于4:00起行步归……5:00入城，分散。是日共费$355。宓出$168，翁出$70，般出$67，宁出$50。"（吴宓，吴学昭，1998d：22-23）从吴宓的这些记载中，我们可以看到，石社举行活动，要经过主事者商讨、发函邀请、按约定聚会等步骤，颇有正规学会组织活动的样子。可是，到了真正聚会对谈的时候，却是在聚餐、品茗、吃小吃中进行的。与谈者如是有话可言者，可兴高采烈、纵兴而谈，无话可言者可以不发一语。其中弥漫的散淡的、生活化的气息，与正规的学术研讨完全是大异其趣的。对于这样的聚谈，吴宓的学生南荪曾经说过这样一段话："在昆明滇池大观楼由先生组织的一次《红楼梦》座谈小聚会上，先生自称愿作大观园人物中的紫鹃。后来在别的场合会上，多次直截了当地说自己是紫鹃，要无限忠贞地服侍黛玉——一个美丽、深情、才华、聪明、高傲、孤芳自赏、多愁善感而又有极端洁癖的神圣化了的偶像，一个幻影。"（吴世坦，1990：70）这一回忆向我们透露出的信息是，在石社的聚谈中，参与者完全是直抒胸臆，把自己的理想、情怀毫无保留地倾诉出来。这已经不是纯粹的学术研讨，而是把人生的解惑释疑、学术的探讨融合到一起，难分彼此了。这也许正是吴宓创办这一非正式学术组织的初衷：借《石头记》之酒，浇众人胸中之块垒！

当然，在西南联大，除了有组织之名的学术研讨活动，也有无组织之名，但有组织之实的活动。例如，冯姚平回忆大约在 1943 年或 1944 年，杨振声倡议相互熟识的朋友可以定期聚会，进行学术研讨。于是，这个无名的小型学术研讨会就开起来了。这个研讨会每一个星期举行一次，地点在位于钱局街的冯至家中，成员有冯至、闻一多、杨振声、闻家驷、沈从文、朱自清、卞之琳、孙毓棠、李广田等，主题是"文艺问题以及一些掌故"。这个研讨会具体组织过多少次，现已难以考证，不过在文化界、学术界是有一定影响力的。否则，不会有重庆到昆明的文化界的人对冯至说："在重庆听说你们这里文采风流，颇有一时之盛啊！"（西南联大北京校友会，2002：60）从其参与者都是熟识的朋友，讨论的主题主要聚焦在文艺问题及文坛掌故上，可以看出它是一种沉浸在亲切、自在氛围中的学术漫谈，即使有讨论、商榷的成分，也一定不是剑拔弩张的。

总之，西南联大的学术"沙龙"往往是非正式的研讨。其组织即使有会、社之名，但无明确的、正规的负责人，也无详密的工作章程，更无固定不变的成员，只是一人倡议，三五知己、十数同好聚集在一起，就大家感兴趣的问题进行探讨。其间弥漫的开放、自由、平等、散淡的气息，是可以清晰地感觉到的。与其形成对照的是师生群聚的、严肃的学术讨论会。

二、讨论会中的智慧激荡

西南联大严肃的学术讨论会，常常以学术探讨为唯一目的，形式也较为正规。具体来说，有以下几种形式。

第一种形式是围绕名著展开研讨，即在本系教授的带领下，师生共同研读一本名著，然后针对名著，大家结合自己的专业学习、研究轮流发言，展开思想的碰撞。在数学系，常常采用的办法是，师生分工研读一本名著，用轮流报告的形式进行讨论活动。师生与助教们一起参加，随时可以提问、讨论，气氛往往很活跃（徐利治，2004）。在人文社会科学领域，这样的学术讨论就更多了。例如，历史系的邵循正开设了"史籍名著"课程，中国文学系的唐兰开设了"中国文学名著选读"课程，罗常培开设了"语言学名著选读"课程，经济学系的徐毓枬开设了"现代经济名著选读"课程。在这些课程中，都是由教师引导学生阅读名著，学生在独立思考的基础上，围绕名著展开学术讨论。

第二种形式是学术专题研讨，即针对某一研究专题，由某一教授的学术演讲作为引子，其余师生围绕专题各抒己见。例如，社会学系开设了"社会学专题讨论"课程，要求学生在教授的带领下，每两周举行一次时长为两个小时的社会学专题讨论。地理学系开设了"地址讨论"课程，要求全体教授与选课学生共同参与，展开研讨。哲学系则开设了由全体教授参与的"心理讨论会"课程。另外还有某一位教授就某一专题组织的讨论课，例如，地学部的李宪之开的"气象学专题讨论"课程。1940年，陈省身与物理系的王竹溪就合开过一个讨论班。后来在数学界成名的王宪钟、钟开莱、严志达、王浩、吴光磊等都参加了这一讨论班（西南联大北京校友会，2008：169）。江泽涵在1939—1940年组织了拓扑学讨论班，参加的教授有时是陈省身、程毓淮、刘晋年，有时是申又枨、程毓淮、刘晋年。参加的年轻人有研究助教孙树本，研究生王湘浩、李盛华及廖山涛等。在忆及这一讨论班的时候，江泽涵动情地说：

> 另一种更广泛的交流，即好多位杰出有为的更年轻的数学教授又新从国外回国；例如陈省身1937年从法国返回、华罗庚1938年和许宝騄1940年从英国返回。结果是各种讨论班在数学系建立。联大培养数学人才方面的成绩历来都有好评。我认为上述的交流确是获得成绩的一个不可忽视的原因。

因为有了交流，才打破了近亲繁殖、因循守旧，才鼓励了独立思考、创新精神，因而使基础知识扎实、宽广。（西南联大北京校友会，2008：179）

这应该是对此类讨论班育人效果实事求是的评价。

总之，这类学术研讨往往是以正规、严肃甚至呆板的形式呈现的，研讨的内容常常与正规课程的教学内容密切关联。与前一类型的学术研讨比较，其自然、散淡的气息淡薄了许多。不过，弥漫在其中的求真、自由探索、平等论学等精神气质是一脉相承的。

值得注意的是，"沙龙"与讨论会中师生的智性激荡虽然比日常生活中的漫谈在传道的效率上高了不少，但是其也有不足之处，这主要表现在：学生很难追踪教师绵长的、连续的思考线索，获得系统的方法、思维的锤炼。这就需要通过另外的方式弥补其不足，学生旁听教师的授课与课外的学术演讲恰好可以实现这一点。

第三节　旁听与演讲中的追随

在制度限定的、充溢着探究性的课堂上，学生充分感受到了那些"大师"的才华、学识的魅力，为他们在探究之路上指引的深远而神秘的方向心醉神迷，因此，一旦那些教师开设课程、举行学术演讲，学生便抓住一切机会，通过旁听课堂教学、聆听学术演讲的途径，追随名师探究的脚步，聆听其探求的足音。

一、旁听中的沉醉与深思

按照西南联大的旁听制度，旁听课程必须缴纳一定的费用，但实际的执行却并不严格。事实上，任何一个学生都可以不交旁听费就去听自己想听的课程，就连校外的青年都可随意旁听任何课程（萧超然，1981：395）。这种旁听的极度自由、自然，可以使学生做到对任何感兴趣的老师的知识、智慧进行广采博收。

张世英是西南联大哲学系的学生，但是为哲学系以外的一些教师的授课所吸引，特别喜欢旁听必修课以外的课程。比如，外文系教授吴宓的课就是他经常去旁听的。在其晚年回忆中，张世英说，吴宓在上"英诗"课的时候，总是"窗外站满了人"，需要"挤上前去探头看窗里"，才能看清、听到教室里的授课内容。对于这门课，张世英旁听了大半个学期。给其留下印象最深的是"多"离不开"一"，"一"也离不开"多"，即多样性的统一、"多"中的和谐。他甚至认为，这门课简直就是吴宓的人格在课堂上的投射，所以才会下此断语："吴先生本人就是一个'一中有多，多中有一'之人。"（张世英，杨澜洁，2013）

赵瑞蕻在西南联大时，被冯友兰、罗庸、钱穆等"大师"吸引，听过不少他们的课。在其追忆中，他曾栩栩如生地描绘过旁听这些课程时的情景。他说在旁听冯友兰先生讲的"中国哲学史"课程时，冯友兰留着一把短胡子，穿一件大褂，讲课慢吞吞的，因为有点口吃，"有时一句话要讲几分钟"，可是"真讲得有意思，妙语连珠喷射，教室里静悄悄的，使人进入哲理境界"（赵瑞蕻，2021：20）。赵瑞蕻不仅听哲学系的课，还到历史学系去旁听钱穆的"中国通史"课程。他说钱穆在教授那门课时，"正是盛年，精力充沛，高声讲课，史实既熟悉又任意评论，有独特的见解；说到有趣的事，时不时地朗朗发笑"。这门课给赵瑞蕻留下很深印象的是，钱穆在讲到《论语》中的"有朋自远方来，不亦说乎"时说，这里的"朋"不是一般意义上的朋友，而是指孔门七十二弟子。一个人的学问能够有弟子来切磋，是多么快乐的事。所以古人才会常讲"独学而无友，则孤陋而寡闻"这样的话（赵瑞蕻，2021：24）。

在赵瑞蕻旁听的课程中，中国文学系罗庸先生的"杜诗"给他留下的印象是比较深的，因此他对罗庸的课的描述也是比较细致的。他说，罗庸在讲课时，"声音洪亮，常讲得引人入胜，又富于风趣"。比如，在讲杜甫的《同诸公登慈恩寺塔》那堂课上，一开始就读原诗："高标跨苍穹，烈风无时休；自非旷士怀，登兹翻百忧。方知象教力，足可追冥搜。仰穿龙蛇窟，始出枝撑幽。七星在北户，河汉声西流。羲和鞭白日，少昊行清秋。秦山忽破碎，泾渭不可求。俯视但一气，焉能辨皇州？回首叫虞舜，苍梧云正愁。惜哉瑶池饮，日宴昆仑丘。"在吟诵时，"来回走着放声念，好听得很"。吟诵完了，就"从首句讲起，正好两节课，讲完了这首有名的五言古诗"（赵瑞蕻，2021：21）。对于罗庸授课之中最为精彩的情形，赵瑞蕻是这么描述的：

我眼前出现这么一个场景：罗先生自己仿佛就是杜甫，把诗人在长安的慈恩寺塔上所见所闻所感深沉地一一传达出来；用声音，用眼神，用手势，把在高塔向东南西北四方外望所见的远近景物仔细重新描绘出来。他先站在讲台上讲，忽然走下来靠近木格子的窗口，用右手遮着眉毛作外眺状，凝神，一会儿说："你们看，那远处就是长安，就是终南山……"好像一千三百年前的大唐帝国京城就在窗外下边，同学们都被吸引住了。罗先生也把杜甫这首诗跟岑参的《与高适薛据登慈恩寺浮图》作了比较，认为前者精彩多了，因为杜甫思想境界高，忧国忧民之心炽热，看得远，想得深。罗先生接着问，诗的广度和深度从何而来？又说到诗人的使命等。他说，从杜甫这首诗里已清楚看到唐王朝所谓"开元盛世"中埋伏着的种种危机，大树梢头已感到强劲的风声。此诗作于七五二年，再过三年，七五五年（唐天宝十四载）安禄山叛乱，唐帝国就支离破碎了，杜甫《春望》一诗是最好的见证。罗先生立即吟诵"国破山河在，城春草木深。感时花溅泪，恨别鸟惊心。烽火连三月，家书抵万金。白头搔更短，浑欲不胜簪"。吟完了，罗先生说现在我们处在何种境地呢？敌骑深入，平津沦陷，我们大家都流亡到南岳山中……先生低声叹息，课堂鸦雀无声，窗外刮着阵阵秋风……（赵瑞蕻，2021：21-22）

在这一段描述中，我们可以清晰地看到，罗庸采用了情景重构、文化还原的策略，把杜甫在登上慈恩寺高塔的时候所看到的、听到的、切身感受、思绪万千都做了探究、还原。在这一基础上，罗庸从这首诗出发，进行逻辑引申，探讨诗歌的深度与广度的根源、诗人的使命等更具一般性的诗学命题。最后，从诗歌、诗学的历史的、理论的天空，落到现实的大地上，发出了深沉的家国兴亡之叹，与学生产生了最大限度的情感共鸣。这种思维链条逐渐延伸的做法，无疑是构建一个又一个逻辑台阶，使学生的认识不断深化的过程。另外，罗庸虽然讲的是《同诸公登慈恩寺塔》这一首诗，但不局限于这首诗本身，而是把它置于杜甫的其他诗歌和其他唐人诗歌的网络中，通过纵向的、横向的对比和勾连，挖掘杜诗的文化内涵、艺术特征。这种通过知识的纵向、横向联系来拓宽视野、拉长思维链条的做法，也是探究性课堂非常重要的特征。

许渊冲也曾旁听罗庸的"杜诗"课，在其日记中，给我们留下了这样的印迹：

下午旁听罗庸先生讲杜诗。他先比较初唐、盛唐、晚唐和宋诗的不同，言简意赅。然后讲《登兖州城楼》：

> 东郡趋庭日，南楼纵目初。
>
> 浮云连海岱，平野入青徐。
>
> 孤嶂秦碑在，荒城鲁殿余。
>
> 从来多古意，临眺独踟蹰。[①]

读来没什么好，但罗先生分析说：第一、二句以对联起，写远景；三句天上，四句地下；五、六句写古迹；七句结五、六句，八句结全诗。"独"字用得好。经他一说，欣赏力就提高了。（许渊冲，2021a：437-438）

从这一听课日记中，我们可以发现，罗庸授课注重的是对杜甫的诗进行结构分析及语言解析，在此基础上探寻杜甫的匠心及其诗的艺术魅力。这种宏观上的结构分析与微观的语言分析相结合的方法，对于提高学生的艺术鉴赏能力是有直接帮助的。

闻一多的课也是学生争着、抢着去旁听的好课。学生在旁听闻一多的课时发现，闻一多的课有着鲜明的个性化特点，具体如下：第一，结合时代背景分析文学现象。他在讲"唐诗"的第一堂课之时，首先就风趣地向同学们说："一般人爱说唐诗，我却要讲'诗唐'，'诗唐'者，诗的唐朝也。懂得诗的唐朝，才能欣赏唐朝的诗。"（闻一多等，2014：211-212）可见，他是从唐诗这朵奇花异卉生长的历史土壤出发，分析唐诗的文化、艺术特点。在当时就有这样的卓越识见，是非常了不起的。第二，点与面的有机结合。在讲述一位诗人的时候，他绝不孤立地讲一个诗人的诗，而是"介绍一位诗人，总要把他跟同时或前后有关的诗人联系起来，构成一幅大的历史画面，使人看到的不是诗人独自在活动，而是活跃在时代生活的集体中，这个历史画面有时甚至延展到跨代的程度，如讲唐代诗人的时候，也经常出现上挂六朝、下连宋代的情况，它不但显示了诗歌发展的源远流长，也时时使人感到唐诗是中国诗歌发展史上的一个有机组成部分，在讲唐诗的同时又隐然现出中国诗歌史的整个风貌"（闻一多等，2014：219）。第三，科学的实证与大胆的想象相结合。把独特的文学现象置于历史的土壤中和把个体置于历史的群像中来考察，这是需要科学的实证的。但是，文学研究又不能仅仅停留于实证，它还需要研究者进行大胆的想象，才能把距离遥远的时代中的诗人、散

---

① 为了坚持忠实于原文的原则，对于引文中的古诗个别与现代不一致的字词，保持原貌，不做修改。

文家、小说家的心灵颤动捕捉住，并把它们呈现出来。因此，闻一多大胆地运用自己的想象，使那些先秦或唐代的诗人、散文家的形象鲜活地展现在听课者面前。对此，他的学生如此总结："'他讲时代背景像讲自己切身的生活经历；讲诗人活动像讲熟识朋友的趣闻轶事；分析作品又像变成了诗人的化身在讲述这篇作品的创作过程。'这是学者的科学实证精神和诗人灵敏的想象相结合产生的惊人的效果，是个人平生所仅见的。"（闻一多等，2014：237）第四，运用诗化语言来授课。诗化语言的特点之一是形象化。例如，他形容唐太宗倡导文藻的类书式的诗是"文词上的浮肿"，"是一种皮肤病"。说产生这种文体的时代是："那整个宫廷内外的气氛，人人眼角里是淫荡，人人心中怀着鬼胎。"（闻一多等，2014：255）他把刘夷和张若虚的诗，一个比作是"狂风暴雨后的宁静爽朗的黄昏"，另一个比作是"风雨后更宁静更爽朗的月夜"。这种抓住描述对象最典型的特点，用形象化的意象来进行表现的方式，是很能打动人的。另外，诗化语言的第二个特征是清新有余味。例如，他在讲到《春江花月夜》的意境时说："这里一番神秘而又亲切的，如梦境的晤谈，有的是强烈的宇宙意识，被宇宙意识升华过的纯洁的爱情，又有爱辐射出来的同情心，这是诗中的诗，顶峰上的顶峰。"在讲孟浩然的诗歌风格时说："淡到看不见诗了，才是真正的孟浩然的诗。"（闻一多等，2014：241）这些完全是发前人所未发的言辞，清丽脱俗且有无尽的韵味在其中。正是因为闻一多的课具有这些引人瞩目的特点，听他的课之后的学生都说："我们都成了闻胡子的'顶礼膜拜'者了！"（闻一多等，2014：220）

总之，学生在旁听的课堂上，面对自己心仪甚至是崇拜的老师营造的探究自然与人文的美妙世界，欣赏其间的繁花胜景，品味其间沁人心脾的芬芳，流连忘返，感觉美不胜收。这对于自己的成长来说，是非常有益处的。对此，张世英曾经做过总结："旁听意味着自由选择，意味着开阔视野，意味着学术对话。我在联大几年期间，共旁听了四五种课程。从旁听中学到的东西似乎更牢固，更多启发性。"（张世英，2008：40）之所以会出现这种状况，与师生之间的趣味相投、精神上的契合、深层的思想砥砺有很大关系。

二、演讲中的同声相应

西南联大的学生除了通过旁听自己感兴趣的课程来追随老师探究的脚步，在举办的学术演讲中跟踪教师最新的思考履迹，也是一条非常重要的"从游"渠道。西南联大的学术演讲究竟举办了多少场？迄今为止，没有也不可能有研究者拿出具体可考的数字。西南联大的杰出学子、著名的哲学家任继愈在一篇回忆文章里，曾这样谈起当年他在西南联大读书时学校举办学术演讲的情况："西南联大学术空气很浓，学术演讲几乎天天都有，有时一天还不止一场，有文艺的、学术的、时事的……"（任继愈，2017：50）可见其时学术演讲之多、之繁。在这些演讲中，教师往往会把自己最新的研究成果展现出来，成为学生拓宽知识视野、发展思想的重要刺激因素。

哲学既是玄远之学，又是与人的人伦日用密切相关的学问，因此哲学与人生、学术往往是青年学生关注的重要议题。在西南联大，讲这样的主题的哲学教授，往往成为许多青年学子竞相追随的对象。

1940年7月25日晚，冯友兰做了关于"青年对哲学的修养"的演讲。在演讲一开始，冯友兰首先对演讲的题目做了"释题"的工作。他说，青年对哲学要有修养，并不是说中年人和老年人已经有足够的哲学修养，或者说中年人、老年人不够习得哲学修养的资格，而是说当代的青年亟须有足够的哲学修养，用来指导他们的人生道路选择、学术研究活动。那么，哲学的修养对于青年的人生选择、学术研究活动具有哪些指导意义呢？最重要的是为思考的展开提供基本的规则。当青年人掌握了思维的基本规则之后，从消极的方面来说，可以避免思想的糊涂，避免没有意义的争论。从积极的方面来说，可以让青年清晰、有秩序地思考，获得必要的、有价值的思想成果。因为"逻辑是语经，是思想的规律"，"人人应该遵守"。这就"说出了人人应该知道，而其实又未必知道得很清楚的道理"（许渊冲，2021a：275）。我们从这里不难看出，冯友兰的这次学术演讲主要是讲哲学修养中形式逻辑的修养对于青年人的重要性。其中，冯友兰面向普罗大众（非哲学专业的师生），用通俗易懂的方式，把人人都多少知道一点但理解得不够透彻的道理讲得非常清晰、透彻。这对于提高普通大学生的哲学修养、让他们的思想走向清晰与深刻是有很大帮助的。

1942年1月，虽然许渊冲应征入伍当翻译了，但是依然抽时间返回学校，听冯友兰讲"哲学与诗"，其演讲的内容大致如下：

> 宇宙间的东西，有些是可以感觉的，有些是不能感觉而只能思议的，有

些是既不能感觉又不能思议的。如"宇宙"就是不能思议的，自然你可以去思议，但你所思议的宇宙，并不是真正存在的这个宇宙。不能感觉而能思议的如"理""性"等。

诗就写可以感觉的东西，但却在里面显示出不可感觉的、甚至不可思议的东西。诗的含蕴越多越好，满纸"美"呀"爱"呀，叫人读起来一点也不美，也不可爱，这是"下乘"；写"美"写"爱"也使读者觉得美、觉得可爱，那是"中乘"；不写"美""爱""愁"等字，却使读者感到美、爱、愁，才是"上乘"。

诗的含义越丰富越好，如屈原的《离骚》，你可以说是写香草美人，也可以说是写忠君爱国，使人得到的意义越多越好。诗要模糊可用"比""兴"，如"春蚕到死丝方尽，蜡炬成灰泪始干"。（许渊冲，2021b：212-213）

这虽然是一个距离人伦日常比较远的主题，却是一个有深度、有趣味、很难讲的讲题。冯友兰从哲学中的能感觉、可思议这两个中心议题出发，引入了诗歌的功能问题，即用可感觉的东西表达不可思议的意义。演讲一层层展开，将哲学的玄妙、诗歌的美妙有机勾连，做出了令人信服的说明。如果不是一个对哲学深有造诣、有一定文学素养的学人，是很难做到这一点的。

冯契曾说过，1942—1943年，金岳霖在西南联大做过一次演讲，虽然他把确切的讲题忘记了，但还清楚地记得主题是"治哲学和文学都要碰到一个'说不得'的问题"。其中心意思是："说不得当然难以言传，但还要用语言来传达，那么这种传达是借助于人的什么能力和工具来做到的？"（刘培育，2000：156）在冯契看来，金岳霖在公开演讲中把哲学和文学联系起来进行考察，探讨超越名言世界的问题，不是泛泛之谈，而是很有深度的。在听完这次讲演后，冯契回到清华大学文科研究所的驻地司家营，见到了汤用彤，就向汤用彤介绍了演讲的大致内容，汤用彤赞道："金先生的思想真深刻！"（刘培育，2000：156-157）可见，这是一个非常具有前沿性的、有深度的问题。后来，冯契之所以会在其哲学生涯中把超越名言世界的元学问题作为自己思考的重点，思想的萌芽可能就始于这一演讲。

除了与哲学密切相关的讲题为莘莘学子所瞩目，儒家思想与时代的关系也是学子特别关注的一个讲题。毕竟儒家文化是中国传统文化的主干，其在现代社会有无价值、如何实现其价值等问题，都是这些未来的知识精英常常思考的焦点问题。因此，当此类讲题出现时，往往会吸引不少学生去听。我们从吴宓的日记中也可约略窥见这种演讲的情形。

吴宓在 1940 年 7 月 25 日的日记中记载，晚 7:10，学生王维诚到吴宓住宅，专门邀请吴宓到西南联大师范学院小图书室，为儒学会的同学做演讲。吴宓当天晚上演讲的主题是"儒学对今后世界之价值"。吴宓在分析时代背景与世界文化发展大势的基础上，以白璧德、顾炎武、黄侃等的思想资源为武器，阐释了儒家思想在当时及未来世界的价值。同时，他认为在今后的中国，一定不能废止文言文，一定要坚持诵读古书。在吴宓的演讲结束后，逻辑学家沈有鼎也做了与吴宓的主题相近的演讲。听众中，有王维诚、石峻、任继愈等为吴宓所赏识的学生，让吴宓深感欣慰。所以，他才会高兴地说，与这些青年才俊济济一堂切磋学问、讲求义理，实在是人生一乐。有这样的乐趣，即使西北联合大学、浙江大学等校以高薪聘请他，他也不会考虑另谋高就（吴宓，吴学昭，1998b：198）。在这则日记中，我们可以看到，吴宓是被学生王维诚等邀请到王氏所组织的小型学术团体儒学会中进行学术演讲的。在这场演讲中，吴宓集中探讨的主题是儒家思想在当时及未来整个世界具有无可替代的价值。为了强化论证的力量，他征引了白璧德、顾炎武、黄侃的学说。整场演讲引发了王维诚、石峻、任继愈等学子的浓厚兴趣，让其充分感受到了"得天下英才而育之"的快乐。

在 1941 年 1 月 4 日的日记中，吴宓还记载了汤用彤所做的一次学术演讲。汤用彤的这次演讲也是应儒学会之邀而做的。演讲的主要内容有以下几方面：第一，中国文化的主流是儒家文化，佛家与道家文化既不是中国文化的主流，也不是正宗。第二，在现代化的今天，轻视中国文化由来有自。因为中国文化植根的历史情境与西方文化植根的历史情境大不相同，所以西方文化与中国文化的差异极大。在现代化的时代，"一切以西洋为本位"，西方文化成为衡量一切事物价值的标准，所以人们轻视中国传统文化或者不了解中国传统文化是很自然的。第三，如何对以儒家文化为主干的中国传统文化进行变形、转化，既能够使之救中国，又能够使之有益于世界，是非常重要的事，也是非常艰难的事（吴宓，吴学昭，1998c：7）。可见，汤用彤在儒学会的这次演讲，与吴宓上一次在儒学会的演讲主题非常接近，都是在探讨儒家思想的现代价值。与吴宓的演讲不同的是，其侧重点有二：一是儒家思想如何通过创造性转化，改变其呈现方式，在今日世界发扬光大；二是对于儒家思想在现代社会的转化、呈现，不能采取乐观主义，而是要充分认识到其艰难困苦的一面。所以，这次演讲才会被吴宓认为是渊博、深邃的学术演讲。

在这两次演讲中，吴宓一次是主讲者，另一次则为旁听者，但二者的演讲主旨却是一致的，即儒家思想在现代社会的价值。这在现代化的滚滚浪潮中，犹如空谷足音。但是，作为研究传统文化的学者，这是他们在那个时代不得不面对的难题。就此而言，这一主题正是那一代研究中国传统学术的学人所面对的共同的前沿课题。西南联大课外的学术演讲，往往是学人最新思考的结晶，自此也可见一斑。

潘光旦虽然不是研究儒家思想的专家，但是在 1940 年 8 月 15 日下午做"儒学思想与青年生活"的演讲时，还是吸引了不少追随者。在这次演讲中，潘光旦一开头就说，儒家思想是把现在活生生的人视为整个宇宙的主人，把这个人之外的本体世界、别的人、人的情欲、过去或未来的人都视为客人。那么，在儒家看来，主人应该如何对待客人呢？一言以蔽之，要有分寸。什么是分寸呢？在处理人际关系的时候，夫妻之间相处要相敬如宾，朋友之间相处要亲密而不狎昵，这都是分寸。在做事的时候，一般来说应该用最便捷的方法，如果用最便捷的方法去做有风险，就要采用迂回的办法，这就是所谓的"执中用权"，也是分寸之一种。具体来说，对于本体世界，应该采取研究的态度对待，但不要废寝忘食，否则就是"人为物役"了。对于别人，应该把握好交往的尺度。对于情欲，要按照"发乎情而止乎礼"的原则去对待（许渊冲，2021a：280-281）。潘光旦是社会学家，但是在这次演讲中，讲的却是一个哲学问题：如何把儒家思想融入人的生活中。围绕这一不无玄妙但又与人伦日用密切关联的问题，他设计了一个宇宙间主人与客人的思考框架。在这一思考框架的指引下，把"分寸"这个儒家特别关注的范畴逐次具体化，从人与自然的关系如何处理、人与人的关系如何处理、人对自身的情欲如何处理等方面，进行了分疏，可谓既高明又切用。

哲学、儒家思想与人生、时代、学术的关系固然为西南联大学子所关切，文学作为与人的性灵最为接近的学科之一，其与时代、人生的关系也素为学生所关切和喜爱。1939 年，西南联大高原文艺社请沈从文去演讲，所讲的题目就是"文学与时代及人生"。沈从文所讲的主要观点是，在当前的形势下，文艺家应当恪尽职守，写出无愧于时代的作品。战争是民族的灾难，同时也是锻炼和检验民族精神的机遇。我们应当在战争中表现出伟大的一面来。文学青年应该在战争中更深入地认识人生。"文学青年要把人生当小说看，又要把小说当人生看。不要觉得别人平庸，其实，自己就该平庸一点。伟大的人并不脱离人生，而是贴近人生的。文学青年从书本中得到的经验太多，从实际生活中得到的经验却太少了。"（许渊冲，2021b：139）沈从文所讲的内容，既切合青年学生的生存境遇，又饱含哲理。虽然由于沈从文缺乏演讲技巧的应用，语调没有起伏，更没有表情、姿势的配合，加之声音小，有浓重的湘西口音，演讲的效果不是很好，但因为其讲题及内容扣住了时代的脉搏，与青年人的思想很贴近，还是深入人心的。

特别需要指出的是，在那个国破家亡的时代，时政演讲也是学生关注的焦点，张奚若的演讲就很能彰显这类演讲的特点。

1946年1月13日，张奚若在时事演讲会上进行了"政治协商会议应该办的事"的演讲，学生都蜂拥而至，罗荣渠也去听了。

总之，在各种各样的学术演讲中，教师依托最新研究成果，尽情地展现自己的才学、见识、思维、胆魄。与教师声气相通的学生认真聆听着教师的倾心言说，在潜心琢磨、体味之后，将之化为自己探索自然与人文世界的动力、未来努力的方向、进一步探究的得力工具。

需要注意的是，旁听教师的课堂授课和聆听教师的学术演讲虽然对于学生把握教师长时段的、连续的探索过程和方法有着不可替代的作用，但是对于学生而言，这种间接地与教师一起邀游探究之海的历程总是有些"隔靴搔痒"，难以得其究竟之处。为了弥补这一途径的"从游"之不足，西南联大的学生选择了另外一条道路，即追随自己心仪的老师，与他们一起进行实实在在的科学研究工作，在研究中反复切磋琢磨。

第四节 在"私相授受"中共同探究

西南联大建立初期，为了使前辈学人的学术精华能够尽快传递给下一代，当西南联大建立并稳定下来之后，校方便迅速着手恢复小规模的研究所。初期恢复的研究所有北京大学文科研究所、清华大学文科研究所、清华大学金属研究所、清华大学国情普查研究所、清华大学无线电研究所、清华大学农业研究所、清华大学航空研究所、南开大学边疆人文研究室等。其中，北京大学文科研究所、清华大学农业研究所植物生理组是其典范。①之所以说这二者是典范，是因为北京大学文科研究所是导师指导研究生最为成功、师生之间关系最为密切的研究所。清华大学农业研究所植物生理组则是学科带头人指导、带领青年科研工作者从事科研工作，研究成果最为丰厚、新老科研工作者互动最为频繁的研究所。下面，我们就以这两类研究所为例，来考察一下研究所中师生"从游"的情形。

一、人文社会科学研究中的"把手示教"

对于北京大学文科研究所，当时的实际负责人郑天挺给我们留下了如下弥足珍贵的史料：

> 北大文科研究所设在昆明北郊龙泉镇（俗称龙头村）外宝台山响应寺，距城二十余里。考选全国各大学毕业生入学，由所按月发给助学金，在所寄宿用膳，可以节省日常生活自己照顾之劳。所中借用历史语言研究所和清华图书馆图书，益以各导师自藏，公开陈列架上，可以任意取读。研究科目分哲学、史学、文学、语言四部分，可以各就意之所近，深入探研，无所限制。
>
> 研究生各有专师，可以互相启沃。王明、任继愈、魏明经从汤用彤教授；阎文儒从向达教授；王永兴、汪籛从陈寅恪教授（我亦在其中）；李埏、杨志玖、程溯洛从姚从吾教授；王玉哲、王达津、殷焕先从唐兰教授；王利器、王叔珉、李孝定从傅斯年教授；阴法鲁、逯钦立、董庶从罗庸教授；马学良、刘念和、周法高、高华年从罗常培教授。其后，史语所迁四川李庄，也有几位（任继愈、马学良、刘念和、李孝定）相随，就学于李方

---

① 清华大学农业研究所名义上是一个农业研究所，实际上是三个独立的机构，分别为植物病理研究组、昆虫研究组、植物生理研究组，三个组的主任分别为戴芳澜、刘崇乐、汤佩松。各组的业务、人员的编制和经费都是独立的，各组主任直接由校长委任（此点可参见汤佩松：《为接朝霞顾夕阳》，《植物生理学通讯》1987年第3期，第59页），因此把农业研究所的植物生理组单独拿出来考察。

桂、丁声树、董作宾诸教授。

> 宝台山外各村镇，有不少联大教授寄寓，研究生还可以随时请益。清华文科研究所在司家营，北平研究院历史研究所在落索坡，都相距不远，切磋有人。附近还有金殿、黑龙潭诸名胜，可以游赏。每当敌机盘旋，轰炸频作，山中的读书作业，从未间断。这里确实是个安静治学的好地方。（冯尔康，郑克晟，1991：391）

在郑天挺的这段追忆材料中，我们可以看到，北京大学文科研究所是一个远离昆明市中心、不会受到空袭侵扰、风景甚为优美的地方。在那里，研究生不但有指定的导师精心指点，还有其他师长可以请教。加之拥有丰富的资料，的确是一个师生共同治学的佳处。

当然，开展学术研究并非北京大学文科研究所唯一的功能，实际上，在创办这一研究所时，对其基本的定位是，把北京大学文科研究所办成与中国古代的书院类似的机构。据郑天挺日记的记载，1939 年 5 月 31 日，昔日的北京大学校长、当时的西南联大三常委之一的蒋梦麟召集北京大学文科著名学者，共同商讨文科研究所恢复事宜，并让郑天挺主其事。在会议上，郑天挺就明确提出了"今后研究生之生活拟采取书院精神"（郑天挺，2018：155）的主张。在后来的北京大学文科研究所运行过程中，其中的导师之一罗常培常常戏称郑天挺为文科研究所的"山长"，而学生也认为郑天挺是当之无愧的"山长"（封越健，孙卫国，2009：83）。由此可见，无论是在正式的会议中，还是所内人士的私下认定，当时的北京大学文科研究所除了开展人文学术研究之外，还是一所师生一起朝夕研磨、培养人才的小型书院。这正如郑天挺所说："当时师生吃住在一起，除去读书，便促膝谈学问。"（西南联大北京校友会，2002：66）

因此，该所的基本指导思想是，研究生在导师的指导下进行自由研究，研究方向、研究题目和研究范围由导师与学生商定。在研究的过程中，师生随时可以沟通。这大大调动了研究生开展学术研究的积极性，促进了研究生的快速成长。因此，在所期间，不少研究生就在文学、历史学、哲学、语言学等学科选定了一些具有前沿意义的课题，进行深入、扎实的研究，产生了一批颇具创造性的成果。如殷焕先的"联绵字之研究"、王达津的"《尚书》与金甲文比较研究"、李孝定的"甲骨文研究"、高华年的"黑夷语研究"、胡庆钧的"川边宗教调查"、王利器的"《吕氏春秋》校注"、方龄贵的"元上都考"等研究，都取得了不同程度的进展，部分研究成果还发表出来，产生了一定的影响。

这些成就的取得，与北京大学文科研究所内师生一起潜心治学、随时切磋的风气密切相关。在西南联大期间，教师的生活都极其困难，许多师生被迫在外兼职，以补贴生活。但是，北京大学文科研究所的师生却不为所动，将所有的精力放在专心治学上。对此，任继愈曾说："靛花巷住的几位老师，郑毅生先生和汤用彤、罗常培、陈寅恪、向达、姚从吾几位先生都以全力从事教学和研究，未在校外兼职。这种风气也给学生们树立了榜样，研究生们也都专心从事学习、心无旁骛。"（任继愈，2017：207-208）王玉哲说："研究所坐落在龙头村旁的宝台山上……几十个师生每天除了读书之外，便促膝纵谈学问，别无他事。由于乡下没有电灯，晚上我们是在菜油灯下攻读的。"（封越健，孙卫国，2009：39）

师生埋头治学，质疑问难、把手示教是必然的。对于学生的成长来说，这一点非常重要。因此，北京大学文科研究所为研究生创造了随时和导师交流、问难的条件。1940年之前，导师和研究生都住在昆明城内的靛花巷3号"青园学舍"，师生同住在一幢楼上。一楼是食堂，二楼是罗常培、郑天挺、傅斯年等导师的居室，三楼住的是陈寅恪、汤用彤两位导师和研究生，可见，师生是同食同住、朝夕相处的，这就为学生随时请益提供了最大便利。1940年后，为了躲避日寇轰炸，北京大学文科研究所迁到了昆明郊外的宝台山响应寺。那里只有几间土房，既是图书室、饭厅，也是研究生宿舍。所内的导师就在城内与城外来回跑，也常常和学生待在一起。这一时期虽然不像"青园学舍"时期师生有较为便利的交流条件，但也是不错的。研究生在治学中碰到问题，不仅可以随时向自己的导师请教，还能得到其他老师的指点。在"青园学舍"时，陈寅恪的宿舍就在研究生宿舍的隔壁，研究生"每遇什么学术问题，朝夕求教，他无不认真解答，仿佛有古代书院教学的亲切感"（卞僧慧，2010：197）。能随时得到一代文史大师的泽溉，真是三生有幸！郑天挺是该所名义上的副所长，但事实上作为正所长的傅斯年有其他工作，常常不在所内，郑天挺反倒是真正的负责人。就此，当时所内颇具歪才的研究生编了这样一副对联："郑所长是副所长，傅所长是正所长，郑、傅所长掌研所；甄宝玉是假宝玉，贾宝玉是真宝玉，甄、贾宝玉共红楼。"（封越健，孙卫国，2009：40）因此，郑天挺与所内的研究生来往最密。对于学生提出的问题，他总是随时随地、尽力予以解答。对此，阎文儒曾说："予之业务导师虽为向达先生，但涉及历史学，尤其是明清史诸问题，每问及郑先生，总是循循善导，详为讲解。先生不仅对予如是，对其他所有学生均如是。"（封越健，孙卫国，2009：34）

与北京大学文科研究所并行，在当时的清华大学，也办有文科研究所。清华大学的文科研究所设在龙泉镇司家营的一座双层砖木结构的农家小楼内，由闻一多任所长。导师闻一多一家住楼上的东厢房，朱自清、浦江清、王了一（王力）、许维遹与助教何善周、李嘉言等同住楼上的西厢房。楼上的北屋是办公室兼图书室。楼下两间西屋是饭厅和厨房，两间东屋是研究生住房（西南联大北京校友会，2002：89）。

对于这一研究所，虽然在史料中记载颇少，但是在一则关键史料中，我们大致可以看到其情形。浦江清在其《清华园日记·西行日记》中曾对清华大学文科研究所有如下描述：

> 所址仅一乡间屋，土墙，有楼。中间一间极宽敞，作为研究室，有书十余架，皆清华南运之旧物，先提至滇，未遭川中被毁之劫。书桌八，闻、朱、许、何善周（助教）、朱兆祥（助教）、范宁（研究生）、刘功高（助教，女）、另一哲学系研究生各一。余来，刘功高搬至楼下。
>
> 卧室则在两厢房。闻及其眷属占其一，朱、许、何占其一，余来乃在室中加一铺。
>
> 研究所由一本地人服役并做饭。七八人但吃两样菜，一炒萝卜，一豆豉，外一汤而已。极清苦。（浦江清，1999：224）

在这里，我们可以看到，清华大学的文科研究所也是导师与学生同住、同食，这为师生之间的交流提供了很大方便。加上在研究室兼做图书馆的地方，导师和学生的书桌就挨在一起，导师与学生一起开展研究工作，导师可以随时指导学生，营造了浓厚的学术氛围，比北京大学文科研究所更为便利几分。

对于清华大学文科研究所的导师带研究生的方式，何善周曾经在其回忆闻一多的文章中透露了若干细节，他是这么说的：

> 闻先生对我们青年学生一向是关怀备至，用师傅带徒弟的办法，带领着、扶持着我们前进，有时还亲手做出样子来。当时我的研究计划是选注一

部先秦两汉文学史参考资料，供大学中文系的学生们学习上古文学史时阅读，同时还准备写一部"左传纂注"。闻先生为了我选注好参考资料，把他的几大本《诗经》和《楚辞》的原稿都搬给我，为了节省我抄录《左传》旧注材料的时间，他把一部《皇清经解》和《续经解》也给了我，让我就使用的材料随意剪裁。在教学方面，每篇教材中他有什么新的解释，都事先指给我，给我讲说明白，并交给我一些参考资料，使我通过教学很快地得到提高。

闻先生对其他学生也是同样关心的。李慎予当时在清华已经工作八九年了，闻先生还是经常关心着他的研究工作，给他介绍参考资料，对某一个研究项目提出自己的看法。当时慎予正在研究唐诗，闻先生把自己多年研究的心得都提供给他。他曾说："这些东西当前我没有工夫写出来了，你们用得着就使用吧！"（佚名，1980：256）

何善周、李嘉言当时都已经是清华大学文科研究所的助教，可是闻一多对他们的成长依然很关心，不仅把研究必需的资料借给他们，还手把手教他们如何做研究，把自己的研究心得提供给学生，让学生去使用。对于自己指导的研究生，那是有明确的"弟子"名分的，只会更加用心、无私，用"手把手"来形容，是一点都不过分的。

总之，北京大学、清华大学的文科研究所这类研究机构所具有的导师与学生同宿共息、有固定的导师群体经常性地指导学生的治学、主要依靠学生的学术自主等特点，是中国传统的书院与西方大学的导师制有机结合催生的教育形式。这种教育形式既促进了学生的知识生产，又在悄然间实现了育人目标，值得当代大学借鉴。

二、自然科学研究中的"师傅带徒弟"

我们再来看清华大学农业研究所植物生理组。这个机构的负责人是汤佩松。组内研究工作基本上集中在生物化学、生物物理和生理（及形态）三个方向。三个方向分别由殷宏章、娄成后和汤佩松主持，参与科研工作的合作者、辅助者还有陈培生、凌宁、黄果、徐仁、王伏雄、陈绍龄、沈淑敏、潘尚真、张信诚等。

在汤佩松的总体筹划、精心组织下，该组开展了很多有意义的研究工作，不少工作甚至是处于国际前沿的。在刚刚抵达昆明安置下来的前两年，因为实验设备不齐全，他们的研究工作主要集中在云南的植物油如何利用上面。汤佩松带领殷宏章、刘金旭等顺着滇越铁路及其支线，以蒙自、开远为中心，研究以蓖麻油为主的各种植物油如何开发、利用的问题。另外，汤佩松还组织了一个以沈同为首，以年轻的助教郑仁圃、叶克恭、刘金旭为主要成员的科研小分队，奔波于贵阳的图云关的中国红十字会战地救护总队与昆明之间，一边开展士兵营养方案的设计研究，一边开展豆浆对大学生与儿童的营养辅助问题研究。其后，他们的主要学术研究方向是，汤佩松作为牵头人，带领殷宏章与西南联大化学专业毕业的高振衡、胡秉方研究当时人们已经发现的几种植物生长素的衍生物，力图探索新的植物生长素在化学结构突变上的作用机制。在该机构迁址于大普集之后，汤佩松与罗士韦合作开展了"当时最新颖最时髦的用秋水仙素处理种子或细胞"的研究工作，终于获得了一个多倍体的大麦品种。其后，汤佩松和沈淑敏、陈绍龄协作，在前期相关研究的基础上，发表了一系列针对这一大麦多倍体的细胞学、形态学及酶活性的高水平论文。特别值得一提的是，在汤佩松的建议下，陈绍龄、郑伟光、郑伯林协作攻关，从荸荠当中萃取出一种新的抗菌素，可能这是国际上首次报道在高等植物（或植物）中发现的一种抗菌素（汤佩松，1987b）。

总之，在汤佩松富有智慧、耐心的引领下，植物生理组的年轻学人的整体素质持续获得提升，不断取得有分量的成果，以此为基础，他们最终都成长为中国植物学界的骨干学者甚至是权威专家。在谈到这一点的时候，汤佩松自豪地说：

> 在抗战后期（1938—1946），也就是在昆明时期（即"大普集时期"）做了以下三项工作……我为中国实验生物学，包括植物生理学、动物生理学、生物化学、微生物学和应用生物学先后储备和培养了一批人才，特别是在植物生理学方面。据我能记起名字的，已有40人。尚有几位因参加时间很短，又未留论文，已记不清了。他们在战后都成了各自学科的骨干。直到现在，他们仍是我国植物生理学和其他学科的栋梁。这个任务是通过进行多项

生理学、生物化学研究达到的。（汤佩松，1987a）

需要指出的是，这不仅仅是汤佩松在回忆中的自我评价与标榜，李约瑟（Joseph Needham）在对汤佩松引领的这一机构的学术成就进行评价时，亦是赞誉有加。李约瑟在为汤佩松的一部论文集所写的序言中如此写道："在大普集……汤佩松建立了普通生理研究室。尽管房屋都是由泥砖和木料建成的，但论设备还不赖；更重要的是他懂得如何在诚挚的气氛中把年轻有为的科学工作者团结在自己的周围以储备人才。"（汤佩松，1987b）自此可知，李约瑟对汤佩松能够"在诚挚的气氛中"把"年轻有为的科学工作者"凝聚在一个学术群体中，通过合作开展科研的方式培养他们，为民族、国家储备人才，是极其赞赏的。更为难能可贵的是，在李约瑟离开大普集约30年后的1974年，在他自己的举世闻名的巨著《中国科学技术史》的扉页上写道："献给在漫长的为了将自然知识（科学）用于和平和友爱而不是用以服务于仇恨和战争而斗争的事业中的两个战友：汤佩松——清华大学植物生物化学教授和 Green Thraldom 的作者，为全世界人民争取更多粮食的倡导者。"（汤佩松，1987b）时隔多年，李约瑟依然对大普集时汤佩松的"研究室"（即植物生理学组）念念不忘，并郑重地在其一生最重要的著作中特地褒扬，可见对其科研、育人成就是高度赞赏的。

总之，无论是在以人文社会科学研究为主要取向的研究所还是在以自然科学为主要取向的研究所中，教师和学生、新老科研工作者之间个性化、密切的合作、交流一直在持续进行着。这种一起遨游在科研之海中的方式，对于学生、科研后辈而言，是对人类探索自然、人文世界"如鱼饮水"般的体验。其对于年轻学生与科研新手的成长，起到了不可替代的示范、引领作用。

综上所述，我们可以发现，学生与教师在日常生活中乘兴游谈，学生在课堂教学、学术演讲、学术讨论、学术研究等活动中紧紧追随教师，对于学生的成长都具有重要作用，但是，其作用毕竟有限。因为在上述的学校日常生活中，活动领域还是相当狭窄的，教师以身示教的力量难以完全充分发挥出来。这就需要学生超出学校日常生活的范围，与教师一同走入社会的政治实践、经济实践、文化实践、教育实践等世界中，把臂同行，感受教师在广阔的社会天地中的别样魅力，最大限度地体验教师身教的力量。

第五节　社会实践中的把臂同行

一、政治生活中的鼓舞与响应

西南联大的教师大规模、群体性介入政治实践，不是始于西南联大建立之初，而是在 1944 年。这一年，是西南联大的精神气质发生巨变的关键一年。对于在这一年发生巨变的确切月份，不同的当事者有不同的感受、判断，但是从 1944 年开始，西南联大教师和学生开始转向群体性关注政治、介入政治，是无异议的。在不少史料中，我们都可以确认这一点。闻一多说："联大风气开始改变，应该从三十三年算起，那一年政府改三月二十九日为青年节，引起了教授和同学们一致的愤慨。"（西南联大除夕副刊，1946：7）

据孙毓棠回忆，1944 年之后，"当时人人都在经历某种转变。原来不反国民党的变为要反国民党了，原来不问政治的变为激进的人了（如闻一多），也有原来是纯学者后来变为很反动的……这些转变主要是由于国民党徇私舞弊、腐败堕落、社会不满所致，但也是中国地下党和民主同盟等进步党派（均受龙云保护）暗中活动宣传所致"（易社强，2012：295）。

西南联大学生在追述学生社团群社冬青社的历史时谈道："一九四〇年四月 × 日，人们在早晨从梦中醒来，突然感到国内的政治环境急剧恶劣，连学校里的团体活动也受到了威胁。于是，群社解体了，冬青的文艺活动也沉寂了。此后，群社虽不复存在，但冬青仍旧维持着，为适应环境起见，它不再和大家见面，社友们沉静地互相研究和埋头写作。这种情形，一直继续到一九四四年夏季。"（西南联大除夕副刊，1946：133）可见，他们把"转变"的时间定为 1944 年夏季，此前的日子被他们看作"沉寂期"。

还有的学生把 1944 年的 5 月 4 日称为"联大学生精神复兴的一天"，从这一天起，他们"不必再沉溺于苦闷和消沉了"，而是要负责担起重大的责任（西南联大除夕副刊，1946：20）。

纵览上述史料，我们可以断定，西南联大发生巨变的年份的确是1944年。自此，西南联大的学人不再埋首书斋，期冀只以长期的、艰苦的文化创造来为民族和国家的复兴做准备，而是走出书斋，在广场、街头以直接的呐喊、抗争来教育和引导大众。许多学者出于知识分子本身的道义担当，充当了这一转变的"急先锋"。闻一多就是这一群体的代表。对于这一点，他的学生曾经这样说："有一回，我到他家里去拿一篇稿子。我才坐下随便谈了几句，说到外边的谣言，我以为他如果不感到丧气，也许会感到愤怒吧。但是他不是这样，他变得更沉静了。他把要在《大路》周刊上发表的文章在桌上一堆稿纸中找出来给我，这时我才发现他的桌上，不是堆着正在写作的学术著作，而是正在写的几篇政论性和文艺性的文章。他不是听了谣言和恐吓感到担忧，感到愤慨，而是在深夜里埋头苦干，为报刊写稿子，向旧社会投出一支一支的锋利的投枪。那么沉着，冷静和勤奋，大有鲁迅那样'走自己的路'的气概。我除开对他表示尊敬，还能说什么呢？"（佚名，1980：303-304）在这里，我们很容易看到，在闻一多的生命后期，政论性的、具有宣传色彩的文艺作品成为他写作的主要方面，这正反映了其介入现实政治的取向。

当然，满怀激情的抨击黑暗、彻底改造黑暗世界的知识分子不会仅仅停留在为政治鼓与呼，他们还挺身而出，用自己的智慧、热血来"干政"。西南联大十位教授作为一个群体对蒋介石政权直言不讳的批判便是明证。

面对蒋介石及其领导下的国民政府种种令人无法坐视之举，西南联大的张奚若、周炳琳、朱自清、李继侗、吴之椿、陈序经、陈岱孙、汤用彤、闻一多、钱端升十位教授以公开发电文的方式对其进行了毫不留情的抨击：

> 十余年来，我国政权实际上操于介石先生一人之手……惟十余年来政治上之种种弱点，如用人之失当，人民利益之被漠视，以及贤者能者之莫能为助，其造因为何？诚宜及时反省。今后我国无论采用何种政制，此一人独揽之风务须逊予纠正……十余年来，由于用人之专重服从，而不问其贤能与否，遂致政治、道德日趋败坏，行政效率日趋低落，即自日本投降以来，收复区人事之布置，亦在使人惊讶失望。（杨东平，2000：421）

在这十位教授联名的电文中，他们对蒋介石及国民政府的专制作风和施政举措上的种种失误，给出了一针见血、直言不讳的抨击，在国民政府和民众中间都产生了很大的震动。在这里,我们不仅看到了他们作为知识分子的凛凛风骨,更看到了他们力图介入政治生活的火热激情。在这一火热激情的促动下,他们在"干政"上迈出的是更加稳健、阔大的步伐。其间,闻一多便是杰出代表。用何善周的话来说就是:"我的敬爱的老师,在最后的三四年内,便完成一生中最彻底的伟大的转变,从研究古文献和古代文学的学者转变为努力学习马列主义、毛泽东著作的'小学生',从一个民主主义者转变为具有共产主义理想的革命家,而且前进的是那么迅猛,步伐是那么果敢、坚定!"(佚名,1980:264-265)他基本上把学术研究放下了,几乎将主要的精力全部放在了参与政治活动上。他的一个同事曾经这样评价闻一多在投入政治运动中的火热激情:

> 闻先生在研究室做科学研究的时候,他会贯注全副的精力,天天工作到十六个小时以上,向不中途休息,向无倦容;而且态度严肃认真,向不放过一个问题、一点疑难。考虑问题周密仔细,碰到一个问题,他会从各个方面,诸种可能去试求解决,从不凭空臆断。如今他投身于民主运动之中,其工作的热力、干劲,精神的振奋,更胜于在研究室内。我进城去见他,好多次他都不在家,有时,等了好久,才从外面回来,面色绯红,跑得满头大汗。为了争取、团结更多的知识分子,上自教授,下至学生;云南地方的耆老、民主人士、中学教师,以及当地和路过昆明的文化界人士,他从不放过任何一个可以争取的对象。每发一次争取民主、反对内战的声明或宣言,从撰稿到校对都少不了他。宣言印出之后,由他亲自发送给分头担任征求签名的人,同时他自己也拿着一张宣言,就他所能争取到的签名的人士,挨门拜访。他在革命斗争中永远没有停过步,歇过脚,泄过劲。偶尔也遇到一时不能解决的问题,他便说:"我去找人谈谈。"这时,我意味着,他又找地下党的领导同志去了。(佚名,1980:272)

在这里,他把闻一多的做学问的精神与参与政治运动的热情相对比,以其投入学术之忘我精神反衬其投身民主运动之忘我情怀,更可见其投入政治活动的忘我热忱。

行文至此,我们便不得不追问这样一个问题了:当此之际,他们为什么会发生这么巨大的转变呢?在笔者看来,其根源在于生活的危难和艰辛的冲击与震撼。他们以前一直身在"象牙之塔"中,生活优裕,对国是民瘼没有太多认识。

是生活的危难与困顿使他们认识到，"千百万人民处在水深火热之中"（佚名，1980：374）。这种对国难之深与民生疾苦的痛切体认，对于激发他们与祖国的广大百姓一同战胜苦难、以介入政治的方式来挽救时政之弊的道德热情，起到了不可替代的作用。这一点，在闻一多身上体现得特别明显。在闻一多对国难与民生没有深切体认的时候，他在上"楚辞"课时，每每吟诵的句子是"唯能痛饮酒与熟读《离骚》者，方为真名士也!"，表现出的是一种名士做派。但是，当他经历了战争所带来的种种苦难后，再上"楚辞"课时，就不再摆名士的派头，而是"很自然地把自己爱人民、爱祖国的火热感情，和他对当时反动统治不满的反抗情绪融化在一起"。他的那种授课方式"吸引着听众，和他起着共鸣"（佚名，1980：307-308）。这一意味深长的变化正是战争带来的苦难激发其担当国难之志的反映。对于这一点，闻一多的儿子闻立雕在谈到其父思想转变的动因时也曾谈到过，他是这样说的：

> 清华的条件非常优越，是个读书、做学问、出成就、出人才的地方，但当时的清华园又有点像世外桃源，它那并不太高的围墙，像一堵无形的万里长城，把园内和园外割成了两个世界。父亲蛰居其中，潜心治学，既不接触又不了解广大的普通老百姓，特别是劳动人民，思想认识不能不有极大的局限性。

> 日本侵略军把他赶出了清华园，迫使他和普通老百姓一起逃难，其后又于步行三千里之中，近距离观察和认识湘黔滇三省的各族人民，再后，频繁的空袭又迫使他长期栖身农村，与贫困朴实的农民朝夕相处，所有这些都使他的生活进入了一个与过去大不相同的新阶段，直接影响和促进了他后期思想的发展与变化。（西南联大北京校友会，2002：79）

所谓"后期思想的发展"，就是由一个固守书斋的学者变成一个关心时政与人民疾苦，怀抱匡扶时政的热忱的学者。闻一多是这样，其他学者的心路历程也大致相似。

冯至即是如此。他的朋友在谈到冯至的政治倾向与创作取向的变化时，曾经这么说："更主要的，是迁校流亡的一路，百姓国难中的生活，不了解也得了解，不贴近也得贴近，由此，他从过去对里尔克作品中孤独、感伤、焦虑、惶恐转移到对忧国忧民，揭露社会矛盾、政治腐败，反映人民深重苦难的杜甫之热情，这对那一代有很高文化教养的知识分子，可是一个了不得的变化。"（冯至，2011：3-4）可见，在友人看来，正是因为在流亡生活中对百姓苦难的深切体认，才使冯至产生了忧国忧民之情，对杜甫这位以诗写史的诗人有了了解和同情。就此而言，后来冯至能够写出感人至深的《杜甫传》、十四行诗《招魂》，都不是偶然的。

综上所述，我们可以断言，闻一多、冯至等在以天下为己任的爱国热情与对国难的深切体认的合力作用下，选择了以战斗的姿态介入政治。在他们介入政治的时候，许多热血青年为他们的情怀、勇力所感召，随时追随他们。如闻一多的学生就曾说："随着斗争形势的发展，闻先生本人也起着急剧的变化。他经常走出了教室，跑到广场，跑到街头，青年们紧紧跟随着他。我参加了闻先生主办的或出席的各种集会，如时事座谈会、文艺座谈会、诗歌朗诵会、'五四'纪念会、鲁迅纪念会，以及各种营火会等。"（佚名，1980：308）由此可见，在闻一多参与的各种政治活动中，有一批青年学生紧紧跟随着他，这对青年学生的成长起到了不可忽视的引领、带动作用。

据李晓说，在1944年的五四运动纪念晚会上，闻一多对许多青年起到了带动作用。1944年5月3日晚上，在西南联大最大的教室——南区10号，举行了纪念五四运动25周年晚会，"能容几百人的教室挤得满满的，连室外也站满了人，会议中途下起了大雨，听众仍不肯离去"（西南联大北京校友会，2008，300）。在会上，周炳琳、闻一多、张奚若、吴晗先后发言，怀念、称扬五四运动的基调一直保持得很好。可是，一位教授在后半段发出了不和谐的声音，大谈"学生的天职是读书，过问国家大事，不免幼稚，感情冲动，是国家的不幸"。听到这番话，闻一多再度站起来，有针对性地讲了下面这段话：

> 学生是国家的主人，有权过问国家的大事，认为一个国家要学生耽误学业去过问政治是"不幸"的事情，那么我要问：为什么要发生这种不幸的事情呢？我不懂历史（此话有所指——引者），我只知道这只是因为没有民主！有人说，青年人幼稚，容易冲动，这有什么不好呢？要不"幼稚"，当时也不会有"五四"运动了。幼稚并不是可耻的，尤其在一个启蒙时期，幼稚是感情的先导，感情一冲动，才能发生力量！何况今天青年人的思想也许要比中年人老年人清醒得多，理智得多！如今我才明白我们过去究竟干了些

什么！过去我总以为国家大事专门有人去管，无需自己去问，长期脱离了现实。但是，一二十年来和古董打交道，今天也总算得到结论了。现在又有人在叫嚷复古了，"五四"运动要打倒的孔家店，又死灰复燃了。孔家店就是要我们好好儿当奴才，好好服从老爷们的反动统治。现在不是又有人在叫嚷："读经尊孔"吗？不是又有人在搞"献九鼎""应帝王"吗？现在是民国啊！难道我们倒退到封建朝代去吗？我要重喊"打倒孔家店"，我也相信我现在有资格说这个话。你们知道，我酷爱我们祖国的文化，我们的祖先确实创造了不少优秀的东西，正是为了这，我在那故纸堆里钻了很久很久，古董销蚀我多少生命！我总算摸清了一点底细，其中有些精华，但也有许多糟粕，我总算认识了那些反动糟粕的毒害，而这些货色正是那些人要提倡的东西！同学们，现在大家又提出"五四"要科学、要民主的口号，我们愿意和你们联合起来，和大家里应外合地来打倒"孔家店"，摧毁那些毒害我们民族的思想。（西南联大北京校友会，2008：300-301）

在闻一多做了这一激动人心的发言之后，受他的感染，"同学们也慷慨激昂地争相发言。表达了对时局的焦虑和对现状的不满。有的建议通电全国学生，以实际行动来争取民主。有的要求政府确定'五四'为青年节。连站在室外的同学，有的也把头伸进来大声疾呼。会场气氛之热烈，情绪之激动，热情之高涨，为几年来所未有，一扫'皖南事变'后的沉闷气氛"（西南联大北京校友会，2008：301）。

在这场富有政治意味的纪念活动中，如果没有闻一多的挺身而出，对持保守态度的教授的言论进行有力的回击，这次纪念活动就有可能"流产"，起码是其感染力、冲击力会大大降低。正是闻一多有力而充满激情的言论，才促使青年学生纷纷上台发言，把纪念活动推向高潮，使得"皖南事变"后西南联大政治上的沉闷氛围被一扫而空。

郭良夫就曾说："我的倾向进步，走向革命，也是由于闻先生的模范行动影响所致，虽然他并没有跟我谈论过长篇大论的革命道理。"（佚名，1980：290）这里所说的"模范行动影响"导致郭良夫"走向革命"，便是闻一多在政治活动中以身示教影响青年学生的明证。

流金回忆，在闻一多加入民盟后，闻一多曾对他说："我从'人间'走入

'地狱'了。以前我住在龙头村,每回走进城,上完了课又走着回去。我的太太总是带着孩子到半路上来接我。回到家,窗子上照映的已经是夕阳了。我愉快地洗完了脚,便开始那简单而可口的晚餐。我的饭量总是很好的,哪一天也总过得很快活。现在这种生活也要结束了。"这就意味着闻一多加入民盟之后,要准备开始斗争了。显然,闻一多对他的学生庄严地说这番话的时候,并不是对其介入政治的行为表示后悔,而是告诉学生,他是带着"我不入地狱,谁入地狱"这样的决绝踏入当时的政治这摊污泥浊水中的。这一斩钉截铁的勇毅深刻影响了流金,所以在闻一多牺牲之后,流金如此盛赞闻一多:"他走入了地狱,天堂的门却为他开放了。"(许渊冲,2021b:160)

对于在追随闻一多过程中受到的深刻影响,马识途在百岁高龄时曾追忆说:

> 我认识和了解闻一多,不只是在课堂上,更多的是在作为崇敬他的学生护送他回家途中和在他家的小楼上的谈话中。
>
> 我们在护送闻一多回家的路上,常看到有国民党军官押送的用绳索捆绑着的骨瘦如柴的"壮丁"走过,闻一多曾向押送人对"壮丁"的虐待提出过抗议,但无济于事。有一次我送他回家,正好看到倒毙在路边沟里的一个"壮丁"的尸体。那个"壮丁"全身只穿了一条短得实在不能再短的草绿色短裤,仰卧着躺在沟边,骨瘦如柴,两个眼睛暴突着,两只枯藤般的手向天空高举着,好像是在对天抗议。闻一多感慨地对我说,那是双可以叫大地变色的手呀,还没有摸到枪杆便死在沟壑中了。他的悲愤之情溢于言表,也深深地震动了我。(马识途,2021a:95-96)

由此可见,马识途对闻一多的追随,不仅是在课堂上、集会中,还在回家的路上、居室之中。正是因为在各种场合追随老师的脚步,所以闻一多的言行对他产生了全方位、深刻的影响,甚至是"深深的震动"。正因为如此,已经毕业离校的马识途,当听说闻一多被特务刺杀后,匆匆赶回昆明,到闻一多的灵前和遇刺的地方凭吊,并写下"哲人其萎,我复何言"的挽联,还大声宣说:"闻一多虽然牺牲了,然而他的浩然正气,他的火样的热情,他的至死不渝的战斗精神,却长留在天地间。"(马识途,2021a:97)

吴征镒走上革命道路,与闻一多的身教也有着密切关联。对此,吴征镒说:"在新诗社中亲聆先生为田间播鼓和光未然长篇朗诵阿诗玛等,自己也学着朗诵一些讽刺诗，逐渐与旧思想、旧文化决裂。在剧艺社活动中，我既看到了'阿正传'、'原野'等演出和闻师的天才舞台设计，更看到了'一二·一'运动中闻师为之题签付印的'民主使徒'和'审判前夕'。更看到先生在四烈士出殡的大游行中，和吴晗等民主斗士始终走在群众的最前列……先生以大无畏的精神面对这一切，毫不退缩。"（吴征镒，2008：294）闻一多在游行中"始终走在群众的最前列"的大无畏精神深深感染了吴征镒，因此吴征镒才会果断地加入了民盟。李公朴就义后，在云南大学至公堂，闻一多参加了李公朴殉难的悼念会，在会议上做了最后一次演讲。在军警、特务环伺的环境中，任何一个革命人士、进步青年都面临着巨大危险，但是为了保护闻一多，吴征镒和张澜庆、郑亮是最后撤退的西南联大师生（吴征镒，2008：294），其展现出来的无畏气概与闻一多何其相似。

虽然金岳霖不像闻一多那样以极其激烈的、醒目的方式投身政治，成为一个怒目金刚式的"斗士"，但是其在面对国民党的黑暗统治时依然表现出了抵抗的姿态，这也影响了青年学生。对此，他的学生张遂五在回忆中曾说，在西南联大时期，"先生在政治上丝毫不苟，对黑暗现实不屈服、不妥协的高风亮节，我作为学生看在眼里，是由衷敬佩的。这也增强了我在生活中抵制恶势力侵袭的勇气"（中国社会科学院哲学研究所，1987：42）。

总之，在激烈的政治斗争中，学生紧紧跟随在老师身边，与其同呼吸、共命运。老师身上的大智、大仁、大勇在不期然间对学生产生了深刻的影响，使得原来没有心向革命的人坦然走上了革命的道路，革命意志不坚定者坚定了走革命道路的信心，缺乏革命策略者学会了与反动派斗争的善巧，如霹雳震、狮吼般的力量，百载之下，犹让人感佩。

二、社会调查中的示范与影响

除了在政治生活中对教师的倾心追随对学生产生了深刻影响，在改造社会情怀浓烈的教师组织的种种社会调查活动中，学生也受到了难以估量的影响。从以下的例证中，我们不难看到这一点。

1939年，马学良报考北京大学文科研究所，被录取为语言学专业的研究生。

入所后，他选定的导师是罗常培和丁声树。因为马学良对少数民族语言研究感兴趣，于是这两位导师就把马学良推荐给研究少数民族语言的权威李方桂，让李方桂负主要指导之责。李方桂对马学良精心调教，在系统教授了一段时间的理论知识后，就把马学良带到了云南的路南县彝族支系撒尼人群居的地方开展语言学的田野调查。对于这一经历，他的学界友人说："李先生带着他和撒尼人混在一起，撒尼人安排他们住在进门就必须躺下的低矮的阁楼上，他们也住；撒尼人下菜的是没有盐味的喂马的蚕豆，他们也吃。李先生的调查作风影响着他。在阿诗玛的故乡，他调查记录了撒尼彝语和许多传说、故事，搜集了不少鲜为人知的民俗。"（陈醒，1998）由此可见，在这次语言学调查中，李方桂和马学良同吃同住、一同开展语言调查工作。在这期间，李方桂的研究、做人的风格潜移默化地影响了马学良。

1941 年 7 月，曾昭抡组织"国立西南联合大学川康科学考察团"，对川康大凉山彝族地区进行综合考察。为此，1941 年 6 月 30 日，《云南日报》专门刊登了一条消息："联大师生组织川康考察团，就两省矿产生产作实地调查，定七月初起程。"其内容如下："西南联大化学、生物、地质系学生，顷组织川康科学考察团，拟利用暑假赴四川、西康，就两省矿产及各项生产事业作实地考察，对康省宁属八县，尤为注意，预定在该地作长时期之勾留，俾详细考察再赴成都、灌县等参观水利设备。该团由曾昭抡教授任团长，团员有裴立群、陈泽汉、钟品仁、戴广茂等十人，定七月初起程入康云。"（裴立群，1994：32）戴美政的说法与其略有不同："团员多为西南联大各系三四年级的学生，即化学系的裴立群、陈泽汉、李士锷、戴广茂，地学系的马杏垣、黎国彬，生物系的钟品仁，物理系的周光地，经济系的康晋候，社会学系的柯化龙，全团共 11 人。"（戴美政，2010：244）

总之，无论参加这个考察团的学生来自 3 个系还是 6 个系，人数有 10 人还是11 人，团长是曾昭抡、学生十余人是确定无疑的。在曾昭抡的带领下，这一考察团从昆明出发，徒步展开考察。他们克服了交通、食宿等诸多艰难困苦，在彝族居住的大凉山核心地区，对其地理、矿产、民族、文化等情况做了较为全面的考察，足迹踏遍了很多地方。这一考察行程 3000 余公里，历时 101 天，全团于1941 年 10 月顺利返回昆明。考察结束后，曾昭抡先后写出了《滇康道上》《大凉山夷区考察记》两部著作，全面、系统地记录了大凉山彝区的考察状况。《滇康道上》主要叙述了考察团从昆明到西昌的沿途见闻。《大凉山夷区考察记》主要记述了考察团由西昌到美姑、宜宾等地的考察经历。

对于此次考察，当年的重要参与者裘立群说：

> 在此次步行考察大凉山的过程中，更能体现曾昭抡教授的吃苦耐劳、平易近人，值得我们继承和怀念。在考察团中，除了曾昭抡教授是中年人外，全系青年学生。旅途中，他既要照顾、教育学生，又要不停地考察记录，口袋里一直放着小笔记本和铅笔，一旦歇脚，随时随地记录书写，到达宿营地后，在蜡黄如豆的油灯下，还要整理修改及补充当天的记录直至深夜，从不间断。我们都为他的持之以恒、不辞辛苦的精神所感动。（裘立群，1994：40）

在这里，我们可以看到，在整个考察过程中，曾昭抡的吃苦耐劳、平易近人、持之以恒等精神品格深深地打动、感化了随行的学生。所以，他的学生才会说出"值得我们继承和怀念"这样的话语。

潘光旦特别注重社会调查。虽然他没有对学生大谈社会调查如何重要，却以自己的身教来向学生宣示社会调查的重要性。在西南联大期间，他几次走很远的路到深山中去调查。因为他腿脚不便，于是就把身体伏在马背上，其辛苦之状可以想见。但他一点都不畏惧，还是坚持开展社会调查。学生时代的袁方与潘光旦时相过从，受到了潘光旦的深刻影响。袁方为了写毕业论文，"走街穿巷，同普通百姓交朋友，对昆明市镇进行了大量的社会调查，写出了《昆明市的都市化》这篇毕业论文"（北京大学研究生会，北京大学 MBA 联合会，1998：45）。此后，他"一直重视并力行用科学的调查方法研究社会"（北京大学研究生会，北京大学 MBA 联合会，1998：45-46），并主张："立足于中国实际的社会学必须从调查中国社会入手。"（北京大学研究生会，北京大学 MBA 联合会，1998：47）

综上所述，在各种社会调查活动中，教师与学生几乎是如影随形的，这就使得调查成为一个教师示范其治学理念、方法、人格的过程。在这一过程中，教师身上的才学、见识、品行不知不觉间渗透到学生的头脑、心灵中，成为其智性发蒙、德行提升的重要途径。

总之，在教师参与政治活动、开展社会调查实践的过程中，学生与教师几乎形影不离，是真正的同呼吸、共命运。在这一过程中，教师身上的大仁、大勇、大智都以惊人的光彩闪现出来，成为照亮学生学术之路、人生之路的光源。

第六节　题词中的劝勉

在西南联大，存在一种风气，即在学生毕业、婚嫁等人生的关键时期，教师会给与自己多有往还的学生题词，以为劝勉。在这些题词中，教师往往把自己深有感触的名言或自己的人生感悟即兴写给学生。作为与教师精神相契的学生，这样的题词常常成为其精神成长的良性刺激，给学生以奋发的力量。在下面的史料中，我们不难看到这一点。

1938 年夏，西南联大文法学院还在蒙自办学，1938 届学生毕业，朱自清专门为他们题词，内容如下：

> 向来批评清华毕业生的人都说他们在做人方面太稚气，太骄气。但是今年毕业的同学一年来播荡在这严重的国难中间，相信一定是不同了。这一年是抗战建国开始的一年，是民族复兴开始的一年。千千万万的战士英勇的牺牲了，千千万万的同胞惨苦的牺牲了。而诸君还能完成自己的学业，可见国家社会待诸君是很厚的。诸君又走了这么多路，更多的认识了我们的内地，我们的农村，我们的国家。诸君一定会不负所学，各尽所能，来报效我们的民族，以完成抗战建国的大业的。（赵瑞蕻，2021：71）

在这一题词中，朱自清站在抗战救国、民族复兴的大背景下，结合学生的切身经历，勉励他们为拯救祖国的危亡、建立新的富强的国家而不懈努力，的确是"表达了一位真挚热忱的教师对年轻一代的热切期望"（赵瑞蕻，2021：70）。

1940 年夏，在赵瑞蕻毕业前夕，吴宓在赵瑞蕻购买的一部英文原版的《丁尼生诗集》上，"用红墨水的自来水笔工整地摘录了马修·阿诺德的名著《文化与无政府状态》（Culture and Anarchy，一八六九年）一书里论述'甜蜜与光阴'（Sweetness and Light）部分中的三行原文……这三行引文的中文大意是：'对完美的追求，就是对甜蜜和光明的追求。''文化所能望见的比机械深远得多，文化憎恶仇恨；文化具有一种伟大的热情，这就是甜蜜和光明的热情。它甚至还有更伟大的热情！——使甜蜜和光明在世上盛行。''我们必须为甜蜜和光明而工作'"（赵瑞蕻，2021：89-90）。显然，吴宓给赵瑞蕻的这个题词，是想要告诉他的学生，无论走到哪里，都要鄙弃市侩，相信文化的教化作用，因为文化会给人以精神的力量，让人安心，充满幸福与希望，这对赵瑞蕻的影响非常大。以至于赵瑞蕻在晚年忆及吴宓的这个题词时，还满怀深情地说："我这会儿再一次回忆起五十多年前，吴宓老师特地为我题了'甜蜜与光明'这几句话，给了我很大的影响，鼓励我不断前进。"（赵瑞蕻，2021：98）

余景山即将毕业时，冯友兰写了两副对联送给余景山，以作留念。第一副是"白雪任教春事晚，贞松惟有岁寒知"。第二副是"鸭绿桑乾尽汉天，传烽应须过祁连，功名在子何殊我，但恨无人快着鞭"（郑家栋，陈鹏，2002：58）。显然，前一副对联意在勉励余景山清白做人、坚持做人的气节，后一副对联意在勉励余景山迈越先辈、更上一层楼。

黄海在回忆闻一多给他题词的经过时曾说，"一九四六年暑假，联大学生相继离昆赴平津上学。离昆前夕，我到闻一多家辞行，从晚饭后谈到深夜。他就象（应为'像'——引者注）对自己的孩子们一样地亲切，坐在床上给我上了最后的一课……他讲，美国的一个大学最近邀请他去当教授，聘书都寄来了。他不打算去。在这个正需要他参加斗争的时候，他不能离开祖国。他深信，不管道路如何曲折，最后胜利是属于人民的！临别前，他给我写下了下面的话，作为留念：'君子不可以不宏毅，任重而道远。一多'——并按下了他亲手给自己刻的图章——'叛徒'。他解释说：为什么叫'叛徒'呢？因为我要做一个旧世界的叛徒！"（佚名，1980：345）"士不可以不宏毅，任重而道远"出自《论语·泰伯》。闻一多只是把"士"这个字改为通用的"君子"，然后转赠黄海。可见，闻一多这样题词，意在勉励黄海，推翻国民党反动统治可谓任重而道远，在这一道路上，要抱着坚定的必胜信念，决不能懈怠，更不能退缩。

湛淳需在毕业时，向当时的西南联大训导长查良钊辞行。查良钊即兴给湛淳需题词，其内容是简约的六个字："无取、无求、无损。"（张曼菱，2013：92）题词字数不多，但意味与期许很深。查良钊是希望湛淳需一辈子做一个清白、正直、充满仁爱之心的人。对于湛淳需来说，这样的题词是非常有针对性的。湛淳需毕业时已经确定的工作单位是海关。在此种机构工作，最重要的品质是一介不取、不谋求私利，否则很容易在利益的诱惑前把控不住自己，陷入被人围猎的泥潭。查良钊如此谆谆告诫学生，可谓用心良苦。当然，最终的结果是，湛淳霈没有辜负老师的期许，在海关任职的几十年，虽然从普通职员一直做到税务长，但不取一毫私利，一直以清廉而为人所称道。虽然他的两位前任税务长都已经先后锒铛入狱，他却一直安然无恙（张曼菱，2013：92-93）。至此可见，查良钊的题词对湛淳霈的影响之深。

总之，在人生的重要关头，教师往往把自己毕生治学、做人的最为紧要的经验以简洁、明了的方式展现出来，对学生进行劝勉。无论是在学生如何做人还是如何治学上，都有巨大的激励、启发作用。

第七节　作为特殊"从游"方式的读书

在西南联大的教师出版著作之际，他们的追随者会如饥似渴地阅读他们的著作。在这一阅读活动中，学生与教师有着深层的精神对话。表面上看起来，在这一活动中，没有教师的参与，但事实上教师以思想示现、对话的方式深刻地参与了学生的精神塑造。就此而言，学生阅读自己心仪的教师的著作，是一种不易为人察觉的、潜隐的"从游"。

一、读物的奇缺

在当时的西南联大，可谓图书奇缺。这一点，从冯至与丁名楠之间的一段佳话就可以看出来。在校外的旧书店内，冯至看到了一部《清六家诗钞》，本想立刻买下来，但是当时手头的钱不够，只能先把书放下，准备抽空再买。过了两天，等冯至准备好书款，再去书店时，那本书已经被人买走，让冯至大失所望。正在冯至烦恼之际，一名西南联大的学生告诉冯至，那本书被西南联大历史系的学生丁名楠买走了。这名同学不但把丁名楠买走《清六家诗钞》的事情告诉了冯至，还把冯至买书无果的事情告诉了丁名楠。于是，丁名楠就拿着《清六家诗钞》找到冯至，把这本书让给了冯至。所以，冯至才会说："在书籍非常缺乏的时期，丁名楠肯把刚买到的书让给我，真是盛情可感。"（冯至，2011：117）

在这段师生之间的佳话中，我们可以看到，就是《清六家诗钞》这种常见的书籍，在书肆中都是师生抢着买的，手慢的就买不到了，还需要师生之间相互让书。学生让给教师一本书，居然让教师觉得"盛情可感"，足见书籍的得之不易。

普通的书籍都甚为奇缺，学术前沿的书籍就更是珍稀了。对于这一点，西南联大数学系教授江泽涵的儿子江丕权说20世纪40年代初，时任驻美大使胡适在逛书店时，发现有一本最新的拓扑学方面的教材。他深知，"在昆明要得到当时数学的现代文献是非常困难的"，因此，他就把这本书买下来，准备寄给自己的妹夫——数学家江泽涵。可是，由于当时走航空邮寄的费用特别高，他就把精装书的书皮裁掉，只把书的内瓤寄回来。江泽涵收到这本书，非常高兴，还专门为这本书做了一个硬壳的书皮。"这本书拿来以后，西南联大数学系的老师就抄，手抄，轮流读它。"（张曼菱，2013：200）不过是一本最新出版的拓扑学的教材，都需要从美国寄到中国。寄来之后，西南联大数学系的教师只能用手抄的方式来传阅、学习，可见最新的、学术前沿的书籍在西南联大是何等稀缺。

既然书籍得来不易，为了获得自己心仪的教师的著作或教师指定的著作，就需要在教师处借阅。在西南联大，学生向教师借书的情况是普遍存在的。

二、学生向教师借阅图书普遍存在

对于这一状况，汪曾祺有过很传神的描述，他在谈到沈从文与学生的交往时，曾这么说：

> 沈先生一进城，他这间屋子里就不断有客人。来客是各色各样的，有校外的，也有校内的教授和学生。学生也不限于中文系的，文、法、理、工学院的都有。不论是哪个系的学生都对文学有兴趣，都看文学书，有很多理工科同学能写很漂亮的文章，这大概可算是西南联大的一种学风。这种学风，我以为今天应该大力地提倡。沈先生只要进城，我是一定去的。去还书，借书。

……他的藏书也真是兼收并蓄。文学书、哲学书、道教史、马林诺斯基的人类学、亨利·詹姆斯、弗洛伊德、陶瓷、髹漆、糖霜、观赏植物……大概除了《相对论》，在他的书架上都能找到。我每次去，就随便挑几本，看一个星期（我在西南联大几年，所得到的一点"学问"，大部分是从沈先生的书里取来的）。他的书除了自己看，买了来，就是准备借人的。联大很多学生手里都有一两本扉页上写着"上官碧"的名字的书。（汪曾祺，2021：29-30）

从这段描述中，我们可以看到，沈从文的藏书种类是非常丰富的，除了艰深的自然科学方面的书没有，人文社会科学、自然科学、生活百科的书在他的书架上都陈列着，这就给西南联大的学生借书提供了很大的便利。加之他是一位作家，文学方面的藏书最为丰富，西南联大各个学院都有爱好文学的学生，所以除了文学院的学生去向他借书，工学院、理学院、法学院等学院的学生也去向他借书。像汪曾祺这样的得意弟子，那就更随便了，几乎可以无限制地借书。这就导致"联大很多学生手里都有一两本扉页上写着'上官碧'的名字的书"（汪曾祺，2021：30）。上官碧是沈从文的笔名之一，在其藏书上往往写上这个名字，由此可见西南联大学生从沈从文手中借书的数量之大。从沈从文与学生往还的情况，我们大致可以看到，西南联大的学生从教师手中借书是甚为常见的状况。

一般来说，学生向教师借书，常见的情形是：学生出于向学的渴望，主动向教师提出借书的要求，一向对学生关爱有加的教师慨然应允。杨祖陶与汤用彤之间的师生往还，就很好地体现了这一点。杨祖陶曾在其回忆性文字中说："一到学校，就鼓起勇气去觐见我敬仰的学贯中西印的汤用彤先生。先生热心扶持后学，竟然应允了我的请求，把他的藏书、线装本的《高僧传》借给了我这个刚来校报到的新生，内心的感动和感激无法言表。"（杨祖陶，2010：7）杨祖陶刚入学，就去拜见自己一贯敬仰的哲学大师汤用彤，并提出借阅线装本的《高僧传》，可见其向学之心很早就萌发了。尽管线装本的《高僧传》对于以研究佛学见长的汤用彤来说是非常宝贵的资料，但是有感于学子赤诚的向学之心，汤用彤毫不犹豫地给予了热切的回应，欣然应允。

当然，学生向老师借书并不总是由学生主动提出的，有时是由出于爱生之心的老师主动提出的，冯至就是这样的老师。他的学生在回忆老师的教诲时曾经这么说："他指点我该读哪些书，并且不用我开口借，就把他的书借给我（后来我才知道那些书是他的宝贝，当时要找一本好书是很不容易的）。"（多人，2005：198）

三、阅读中师生的精神"对话"

在借书这件事情上，无论是学生主动要求还是教师主动出借，学生在拿到书籍之后，总会如饥似渴地阅读。在阅读时，书籍中广袤的精神世界向学生不断敞开，教师与学生的精神对话、磨砺得以开启，学生精神的淘洗和锻造就是这样开始的。

冯至的学生在回忆其主动出借的书对学生产生的影响时曾说："于是我就从冯先生手里拿到好些世界名著，如纪德的《地粮》、尼采的《查拉杜斯屈拉如是说》和歌德、里尔克的作品，等等。我心中出现了一个广阔的宇宙，在其中我接触到许多有大智慧的人和崇高的理想。这些书中的世界和我生活的现实世界有相同的东西，也有很不一样的东西。"（多人，2005：198）由此可见，冯至主动借给学生的书籍都是哲学、文学方面的经典著作。学生在阅读这些著作之后，大开眼界，感受到了"大智慧"和"崇高的理想"的冲击。

汪子嵩在谈到古希腊哲学研究专家陈康对他的深刻影响时曾说："陈康先生是我们的老师……1944年陈先生在重庆中央大学授课，他译注的《柏拉图巴曼尼德斯篇》于是年正式出版，这本著作使我们耳目一新，为我们打开了哲学史的一个新天地，启发了我们研究希腊哲学的兴趣……深深感到陈先生教给我们的是实事求是、不尚玄虚、不取道听途说、不作穿凿附会的方法，是研究哲学史、特别是研究古典希腊哲学史的一种重要方法。"（汪子嵩，王太庆，1990：1）可见，陈康的《柏拉图巴曼尼德斯篇》这部著作中渗透的研究方法对于汪子嵩获取研究古希腊哲学的方法，具有重要作用。

许渊冲说，因为几乎所有的《今日评论》第一卷第十三期的作者都是西南联大的老师，他就特别认真地阅读了"一卷十三期的《今日评论》"。其中有一篇是钱钟书写的《偏见》，给他留下了非常深刻的印象。钱钟书在文章中说："偏见可以说是思想的放假。它是没有思想的人的家常日用，而是有思想的人的星期日的娱乐。"又说:"所谓正道公理压根儿还是偏见。"这不由得让许渊冲感慨道:"钱先生的妙语惊人,读来比听讲还更过瘾:讲的妙语是天才冒出的火花,一闪而过,日子一久听过就忘记了;写的妙语却是静水流深,其味隽永,可以反复咀嚼,又如雨天读书,会给心灵带来阳光。"(许渊冲,2021a:65)可见,在读自己崇拜的老师钱钟书的作品时,就像思想的艳阳荡尽心灵的阴霾一般,给许渊冲带来了充分的智性的愉悦。读书到此种境界,才算是进入佳境了。

西南联大的教师除了把自己已经出版的书籍借给学生外,还把自己的手稿借给学生阅读。闻一多即是如此,他的讲义手稿是几十年的研究心得,但他一点都不藏私,把它借给学生们抄录、阅读。在这样的抄录、阅读过程中,学生在不同程度上学到了他的"考索赅博、论证翔实、立说新颖的功夫"(刘克光,1988)。

总之,在西南联大,学生为了追随自己仰慕的老师在自然、人文世界里苦苦求索的脚步,或者在图书馆借阅教师的著作,或者从教师那里借阅其著作或手稿。当借到书籍之后,沉潜到教师的思路中去,反复揣摩,与教师进行深层的精神对话,将教师的治学方法、思想、观点等尽数内化,变为自己精神世界的一部分,这成为学生成长的一条非常重要的渠道。正因为如此,西南联大的学子才会说出"在图书馆读几小时书,似乎胜过在教室里听几天讲。大学教育本来就是主要靠自学"(许渊冲,2008:181)这样似乎有些极端的话语。

第三章

"从游"中教师影响学生的机理

第一节 "对话"中的探察与了知

在"从游"中，教师与学生在各种活动中频繁而密切地接触，这就是一个教师与学生不断"对话"的过程。在一系列的言语与非言语的"对话"中，实质上就是教师在不断探察学生，从各个侧面了解学生，这就使得他们对学生的个性特点有了全面、精准的把握。这对于因材施教、量身定制教育方案、培育杰出人才是非常重要的。西南联大的不少杰出学子的成长都与这一点有着密不可分的关联。

李政道的成长就是一个很好的例证。李政道原本不是西南联大的学生，是在大学二年级从浙江大学转学到西南联大的。转学这一举动对他的一生产生了重要的影响，这与李政道和叶企孙、吴大猷两位教授过从甚密有着密切关联。

首先，来看叶企孙对李政道的影响。叶企孙是当时西南联大理学院的院长。李政道刚去西南联大，听的第一门课是叶企孙的"基础电磁学"。不过，李政道已经在大学一年级时听王淦昌讲过这门课。对于他来说，学习这门课就是重复以前所学，所以李政道虽然坐在课堂上，但基本不听课，只是借来高年级的电磁学教材来看。这一情况被细心的叶企孙看到了，他就私下把李政道叫过去，问他的来历及学习状况。叶企孙这才知道了李政道的来历，才知道李政道是他的弟子王淦昌的学生。他发现，李政道的理论知识的学习的确扎实，但是动手能力却较差。于是，叶企孙就对李政道说："以后再有我的课，你可以不来听了，我批准你免课。但是，实验你必须做，绝对不许缺课！"（邢军纪，2010：204）从此，李政道就不再上叶企孙的理论课，只是上实验课。到了"基础电磁学"课程考试的时候，李政道很快就做完了考卷，还认真地检查了一遍。待他认为基本上可以拿到满分，至少是95分以上的时候，才交了卷。因为李政道是转校生，特别想证明自己的实力，所以他对考试成绩格外期待。令他意外的是，考试成绩公布时，他这门课只得了83分。这让李政道特别懊恼，他马上就去找叶企孙询问相关情况。叶企孙早已预料到李政道会找他询问，一直展卷等候。待李政道坐定，他对李政道说："你看，你的理论成绩我给了58分，它的满分是60分。这个分数在你们年级应是最高的。但你的实验不行。如果实验分数总分是40分的话，你仅得了25分。把理论成绩和实验成绩两项加起来，因此你的考试成绩为83分。"（邢军纪，2010：205）听到叶企孙的这番话，李政道心服口服。叶企孙又接着说："你的实验不行。如果实验不行，则理论分数绝对不可能得满分。我的意思你明白吗？"（邢军纪，2010：205）李政道不禁连连点头。叶企孙的这一番谆谆教诲，对李政道来说可谓受益终生。时隔多年，在李政道获得诺贝尔奖之后，毛泽东接见李政道，请李政道讲讲自己的发明创造。李政道回答说："我们没有什么发明，就是通过实验得出结果，通过结果求得了解，又想能不能另外做一些新的实验来校正原来的想法。实验的结果又修改想法，反复不断地进行。从实验开始，引出理论，进行解释和猜想，又进行实验。"（虞昊，黄延复，2008：349）可见，在李政道看来，精巧的实验与理论推想的良性互动，是其获得成功的重要"法宝"，而给予他这一"法宝"的正是叶企孙。

其次，来看吴大猷对李政道的影响。在谈到李政道刚到西南联大的情形时，时任西南联大物理系主任的吴大猷曾说："一九四五年春天，忽然有一个胖胖的、不到二十岁的孩子来找我……那时，恰值学年中间，不经考试，不能转学。我便和教二年级物理、数学课的几位老师商量，让李随班听讲考试，他若及格，则等到暑假正式转入二年级时，可免读以前课程。"（西南联大北京校友会，2002：28）可见，对于李政道这样一个经人介绍到西南联大的转校生、插班生，吴大猷是抱着先观察、后考察的疑虑心理来对待的。可是，在后来的不断接触中，吴大猷很快就打消了对李政道的疑虑，变得对李政道极为欣赏。对此，吴大猷曾如此说："李应付课程，绰绰有余，每天课后都来我处请我给他更多的读物和习题……有时，我风湿病发作，他替我捶背。他还常帮我做些家务琐事。我无论给他什么样难的书和题目，他都能很快地读完做完，并又来要更多的。我从他做题的步骤和方法上，很快发现他思维敏捷的程度，大大异乎常人。老实讲，在那些日子里，我为了我自身的工作、冠世的疾病、还有每日买菜、烧饭、生火等家务劳动，牵扯精力很多，再加上物价飞涨，实在没有心绪准备更多的参考资料和出习题给他，好在他天资高，亦不需要我详细讲解，自能领会资料和习题的内容。"（西南联大北京校友会，2002：28）从这段话可以看到，吴大猷对李政道的赏识，不是依靠什么超人的识人本领，而是在日常生活的接触中观察到了李政道异常勤奋的学习态度与"思维敏捷的程度，大大异乎常人"的不凡品质。正是因为吴大猷认识到李政道拥有这两种对于一个学术人来说具有关键意义的品质，所以在 1945 年秋天，国民政府启动原子弹制造计划和"种子计划"，批准吴大猷可以带两名助手到美国学习原子技术时，吴大猷除了选了已经毕业留校当助教的朱光亚之外，还选了李政道。李政道既是转校生，又是一个还在大学二年级的学生，吴大猷的这一选择很容易招来非议，但是吴大猷还是坚持自己的决定，最终选择了李政道。这是因为在他看来，"当时，在西南联大的研究生及助教中，具有天赋、学习勤奋的没有像李政道的"（西南联大北京校友会，2002：29）。就是这样，幸运降临到李政道头上，由此开启了其在科学道路上的扬帆远航。对于吴大猷的这一关键时刻的知遇之恩，李政道十分感念。1957 年 10 月 31 日，李政道和杨振宁获得该年度的诺贝尔奖物理学奖。当李政道得知这一消息后，即刻给吴大猷写信，告知其这一喜讯并感谢吴大猷的恩情。李政道在信中是这么说的："刻接电讯，知杨振宁和我合得 1957 年物理学之诺贝尔奖金。接讯后的感觉很多，而亦分歧，一方面当然觉得这是一种光荣；可是一方面深深感觉自己之学识有限，希望对将来能继续努力。现在的成就，大部分由于在昆明时您的教导，而假使在 46 年没有能来美的机会，那更根本不可能会有这几年的工作，此点我深深感觉，特此致意。"（柳怀祖，1999：219）近 30 年后，李政道对吴大猷的感激之情依然没有因为时光的流逝而衰减。1986 年，已然年过花甲的李政道在《六十回忆》一文开头就写道："四十年前，经吴大猷教授的推荐，我获取了中国政府的一笔奖学金赴美留学，在物理学方面继续深造。这一难得的机会改变了我的一生。一个人的成功有着各种各样的因素，其中'机遇'也许是最重要的，也是最难驾驭的，尽管成功的机遇不可预定，但它的几率却可以大大增加。通过吴教授，我方能得到这一机遇。"（柳怀祖，1999：1）从李政道在三十而立与花甲之年对吴大猷表达的感念之情，我们可以强烈地感受到，李政道对吴大猷推荐其赴美的感恩之情一直记挂在心。由此可见，如果没有吴大猷和李政道在课外的频繁而密切的接触中吴大猷对李政道的个人素质的了解，那样的日常生活中的因材施教和关键时刻的刻意栽培，李政道的突破性发展都会是不可预知的。假如没有这样的机缘，李政道能否成为昔日的诺贝尔奖获得者、今日的科学泰斗，也许就要打上一个大大的问号。就此而言，西南联大师生的"从游"之功，实在是令人赞佩。

对于在"从游"中发现学生的个性特点，有针对性地培育的作用，李政道这个当年身受其惠者的总结是非常精辟的，他是这么说的：

> 它是以培养人为中心。它每一个人都要创新，要创新是要有特殊性的，要特殊性你就要跟那个人的性格配起来。启发是有的，培养更是有的，更重要的它不是一个模子出来的。而出来的结果他们也不能预料，我也不能预料。就好像一个新的种子，你要很注意培养好，这样的注意，这样的培养精神，让我觉得联大是可贵的……每一个人是不一样的。一位好的教授，他为了一个学生，并不是一下子固定好了，要怎么发展；而是看你怎么发展，他们就改变，甚至改变当时的方法和制度。（张曼菱，2013：229-230）

显然，李政道在这里想要表达的意思是，教师通过"从游"了解、精准地把握学生的个性特点，可以把培育学生的方案与学生的个性进行最为有效的匹配，使学生实现充分的个性化发展。这是培育学生的最佳途径，无疑也是一条真正以个体为本的教育之路。

综上所述，我们可以断言，在师生日常生活的"从游"中，教师要与学生不断接触，一起参与各种各样的活动。由于师生之间的互动具有长期性、深刻性，这决定了教师可以精准地把握学生的个性差异，真正地实现因材施教。就此而言，"从游"中教师对学生个性特点的清晰把握，虽不是教育的终端环节，却是具有关键意义的环节。对此，我们需要特别加以关注。

第二节　自由展示中的心灵冲击

何兆武在谈到西南联大的自由之风时曾说，"院士邹承鲁是西南联大的学生，对生物化学非常有贡献，60 年代轰动一时的胰岛素就是他们搞成功的。我看过一篇记者的访谈，记者问：'为什么当时条件非常差，西南联大也不大，却培养出了那么多的人才？'他的回答非常简单，就是两个字：自由。我深有同感"（何兆武，文靖，2006：96）。何兆武是人文科学方面的杰出代表，邹承鲁是自然科学方面的杰出代表，他们都把西南联大人才高产的原因归于校风之"自由"，足见自由对于西南联大的人才培育的重要意义。当我们把思考的焦点聚集在"从游式"教育中教师对学生产生影响的机制上时，也可以印证何兆武、邹承鲁所言。

一、全方位的教学自由

在西南联大，教师作为教学的设计者、实施者，拥有最大限度的教学自由。他们在如何开课、推进教学工作等方面，几乎没有任何人为设置的界限，主要体现在以下几个方面。

首先，教师拥有开设课程的自由。在西南联大，不仅在若干学科有许多一流学人各自进行着顶尖的学术研究，即使是同一个学科，都有若干研究的风格、观点差异甚大的大师级学者进行着自成一派的学术研究。这就使得几乎每一位教师都能够基于自己学术上的优长之处开设出数量繁多的选修课。据有关研究者统计，西南联大在 8 年多的时间中开设的选修课门数达到了 1600 余门（吴宝璋，1988）。我们如果按照西南联大的院系设置完备以后的 27 个系来计算，平均每一个系开设的选修课多达 60 余门，这个数字是相当惊人的。如果具体来看，情况亦然。例如，在历史系，1938—1939 年度，该系开设的选修课竟然达到 21 门。其中，有 6 位教授各自开设 2 门选修课。它们分别是陈寅恪开设的"晋至唐史研究""隋唐史";郑天挺开设的"清史研究""明清史";张荫麟开设的"历史哲学""宋史";邵循正开设的"蒙古史研究""近代中国外交史";王信忠开设的"近代中日外交史""现代日本";刘崇鋐开设的"英国史""欧洲十九世纪史"等（萧超然等，1981：39）。足见其选修课数量之繁多。当然，我们不能说这1600余门课都是优质的课程，但这些选修课绝大多数都是教授这一层级的教师开设的，又都是基于教师的最新成果开设的，绝大多数课程的质量都很高，应是无疑。对于这一点，从下面的现象也可窥见一斑：在每个学期的开始，选课的课程单会贴满几面墙。在墙边，拿着笔记本的学生挤得水泄不通。学生们在墙边一边记录，一边商量，连续几天都是这样。为了能够尽选高品质的课程，许多学生多日委决不下。尽管"许多人都按学分数的上限多选课程，但多不能选尽自己想听的课程，于是出现一种令人惊异的现象——不少课程，旁听的人数比选课的还多"（云南省政协文史资料研究委员会等，1988：76）。

其次，在授课中，教师有着充分的学术自由。用沈克琦的话来说就是："一个课程怎么教？教什么？每个教授允许他按他自己的理解来讲，不是一定的。"（张曼菱，2013：243）这主要表现在以下方面。

第一，教学内容的设计没有标准的、统一的教学大纲的约束，教师可以根据自己的学术体系设计教学构架。我们从下面几则史料不难明白这一点。

物理学吴大猷讲授的课程是"电学"，一般来说，应该把电学的各个分支涉及的内容都讲到，但是因为吴大猷非常重视静电学的一些内容，他就只是侧重讲与静电学密切相关的内容，没有说有一个死板的教学大纲，你必须按这个教（张曼菱，2013：243）。

外文系陈福田讲授的课程是"西洋小说史"，从一般的学理来讲，应该讲欧美各国从古希腊到现代社会的小说发展史，可是陈福田却只是"从17世纪《鲁滨逊漂流记》的作者笛福开始讲起，按现在的教学方案来说挺没章法的，不过这在当时没人过问"（何兆武，文靖，2006：116）。

张奚若讲授"西洋近代政治思想"，"本来应该介绍整个19世纪的西方政治思想，可是张先生并不全讲，只谈他特别注重的几家。上学期只讲了黑格尔、马克思两个人，下学期讲 T. H. Green、F. H. Bradley 和 Bosanquet，三个人都属新黑格尔派。其实这三个人不足以包括现代的西方政治思想，他们仅仅是19世纪末英国唯心论的一派，可张先生就这么讲"（何兆武，文靖，2006：145-146）。

唐兰讲授的课程是"词选"，竟然"基本上不讲"，不过是用无锡腔的官话把词"吟"一遍，比如"双鬟隔香红啊——玉钗头上风……"然后赞叹道："好！真好！"一首词就这样讲过去了（汪曾祺，2021：110）。

第二，即使在确定的教学内容架构之内，教师都是从自己特定的视角出发，讲自己的独到见解，不为定于一宗之说所桎梏。下面的史料即是明证。

钱穆讲授的课程是"中国通史"，因为其"对中国传统文化的感情太深厚了，总觉得那些东西非常之好，有点像情人眼里出西施，只看到它美好的一面"。所以，在讲授这门课时，"讲的全是中国传统文化里美好的部分，以为这才是中国命脉的寄托所在"。事实上，中国传统文化里"也有它很黑暗、很落后、很腐败的部分"，可是钱穆却把它们"过滤"掉了，完全不讲（何兆武，文靖，2006：111）。

周世述讲授的课程是"政治学概论"，开头讲授的核心问题是什么是政治学。对此，他的观点是，"政治学就是研究政治的学问，这是当然的，那么，什么叫政治？孙中山有个经典定义：'政者，众人之事；治者，管理。'所以，'管理众人之事'就是政治，这是官方的经典定义。可是我们老师一上来就说：'这个定义是完全错误的。你们在食堂吃饭，有人管伙食账；你们借书，有人管借书条；你们考试，注册组要登记你们的成绩。这些都是众人之事，但它们是政治吗？'这可是大逆不道的事情，他怎么敢这么说？不过我觉得他说得有道理"（何兆武，文靖，2006：109）。

既然西南联大的教师是极力张扬课堂教学自由的，那么当课堂教学的自由受到影响时，他们必定会发出激烈的抵制的声音，捍卫教学自由。这从以下这件轶事上就可以看得很清楚。某日，国民政府教育部的要员到昆明，召集若干知名教授谈话。在座谈期间，该官员强调："现在抗战时期，所以大家要思想统一、意志统一；国家至上、民族至上。所以老师们、教授们在课堂上讲话，一定要考虑这个。"在场的西南联大教授听了，均很不以为然。耿直的张奚若当即回应："我建议，全国就在重庆安一个广播电台，请一位最可靠的教授就在这个地方讲课，全国收听。我认为这个，思想最统一、意志最统一。"（张曼菱，2013：254-255）与张奚若同声相应，闻一多也在课堂上大声宣称："国民党成年累月地讲统一、统一，都统一于它，还有什么学术自由可言……他们懂什么学术？"（张世英，2008：59）自此，足见课堂教学自由之风在西南联大是何等的凛然不可侵犯。

二、自由展示带来的心灵震撼

开设课程、在课堂上授课的自由，使得西南联大的教师能够通过教学活动把自己的才学、见识最大限度地展示出来，足以对学生产生极大的冲击力、震撼力。

汪曾祺就曾经说过，闻一多讲"唐诗"，可谓"并世无第二人"。为什么他对闻一多讲授唐诗的评价如此之高呢？因为闻一多在讲授唐诗时，显现出了其极为独特的才学积累、高超识见。对此，汪曾祺说："他把晚唐诗和后期印象派的画联系起来。讲李贺，同时讲到印象派里的 pointillism（点画派），说点画看起来只是不同颜色的点，这些点似乎不相连属，但凝视之，则可感觉到点与点之间的内在联系。这样讲唐诗，必须本人既是诗人，也是画家，有谁能办到？闻先生讲唐诗的妙悟，应该记录下来。我是个大大咧咧的人，上课从不记笔记。听说比我高一班的同学郑临川记录了，而且整理成一本《闻一多论唐诗》，出版了，这是大好事。"（汪曾祺，2021：54）闻一多在中国的唐代诗歌和西方现代绘画的印象派之间找到了微妙而深刻的关联，通过授课让学生感到其是独辟蹊径的大识见。

汪曾祺还说闻一多讲授"古代神话"时，"用整张的毛边纸墨画出伏羲、女娲的各种画像，用摁钉钉在黑板上，口讲指画，有声有色，条理严密，文采斐然，高低抑扬"（汪曾祺，2021：53），吸引了不少院系的学生来听课，不单是中文系的学生来听，连理学院、工学院的学生也来听。当时的"工学院在拓东路，文学院在大西门，听一堂课得穿过整整一座昆明城"，可是工学院的学生风雨无阻，整整听了这门课一个学期。为什么会出现这样的盛况呢？因为"听闻先生讲课让人感到一种美，思想的美，逻辑的美，才华的美。听这样的课，穿一座城，也值得"（汪曾祺，2021：53）。可见，在这门课中，闻一多用他的深刻学理、斐然文采、演说技巧的综合魅力，深深地打动了学生甚至震撼了学生，让学生进入了听课的沉醉之境。

胡宁说叶企孙在讲授物理学课的时候，总是"慢慢地讲解课的内容，斟酌着每一句话里每一个字，在讲课的同时不断地对他所讲的物理问题仔细地分析和推敲，就像他也是和我们一样初次接触到这个问题，听课的同学也自然地受到他的感染而跟着他一起思考……他的讲解总是非常清楚并且重点突出，有时他站在窗前无言地思考一段时间，同学们也都鸦雀无声地等待着"（邢军纪，2010：194）。龙期威对于叶企孙的课的印象，与胡宁的印象非常一致，只是在描述听课的感受时简略一些。他说："叶先生讲课经验丰富，采用启发式，不断在讲课中把问题提给我们，启发我们思考，吸引我们的注意力，然后一个问题一个问题地解释，使我们印象深刻。"（邢军纪，2010：196）可见，叶企孙的授课特点是，把整个物理学的人类认识史进行还原和复现，引导学生进行问题的发现、界定、分析。这种富含智性的课程把学生引入到深沉的思考中，整个课堂沉浸在探究的氛围里面，有一种特殊的智性的美感。正是因为这样，才会使学生们"感到像是被叶先生引进一个胜境之中，看到里面很多美的东西，但是更美的东西还在更里面"（邢军纪，2010：195）。这种曲径通幽、引人入胜的美感，如果不是在叶企孙构建的思维自由驰骋的世界中，是不可能获得的。

熊秉明回忆在西南联大受教的情形时，对沈有鼎的授课念念不忘。为什么呢？因为沈有鼎上的课是"形而上学"。与通常人们头脑中的"形而上学"大异其趣的是，沈有鼎上课"没有什么进程，没有一个顺序。他夹着一本大书，那书是关于圣多玛神学的。神学当时在大学也被认为是很奇怪的东西。他教的时候，就是他给这本书做的一些解释。这些解释也许有点奇怪、有点荒唐。但是有一种哲学的眼光"（张曼菱，2013：204）。沈有鼎讲授的是"形而上学"，聚焦点却在神学家的一部著作上，与通常人们对"形而上学"的想象距离是较远的。但是，也许正是因为沈有鼎对这部神学著作有独到的体会，在与这部神学著作的对话中，授课者与文本作者的思想碰撞，更容易把沈有鼎个性化的才识、思维展现出来，打动学生，从而深刻地影响学生。所以，熊秉明才会说，沈有鼎在上这门课中"这种哲学的眼光，很难说得清楚，也不能够说是某一个体系。但就是一种哲学的眼光，这本身就了不起"（张曼菱，2013：204）。

刘绪贻在忆及费孝通的授课情形时曾说："既无教科书，也没有讲稿；用中文，有时也用英文；内容海阔天空，旁征博引。知识面窄而又不习惯于思考的学生，也许听完这门课后印象不深，所获无多。但是，如果你知识面较宽，听课时注意思考，善于捕捉他讲课内容的精华，你就不仅是获得这门课程的基本知识，还能触类旁通，联想到与这门课程有关的一些学术问题与社会问题，使你学术视野开阔，深思遐想，渴望遨游更加宽广而灿烂辉煌的学术殿堂。"（刘绪贻，余坦坦，2010：161）在这里，我们可以看到，费孝通在西南联大授课的特点是，不受任何教材和前人既定思考框架的束缚，针对特定的学术问题或社会问题，广泛利用各科知识、各种思想资源，展示自己的研究心得。在这样的课程中，不但学生的知识视野、思考问题的维度得到了最大限度的拓展，还激发了学生向更深、更远的地方探索的兴趣。

冯契在忆及汤用彤授课的情形时曾说，他作为进步学生，要参加地下党领导的"群社"的许多活动，所以对于学校安排的不少课程，他常常要缺课，可是对于汤用彤的课，"除非生病，决不缺席"（冯契，1993）。为什么呢？因为汤用彤的课有如下几个特点：一是有高度，大有高屋建瓴之势。二是视野开阔，常常把中国哲学、印度哲学、西方哲学进行比较、融通。三是论出有据，但要言不烦，论据与论点结合得非常好。四是逻辑严密，层层深入，让人颇得探赜索隐之妙。五是见解新颖、独到，一点都看不到陈陈相因的痕迹。正是因为如此，听汤用彤的课，学生们才会"欣赏到了理论的美，尝到了思辨的乐趣"，大家都说"听他的课真是一种享受"（冯契，1993）。

郑敏在谈到郑昕授课的情形时曾说：

> 有一个先生，就是教康德的老师，郑新（"新"应该为"昕"，疑为印刷错误——引者注）教授。郑新（"新"应该为"昕"，疑为印刷错误——引者注）教授给我留下一个非常深刻的印象，就是他每次上课都抽烟斗，同时他就开始思考。

> 他最大的一个问题，就是思考所谓"物"本身，这个问题永远是解决不了的。他教康德，这个是哲学里最根本的问题，就是人到底能不能进入物质里面，知道物的本身？他这种苦苦的思考，不断地把考虑的过程讲给我们听，不是给你提一个大纲或答案。

> 他站在那儿或者坐在那儿，就一个人在那儿反复思考问题，他想到的他就讲出来，或者怀疑的他也讲。他有什么还没有解决的，他也讲。你就跟他一块儿思考。这是一个非常大的锻炼，学生知道怎么样思考问题，能让你感觉到，老师在带着你思考。

> 这种启发式的教育，只有最高级的老师才能够做到这样。那种至高智慧的启发，是了不起的。（张曼菱，2013：218-219）

从郑敏的描述中，我们可以发现，这位郑昕教授在讲授康德哲学时，完全就是把自己思考的过程如实地展现在学生面前，带领学生一起思考。对于没有思辨能力与兴趣的学生来说，可能就是味同嚼蜡、面目可憎的。例如，许渊冲在听了郑昕的课之后，曾经有如下记录，"下午在昆中北院 3 号教室听郑昕先生的《哲学概论》，结果大失所望，远不如读《大众哲学》有趣。听说贺麟先生讲得不错，并且自负地说：听他一年讲，胜读四年书。既然敢这样说，总有一定道理，不是王婆卖瓜，否则就会有反面的批评出来。后天先去旁听看看，因为耳闻不如目见，事非亲历是不大可靠的"（许渊冲，2008：155）。后来，在旁听了贺麟的"哲学概论"后，他还说："贺先生讲得清楚明白，容易理解，而郑先生似乎是在和哲学家论道，门外人就不得其门而入了。我决定选贺先生的《哲学概论》。"（许渊冲，2008：156）可见，郑昕与贺麟同上一门课，郑昕的课的受欢迎程度远远不如贺麟的课。对于这一点，张世英的记录也可以作为佐证："贺麟先生的哲学概论课的教室在昆北食堂，是联大最大的教室，可容两三百人，每次课前，同学从四面八方匆匆赶来占座位，门外的台阶上总是站得满满的。听说与贺先生同时开设'哲学概论'课的另一位老师的班上，选课人少，课堂上冷冷清清。"（张世英，2008：25）除了贺麟，还开设"哲学概论"课程的，只有郑昕一位，因此此处所谓的"另一位老师"指的就是郑昕。

可是，对于具有浓厚的思辨兴趣、较强的思辨能力的学生来说，他就会成为一个活生生的"思者"不断推进探索的示范，给学生以"非常大的锻炼"，带来"至高智慧的启发"。

我们可以试想一下，如果他们的授课被教材、教学大纲、教学条规束缚了手脚，亦步亦趋地"照本宣科"，没有在讲授自己研究成果中的纵横捭阖、天马行空、思入幽微，想要把自己过人的才学、见识、思维能力充分展现出来，吸引学生、慑服学生，让其进入教师所开辟的幽深且广阔的学理世界，最大限度地吸收知识养分，受到思维淬炼，那是绝无可能的。

对于自由作为一个机制性要素的作用，汪曾祺曾经说，"有一位曾在联大任教的作家教授在美国讲学。美国人问他：西南联大八年，设备条件那样差，教授、学生生活那样苦，为什么能出那样多的人才？——有一个专门研究联大校史的美国教授以为联大八年，出的人才比北大、清华、南开三十年出的人才都多。为什么？这位作家回答了两个字：自由"（汪曾祺，2021：114）。这表面上是汪曾祺在引用别人的话，其实不过是"以他人之酒，浇自己胸中之块垒"。的确，自由作为一种精神氛围、行为规则，为"从游"中的西南联大的教师提供了最大限度的启发、激励学生的力量，从而造就了多如繁星的杰出人才。这既是当时身临其境者的切身感受，也是后来研究者的间接体验。对此，对西南联大素有研究的汉学家易社强曾说："无论采用哪种方式，联大都严格按照成绩录取新生，而被录取者往往拥有很强的自学能力，都能敞开胸怀呼吸联大自由的学术空气……对于教员和学生，联大提供最大的空间，使他们最大限度地保持独立。学生可以享用这种自由，在知识的海洋中尽情遨游。在讲授内容、教学方法和学业考评方面，教师几乎拥有全部主动权。"（易社强，2012：111）易社强的这一观点，正与汪曾祺的观点高度契合。

第三节　论辩中的思想交锋

在西南联大，论辩之风盛行，即使是在教师和学生的"从游"之中，这样的论辩、驳难也广泛存在着。无论在旁听、演讲中，还是在茶馆、居室的随意聊天中，都弥漫着激烈论辩的色彩。这与西南联大师生平等观念的流播关系甚大。

一、平等观念与宽容心态

在《谁也不怕谁的日子》一文中，王浩就曾说，"教师之间，学生之间，师生之间，不论年资和地位，可以说谁也不怕谁。当然，因为每个人品格和学识不等，相互间会有些不快，但大体上开诚布公多于阴谋诡计，做人和做学问的风气是好的……在课堂上，有些学生常直言指出教师的错误，而教师因此对这些学生更加欣赏。有两次教师发现讲授有严重错误，遂当堂宣布：近几个星期以来讲得都不对，以后重讲。教师与学生相处，亲如朋友，有时师生一起学习新材料"（云南省政协文史资料研究委员会等，1988：66）。作为西南联大教师的陈省身先生说道："在联大，老师和学生是互相来往的，没有等级，谈天。这是交流最基本的方式……学生有成就的主要原因是教师的鼓励。我尊敬学生，我希望他有一天比我好。我不是摆架子。学生不用功，我骂他，批评学生，所以我有好多学生。"（张曼菱，2013：211-212）二人所说的"谁也不怕谁""没有等级"，非常形象生动地说明了西南联大师生关系的平等。这种观念的存在，使得师生之间的论辩是百无禁忌的。

除了师生关系的平等之外，教师对学生异议的宽容也是非常重要的一个方面。对此，时人曾说在西南联大，教师"总是鼓励学生毫无顾虑地发表不同的意见，总是以理服人"（西南联大北京校友会，2008：158）。从以下史料中，我们不难看到这一点。

潘光旦在讲述家庭问题时提出一种观点："知识妇女最好在40岁以后才参加工作，在此以前在家照顾孩子，使子女可以健康成长，40岁再参加工作，可以做到家庭事业两不误。""他讲完马上就有女同学提出异议，另外一些男同学则表示赞同，双方遂展开辩论。潘光旦则含着烟斗单腿拄着拐杖，含笑听着，他没有下结论。"（西南联大北京校友会，2008：37）显然，潘光旦是在鼓励学生提出不同的观点和意见。

通过汪子嵩与其师贺麟的交往中发生的事情，我们就可以感受到西南联大教师的雅量。在大学四年级的时候，汪子嵩选了贺麟讲授的"黑格尔哲学"课程。因为当时选课的只有四五个学生，所以每个星期一的晚上，选课的学生一起去北门街的贺麟家里上课。在上课中间，贺麟常常将黑格尔比作中国的王阳明，学生们都觉得不恰当。有一次，学生当面提了许多具有辩驳性的问题，让贺麟有些不高兴，当晚就不欢而散了。可是，在下一次上课时，贺麟却毫不挂怀，不但没有再提这件事，还让他的爱人专门做了四川点心招待学生。这不由得让汪子嵩大发感慨："金先生和贺先生，我们这些老师都在西方留过学，受过民主薰（应为'熏'——引者注）陶，是有听取不同意见的雅量的。"（王路，刘奋荣，2002：10）

当然，学生对教师的观点、行为提出异议，不仅在课堂上，在其他场合也有不少这种情况，如壁报就是学生对教师表达不同意见的渠道。

冯友兰是著名的哲学家，他曾经在国民党中央举办的一个训练团讲过课，这在当时是很普通的事情，但有的学生对此颇有微词。针对这件事，学生在壁报墙上画了一幅漫画，画着以冯友兰所著的《贞元六书》组成的6个石级，一位戴着眼镜留着胡子的教授（没有点名）逐级而登。显然，学生是想借助这幅漫画，表达对冯友兰向权势献媚、以学术作为仕进之阶的行为的讽刺。冯友兰看了漫画，不但没有生气，还笑着说很像！很像！显然，这表现出的是冯友兰对学生的异见持有极大宽容的态度（西南联大北京校友会，2008：37）。

在当时的工学院，考试打分相当严，学生考试挂科是家常便饭，孟广喆教授的"工程力学"课程尤为突出。对此，学生们很有情绪，就在壁报上贴出了一幅讽刺漫画。为什么会出现这一情形呢？因为当时的昆明正在上映一部电影《我若为王》（If I were King）。学生就借这部电影的说辞，来表达对孟广喆教授严格要求学生的不满。孟广喆的助教看到这幅画之后，很快把这一情形转告了孟广喆，孟广喆一笑，浑若未闻（西南联大北京校友会，2008：399）。

总之，无论是在课堂上，还是在日常生活的其他场合，对于学生所提出的异议、异见，西南联大的教师都能以难以置信的宽容对待。教师之所以对学生如此宽容，与他们自觉的学术自由观念有着密不可分的关系。对此，潘光旦就曾经说过："每个人都要有发表和坚持自己学术观点的自由。不是一个人，也不是少数人有这种自由，而是每个人都有这种自由。每个人的学术观点理论，自然不会完全相同，不同就自然会有争论，有争论也就自然会有批评和反批评。"（潘乃穆等，1999：11）可见，在以潘光旦为代表的西南联大学人来看，既然每个人都有表达自己的观点的自由，那么存在争论、辩驳便是自然而然的事，当然要以平常心待之。

二、师生论辩之风的影响

既然西南联大的师生把学术生活中论辩的存在视为当然，那么在教师的学术讲演中，追随教师学术脚步的学生与教师展开思想的交锋便成为家常便饭。这种情形从张源潜的一段回忆中可见一斑。

有一天，青年教师吴宏聪以"曹禺戏剧研究"为题做学术报告。在这次报告中，吴宏聪将演讲内容分为时代与题材、人物与性格、艺术与人生观三个方面，滔滔不绝，讲了两个多小时。其中，主要论点是：曹禺刻画人物太纤细，缺少性格健全的典型人物，《雷雨》的序幕和尾声在构思上颇具匠心，特别值得推崇。吴宏聪讲完后，就进入了讨论阶段。当时还是学生的张源潜首先站起来，大胆地发表自己的见解。他说曹禺的悲剧中喜剧的成分太多，有损其庄严的气氛。对于张源潜的发言，杨振声说这一意见很对。悲剧是庄严的，决不容许有逗人发笑的情景。另外，杨振声还谈到，曹禺刻画人物太模糊，而不是什么纤细；《雷雨》的序幕和尾声并不见得好；曹禺戏剧中的悲剧人物都算不上是悲剧人物，因为悲剧人物应该在社会生活中挣扎、奋斗，然后失败、牺牲，才能赢得人们的尊重和同情，而曹禺剧中的那些悲剧人物都没有挣扎、奋斗过（云南西南联大校友会，1998：150）。在这场学术演讲中，教师和学生既有思想的正面交锋，也有同声相应，是颇为精彩、繁复的。

除了在较为正式的学术演讲中师生的思想交锋，西南联大的教师与学生还经常开展私人性质的辩论。何兆武在《上学记》中回忆了这样一件事：有一个理学院姓熊的同学，对于周培源所教的"力学"，有很多不同意见。因此，这位熊同学在下了"力学"课之后，常常跟周培源辩论。周培源说："你根本就没懂！你连基本概念都没弄通！"可是这位同学总是不依不饶地与他辩论。在他们辩论的时候，周围还有很多人听。由于这样的辩论经常进行，周、熊二人站在院子里辩论，一群人围观，都变成南区教室的一景了（何兆武，文靖，2006：112）。这样的师生辩论居然会成为"一景"，可见其是何等频繁、密集。

毕业于西南联大外文系的赵瑞蕻曾经如此回忆给他留下深刻印象的一次师生论辩。1939年秋天的一个上午，赵瑞蕻正在一间教室里上自习，突然间，华罗庚带着几位助教、学生推门走进教室。他们在黑板前的几把椅子上坐下来，一个人拿起粉笔就在黑板上演算起来，他边写边喊，说："你们看，是不是这样？……"另一位站起来大叫："你错了！听我的！……"他就上去边讲边在黑板上飞快地写算式。华罗庚拄着拐杖一瘸一瘸地走过去说："诸位，这不行，不是这样的！……"你一言我一语，他们越吵越有劲。最后，大约又吵了半个多钟头，华罗庚说："快十二点了，走，饿了，先去吃点东西吧，一块儿，我请客！"（赵瑞蕻，2021：18-19）在这样的论辩中，师生可谓舌剑唇枪、互不相让。遗憾的是，身在外文系读书的赵瑞蕻根本听不懂算学系的师生论辩的名堂，否则，我们也许能够看到更多具体的论辩细节，让我们在更深层次上体味西南联大师生之间论辩的内涵。

前述的师生之间的论辩是在"稠人广坐"中，因为人情、礼节等因素的影响，这种论辩的激烈、深刻程度往往是有限的。如果是在私下的"坐而论道"

中，这种交锋就会更为激烈。周礼全和其师金岳霖之间的交锋便属此类。对于这一点，周礼全曾经这么说：

> 金先生是我大学毕业论文的指导教授。我的毕业论文提出了一个知识论系统。我的观点属于金先生所反对的"代表论"一派的。我在论文中也几次批评了金先生的朴素实在论。我颇为得意地把论文交给金先生。他约我一星期后去他住处面谈。后来，我按时到达金先生住处（当时他住在园通公园中梁思成先生家里）。金先生对我的论文提出了一系列的问题和批评。我就一个一个问题作出答辩。他又对我的答辩进行批评。我又为我的答辩辩护。这样一来一往，辩论越来越激烈，声调也越来越高，使得梁先生家里人推开门来看，是否我同金先生吵架了。这场辩论从下午两点多一直延续到快六点。我告辞时，金先生把论文交还给我。我在回联大的路上翻阅了我的论文，看见金先生在论文上多处写了批语。我现在记得的批语有："无的放矢""这是自相矛盾""你现在不也承认了外物吗"。我当时感到很失望，而且还担心金先生会给我一个"不及格"的评分。但是，后来评分公布，出乎意外，我不但及格了，而且评分还是相当高的。（刘培育，2000：189）

在师生私下的学术讨论中，二人的"代表论"与"实在论"的思想发生了激烈的碰撞。老师没有所谓的师道尊严，学生也丢掉了弟子的谦恭，就像两个地位、身份、学识完全对等的辩手一样，争得面红耳赤、不可开交。更为难得的是，这样的争论结束之后，当事人却对此毫不挂怀。

另外，周礼全还谈到过他与金岳霖的另外一次学术上的论辩。在一次二人的私下交流中，周礼全认为金岳霖对某一哲学理论的阐释不够清楚，希望金岳霖能够再次进行说明。于是，金岳霖又耐心地把这个理论讲解了一遍。但是，周礼全认为金岳霖依然没有把这个问题讲清楚。金岳霖便有些生气，大声说："你这个人的思想怎么这样顽固！"周礼全却不服气，也大声说："不是我思想顽固，是您思想糊涂！"听到周礼全说这样的话，金岳霖脸都涨红了。他从椅子上站起来，两只手撑在面前的书桌上，身体前倾，两眼盯着周礼全。这时，周礼全才感到自己太失礼了。但话已经说出，只得低着头，静候老师的训斥。金岳霖盯了周礼全一阵之后，并没有责怪周礼全，只是表示两个人都应该冷静一下，后面再讨论这个问题。此后的几天中，周礼全有些后悔，觉得自己说的话太重了，决定向金岳霖道歉。哪里知道，下一次二人见面时，金岳霖却表现得非常亲切自然，和平时毫无二致。他针对周礼全前一次觉得没有讲透彻的问题，进行了更为细致、有条理的讲解，使周礼全彻底明白了那个哲学理论（刘培育，2000：190）。

和前一次争论相比，这一次争论中的火药味更浓，隐隐都有初出茅庐的学生挑战学术权威的意味，但是金岳霖依然对之毫不介意，足见金岳霖这个求真者丝毫不在意那些世俗的所谓面子、地位差异等因素，这是难能可贵的。

我们从上述史料可以看到，在西南联大，教师和学生的论辩广泛存在。这样的辩论，无论其激烈程度如何，教师与学生都是无所顾忌地把自己的思想观点展现出来。二者的思考立场、思维方式、具体论断都会在论辩中展露无遗。在这种示现中，学生可以通过对比，深刻地认识到自己与其师在各方面的差距，并学习老师身上的长处。这对于促进学生知识视野的拓展、思维方式的更新、思维能力的提升都具有重要意义。

当然，除了教师与学生的交锋之外，在学术演讲、文艺沙龙、私下对谈中，还有教师与教师之间的"短兵相接"。后面一种交锋对于参与其中的学生来说，虽没有直接的"切肤之痛"，却一定不是"隔岸观火"，也具有一定力度的冲击。毕竟在这样的争论中，学生也是参与者，只是没有直接"赤膊相向"而已。在西南联大，这样的思想交锋的场景也比比皆是。

在西南联大哲学系，每两个星期就会举行一场师生共同参与的讨论会。在这种讨论会上，教师、学生均可做报告，然后大家围绕讲题展开讨论。有一次，西方哲学专家贺麟讲"论超时空"，个人报告结束，金岳霖站起来，毫不客气地直接发问："什么叫时？什么叫空？怎么个超法？"对于金岳霖直指要害的发问，贺麟只能做出回应，但是在金岳霖看来，贺麟没有把问题回答清楚，只是说了一声"对不起"，就离开了尚未结束的讨论会。会后，金岳霖对他的学生说："贺的物理学不行，时空的问题根本搞不清楚，再说，也不过是搬弄几个空名词，要文字游戏而已……"这场似乎有些令人不快的两位哲学家之间的思想交锋，无论是金岳霖不近人情的举动，还是会后在学生面前的评论，都让学生深刻地认识到，"在学问面前，没有敷衍，也没有人情"（唐小兵，2017：192-193）。这对于学生形成求真的思想风习，必定是有一定作用的。

在一次中文系的师生座谈会上，一位学生提出系里开设的古典文学课程太多，希望能多开一些"新文学"方面的课程。当时的系主任罗常培对此情绪反应激烈，批评了那位同学的思想。他说中文系就是研究中国语言文字和古代文学的系，要学新文学就不该来中文系。听了罗常培的话，朱自清当即站起来，对罗常培的说法予以反驳，他认为这个学生的要求是合理的。杨振声也跟着发言，对朱自清的说法表示赞同。一次座谈会，几乎成了一场关于中文系办学方向的讨论会（赵新林，张国龙，1998：84）。

1938 年初，有两名西南联大的学生要到延安去，一些师生在露天广场集会欢送。在欢送会上，冯友兰发言，对这两名学生的举动表示鼓励、支持。接着，请钱穆发言，钱穆讲的却是学生应该安心读书，不应该到延安去。他的发言与冯友兰的发言可谓针锋相对（钱穆，2012：187）。

也许有人会产生疑问，这样的教师与学生之间、教师与教师之间的激烈思想交锋，会不会影响他们之间的感情，使西南联大人际关系紧张，导致学校的离心离德呢？答案是不会的。

在前述的朱自清和罗常培关于中文系办学方向的思想交锋中，可谓针尖对麦芒，但二者并没有因为这一争论而交恶，而是一直保持着良好的个人关系。作为西南联大中文系的前后两任系主任，朱自清、罗常培二人一直相互尊重和支持，共同帮助西南联大中文系度过了战时的艰难时光（赵新林，张国龙，1998：84）。

钱穆与冯友兰虽然在大庭广众之下发生了激烈的争论，但是这一点都没有影响他们的交往，他们还是学术上的"益友"。当冯友兰写出哲学著作之后，专门请钱穆指正。在钱穆的建议下，冯友兰还有针对性地对著作进行了修正。对此，钱穆在《回忆西南联大》一文中这样写道：

> 一日傍晚，冯芝生来余室，出其新撰《新理学》一稿，嘱余先读，加以批评，彼再写定后付印。约两日后再来。余告以中国理学家论理气必兼论心性，两者相辅相成。今君书，独论理气，不及心性，一取一舍，恐有未当。又中国无自创之宗教，其对鬼神亦有独特观点，朱子论鬼神亦多新创之言，君书宜加入此一节。今君书共分十章，鄙意可将第一章改为序论，于第二章论理气下附论心性，又加第三章论鬼神，庶新理学与旧理学能一贯相承。芝生云："当再加思。"（云南省政协文史资料研究委员会等，1988：37）

40 多天之后，冯友兰告诉钱穆："南岳所言已在河内医院中细思，加入鬼神

一章。即以首章移作序论。惟关心性一部分，屡思无可言，乃不加入。"（云南省政协文史资料研究委员会等，1988：39）

在钱穆、冯友兰两位大师的这段学术因缘中，冯友兰到钱穆的住所，主动出示其最新撰著，请钱穆提出批评意见，足见其心无芥蒂。钱穆在读了冯友兰的著作后，毫无保留地把自己的意见和盘托出，也是心无渣滓。后来，冯友兰对钱穆所提出的"第一章改为序论""加第三章论鬼神"的意见，欣然接受。对其"第二章论理气下附论心性"的建议，以"屡思无可言，乃不加入"作为回应。对于钱穆提出的修改意见，冯友兰基本上都虚心采纳，即使是没有采纳，也用了"无可言"这样的理由很委婉地表达了自己的态度，这说明冯友兰对钱穆是非常友善、尊重的。就此而言，钱穆、冯友兰虽在大庭广众之下针锋相对，却是"事过便了"，并没有在二者心中留下任何芥蒂。

不仅教师之间的争论不会影响他们的感情，就是师生之间的争论也是如此。汪曾祺和闻一多之间的交往就是这样。汪曾祺在西南联大读书期间，一向对政治敬而远之，毫不关心。在他看来，作为学者、教师，应该专注于学术研究，不应该参与政治活动。闻一多先生却与汪曾祺大相径庭，频频参加各种政治活动。对此，汪曾祺很不以为然。当闻一多知道汪曾祺的这一思想倾向后，在二人见面时，便教育了汪曾祺一番。事情过后，汪曾祺给闻一多写了一封短信，在信中说，闻一多对他"俯冲了一通"，闻一多回信说："你也对我高射了一通。今天晚上你不要出去，我来看你。"（汪曾祺，2017：664）可见，虽然二者产生了非常激烈的思想争执，但是这丝毫都没有影响二人之间的感情。闻一多对待汪曾祺，依然爱护有加。汪曾祺对闻一多依然十分崇敬、爱戴，盛赞闻一多是胸中"无半点渣滓的、完整的、真实的浪漫主义者。他的人格，是一首诗"（汪曾祺，2021：71）。

罗庸和学生之间的交往亦然。西南联大的一名学生曾交给罗庸一篇批判孔子的论文，该文的观点比较尖刻。罗庸阅后，"在原稿上逐条批驳，措辞严厉"。但是，当这名学生毕业提出要到罗庸主持的师范学院中文系工作时，罗庸没有因为学术观点的迥异而心生芥蒂，一口应允下来（刘又辛，2002：70-71）。

这些都充分说明，如果从学术上来看，西南联大教师之间、师生之间的思想交锋和辩难都是从求真的立场出发进行的，所以无论争辩如何激烈，都不会影响他们之间的感情。在一定程度上可以说，这种争论是知音之间才有的争论，这种争论不但不会破坏他们的情感，还会增进之。雅斯贝尔斯（Jaspers）曾说："在大学圈之内，研究者之间、研究者与学生之间都应互相讨论并发表各自不同的看法。而这种交往最终一定是苏格拉底式的，彼此提出挑战性的问题，以便将自身彻底向别人开放……真正的研究者即使在激烈的争论中仍然是友好的。"（雅斯贝尔斯，1991：169）雅斯贝尔斯在此所说的"将自身彻底向别人开放"，其实是把自身向真理开放。在一个求真者的心目中，争论中的面子、人情不过是过眼云烟，重要的是自己是否接近或收获了真理。因此，即使是再激烈的争论，都不会影响他们之间的感情。西南联大的学人作为科学救国的信奉者，自然更会念兹在兹的是真理，最大限度地淡化争论中的意气。即使是那些与求真无关的政治取向、人生道路上的争执，因为都怀着挽救国家危亡、促进民族复兴的崇高愿望，也都可抱着"了解之同情"，最低程度是"化干戈为玉帛"，再高一个层次，便是相互心生敬慕了。正是因为在各种各样思想的交锋中心地纯净、胸中全无半点渣滓，学生才会在自己与教师、教师之间的思想碰撞中，把教师的思想、识见、人格在磨砺、激荡中闪光的一面最大限度地捕捉住，使之成为自己思想提升、人格境界升华的重要契机。

对于这一点，黄昆在忆及吴大猷时曾说："我有很多时间和吴先生住在一起，可以说是获得了一个研究生向导师学习最好的机会。尤其是，吴先生对青年学生十分民主的作风，使我这样一个初出茅庐的学生得以随时和吴先生进行全无拘束的讨论。由于有这样好的培养环境，我随后到英国留学没有感到任何困难。最近我在回顾自己一生的科学生涯中发觉，我出国留学时，虽然名义上是硕士毕业去做博士生，实际上，经过吴先生的培养，我已达到博士后研究人员的水平，完全能够独立自主地开展研究工作。"（西南联大北京校友会，2008：197）可见，由于黄昆可以和吴大猷随时进行全无拘束的讨论，其思维水准大幅提升，名义上得到的是硕士学位，事实上连博士的水准都超过了。

从冯契和金岳霖的交往中，我们也可看到这一点。金岳霖一向认为大学生的学习不应该局限于教师的课堂讲授，还应当辅以自由却严肃的讨论（金岳霖，1995：567）。因此，在培养冯契的时候，他便有意这么做，这对冯契的成长起到了至关重要的作用。对此，冯契说在他1941年成为金岳霖的研究生之后，常常出现的情形是，自己捧着哲学经典朗读，金岳霖半闭着眼听。正在读的时候，金岳霖便说"打住"，随即开始发问，让冯契回答。"往往是这样一个问题，那样一个诘难"，使冯契"感到仿佛突然落到荆棘丛中，不知如何才能摆脱困境"。这个时候，金岳霖就给冯契仔细分析经典作家的思想，"从这方面解析，从那方面探讨，又从第三方面考虑，等等，不一定得结论，但把问题引向深入了"（刘培育，1995：131）。正是采用这样的方式，金岳霖深刻地影响了冯契的思维方式。所以，冯契才会说："他这种严谨的治学态度和严密分析的思维方法，给了我极深刻的影响。"（刘培育，1995：131）在金岳霖和冯契讨论中的思维砥砺，使得冯契的思维方式受到了较大的影响，这对于促使他后来成为一流的哲学家、哲学史家，具有至关重要的意义。

　　总之，在西南联大，师生之间或教师之间在课内、课外的思想交锋，可谓百无禁忌、畅所欲言。在这种完全的思维敞开、思想交锋中，学生很容易把胜出的教师作为一面检查自己思维的镜子，以之作为理想目标，提升自己的思维品质，改变自己的思维方式。这种直接或间接的思维磨砺，对于促进学生思维能力的提升、思维方式的改变，起到了非常重要的作用。

第四节　极度松弛中的思维散射

　　在西南联大的师生"从游"中，固然有着舌剑唇枪式的激烈思想交锋及其带来的精神紧张，但更多的时候还是没有负担的、具有一定超越色彩的"坐而论道"式的轻松。这从西南联大人之间发生的逸事中不难看到。其一，陈蕴珍等组织了一个学术沙龙，邀请金岳霖与谈。金岳霖在谈到兴浓的时候，突然打住话头，大声说："对不起，这里有个小动物！"一边说，一边用右手从脖领中伸进去，捏出一只跳蚤。其二，在一次课外师生漫谈中，学生问金岳霖为什么会把逻辑学作为一生治学的重心，他说："我觉得它很好玩！"（汪曾祺，2021：51）这样做，也许有名士风流的因素在其中，但更重要的是，在师生"从游"中，教师的心态非常放松，故才会言所欲言、行所欲行。如果在需要"正襟危坐"的场合，即使再有"魏晋风度"的教师，都不会在大庭广众中去捉跳蚤，也不会说钻研逻辑学非常好玩这样有失体面的话。在极度放松的心态下，教师在与学生的对谈中，灵感纷至沓来。各种学科的知识在不知不觉间被组合在一起，形成各种奇思妙想，成为谈论的中心。这对于促使学生最大限度地拓展知识面、获得各式各样做学问的灵思，有着极大的好处。

一、谈经论道与人间烟火的融合

师生轻松的"坐而论道"最为显著的一个特点是，它是与师生的带着浓浓的人间烟火气的生活结合在一起的。谈经论道被自然地融合在充满温馨气息的生活环境、情调中，温馨、淡然的生活也为谈经论道注入了生活的温馨、生命的温情。从下面的史料中，我们不难看到这一点。

赵瑞蕻在谈到学生与其业师、著名诗人燕卜荪坐在一起论道时，曾充满深情地说，在他们去燕卜荪的住处时，燕卜荪特别高兴，为学生们"预备了不少茶点、红茶、香烟和两瓶云南土产杂果酒"。师生"一面喝茶、吃东西，一面随意谈笑"。在谈笑中，大家可以随时站起来，"眺望昆明翠湖一带优美的风景。五月昆明的阳光是明朗的，迷人的。五月的蓝天，娇蓝得可爱"，"园子里，已盛开着紫色的藤花"，"湖上的睡莲正开出一朵朵粉红色的花朵。湖畔的杨柳间，远远望去，浮动着轻烟一般的嫩绿"（赵瑞蕻，2021：51）。在赵瑞蕻这一优美的笔触中，我们可以看到，在这样的师生"从游"中，严肃的思想与轻松、惬意的生活自然缠绕在一起，喝茶、抽烟、喝酒、谈笑构成了著名的诗人与学生坐而论道的底色。当然，还有那窗外明媚的阳光、湖水、睡莲、杨柳一起不邀而至，自然融入了他们的生活和思想的激荡中。

闻一多、冯至在与新诗社的学生坐而论道时，选择的是西南联大"后面铁路边的'英国花园'。那是个荒芜了的园子，离联大不到一公里，长着很多大树。树林围着过去的主人设置的蔷薇花架，旁边都是草地，可以躺着看书，看蓝天上白云飘，老鹰悠闲地在高空中盘旋"（多人，2005：199）。真是一个风景绝佳的"好地方"。在这样一处地方纵论诗道，他们选择的是晚上的月圆之夜。傍晚的时候，闻一多、冯至与学生们"挨着蔷薇花架，围坐在草地上。一张白布上面放着月饼、花生和昆明特产、清甜肉嫩的宝珠梨"（多人，2005：199）。其时，"乌鸦一批批回巢，聒噪着"，"圆圆的月亮从浮云中探出头来，光照大地。架上盛开着浓密的蔷薇花，雪白的、粉红的，她们比白天更美、更幽静，也更有诗意"（多人，2005：199）。在这里，满架的蔷薇、溢满香气的草地、明亮的圆月，加上可口的各式精美食品，为师生谈论诗道营造出浓浓的温馨的生活气息。

沈从文等与学生漫谈文艺，虽然不像燕卜荪、闻一多、冯至等教授一样选择在颇具诗情画意的地方进行，但是谈经论道依托于生活的地基，却是毫无二致。他选择的是一座临街楼上的一间房，房间原本是本地人储存杂物的地方，很低矮，光线也不好。就在这间房里，他放了一张桌子、一张床、一把椅子，这些都是买来的旧家具。另外又买来了一些稻草墩，散置于房中，供客人来时坐。客人来了，沈从文就招呼客人坐在稻草墩上，很自然、随意地漫谈文艺、时事、人物。就连被称为"一代才女"的林徽因到访，也是如此。不过，这并不妨碍这里"成为一个小小的文艺中心"（陈子善，徐如麟，1996：320）。不仅群聚性的师生漫谈沉浸在浓浓的生活的味道之中，一对一或三三两两的师生对坐而谈，更是与温馨的日常生活契合无间。

赵瑞蕻与沈从文的对坐谈天，往往是在沈从文温馨的小家中进行的。每次去，沈从文的夫人总会端杯茶来让他喝，同时还准备一些云南风味的小茶点。在他们谈天的时候，沈从文的两个孩子小龙、小虎"生龙活虎似的，在屋子内外跑来跑去"。举目所及，看到的是，"木格子窗糊着浅蓝色的纸，窗下一张大书桌，放满了书和别的文具之类的东西。屋子里竹编的书架上塞满了书"（赵瑞蕻，2021：108）。在这样的谈天中，清茶、点心、生龙活虎的小孩、竹子编的书架上的书、糊着浅蓝色纸的木格子窗等，构成了一幅如家人一般对坐漫谈学术、人生的画面。这是一种把学术融入生活、人世的难得的享受。也许只有在这样的师生"从游"中，才可能涵养出真正的为人处世的温情和带着温情的学术。

刘绪贻与其师吴文藻的对坐而谈，与赵瑞蕻与沈从文的促膝漫谈非常相似。大约是1939年夏秋之间，刘绪贻因为搜集与毕业论文密切相关的资料，住在呈贡县城的旧书院，距离吴文藻的住宅很近。于是，在周末，刘绪贻常常到吴文藻家中去拜访。他们往往是"一边喝咖啡、清茶，一边谈天说地，无拘无束，很是愉快"（刘绪贻，余坦坦，2010：154）。吴文藻教授的夫人是著名作家冰心，颇有生活情趣，把居室布置得非常雅致、整洁。给访客留下深刻印象的是，书房的窗台有一个小花瓶，"既不名贵，也不华丽，不过是竹木为料的手工作品，但小巧玲珑，很是雅致。瓶之一侧，有一行清秀的小字：帘卷西风，人比黄花瘦"。

这些都让刘绪贻禁不住大发感慨："面临这新木焕香别墅、这绮窗、这雅致花瓶、这'西风人瘦'题词，联想到易安居士词与文中跃动着的高雅生活情趣，这些都使我铭刻在心，至今如在目前。"（刘绪贻，余坦坦，2010：154）在这对师徒的漫谈中，高洁、雅致的生活与超越人事烦扰的"谈天说地"是那么融合无间。想必沉浸在那样的生活、那样的漫谈中的妙人，会有不知今夕何夕之叹吧！

冯契在谈到他和汤用彤日常生活中论学的情景时曾说过，每当他在读书、思考中有了疑问时，想找老师请教、讨论，心情往往也是很迫切的。如果碰到中国哲学史方面的疑问，第一个想到的请教对象就是汤用彤。因为他所住的地方司家营和汤用彤所住的麦地村距离很近，所以在吃过晚饭后，他就在田间散着步，一会儿就到了麦地村。见到汤用彤，他就毫无顾忌地把自己的想法抛出来，汤用彤总是耐心地给予解答，和他讨论。有时他去汤用彤家的时候，汤用彤不在家，他就和师母拉家常。在拉家常中，师母经常向他诉说生活的清苦、家人的健康状况如何等。等汤用彤回家后，他便和汤用彤接着讨论学术问题（冯契，1993）。这师生二人的论学是在一种散淡的、充满人间烟火气息的氛围中展开的。无论是信步在田间的小路上去相聚，还是学生与老师的家人拉家常，都是明证。

二、轻松自在的论学氛围

当教师与学生的坐而论道融入生活中，与生活贴合无间时，受生活的自在、闲适气质的感染，论学这种似乎应该板起面孔、以严肃姿态对待的事情，便具有了特别轻松的质地。

在忆及南湖诗社时，赵瑞蕻说："在蒙自时，诗社开了两次座谈会，有一次闻先生和朱先生都来了……随意聊天似的，谈些关于诗歌创作、欣赏和研究的问题，很引起我们的兴趣，受到真正亲挚的教益。闻先生说话风趣得很，几次说自己落伍了，此调久不弹了，但有时还看看新诗，似有点儿瘾……而朱先生较严肃，说话慢慢地。他说新诗前途是光明的，不过古诗外国诗都得用心学。朱先生总是仔细地看我们送给他看的诗稿，提些意见。"（赵瑞蕻，2021：187-188）可见，在这样的座谈中，教师和学生都很放松，进行的完全是随意式的聊天。处于这样的氛围中，闻一多、朱自清全都以本来面目示人。闻一多是外向、情感丰沛、颇具幽默感的人，总是以亦庄亦谐的姿态面对学生。朱自清则是一个内向、情感内敛、严肃认真的人，故以近乎呆板的严肃姿态面对学生。在这样的思想、性情的自然展现和流露中，他们必定会把自己独特的智慧、情感体验传递给学生，对学生产生了深刻影响。因此，赵瑞蕻才会说："由于这个诗社，我们有更多的机会得到闻、朱两位先生亲切的教导，这对我们以后做人做学问，从事诗歌创作和研究等方面都起了直接或者潜移默化的作用。"（赵瑞蕻，2021：174）

赵瑞蕻在谈到他与学生去燕卜荪的居室论道时曾说，燕卜荪在与学生的随意谈笑中，很轻松地讲述"西洋文艺和哲学的故事"，还告诉学生，他喜欢读约翰·邓恩、布莱克和勃朗宁等的诗。法国的诗人中，他最推崇的是波德莱尔，他能够背得出《恶之花》集子里的许多诗篇。谈得累了，燕卜荪就和学生站起来，一起凭窗眺望。这时候，仿佛有某种奇妙的力量驱使，"窗子犹如一扇灵魂的眼睛，又如一座桥，从室内的心灵通向室外的风光"，为学生"打开了精神的远景"（赵瑞蕻，2021：51-52）。显然，赵瑞蕻想要说的是，身在这样的环境中，参与探讨诗道、人文之道的师生的精神是非常放松的。所以，诗人自然思接千载、视通万里，在娓娓而谈间，为学生们打开了辽阔而幽远的精神世界，让后来的这位中国诗人、文学评论家永志不忘。

在闻一多、冯至与新诗社的学生坐论诗道时，闻一多坐在一张用虎皮铺的椅子上，冯至则与学生一样坐在草地上，闻一多尚处于孩童时代的小女儿也和大家团团围坐。冯至笑眯眯地看着大家，不时和闻一多耳语几句。当主持的学生宣布朗诵会开始时，先是闻一多讲话，他用诗一样的语言，谈诗的美，以及谈诗与人民、现实生活的关系。闻一多的讲话结束后，"大家一个个站起来朗诵自己的习作，伴着掌声笑声"。闻一多先生的小女儿也朗诵了自己的诗："我想把天空打个洞，看它背后是什么？"大家很高兴地为小诗人鼓掌（多人，2005：200）。可见，在这样的坐而论道中，坐在虎皮椅上始终笑眯眯的老师，天真无邪的孩子，团团围坐的学生，使讨论诗道的行为具有了轻松、愉悦的色彩。因此，闻一多的思绪在诗歌的美学问题，以及诗歌和人民、生活的关联等阔大的运思空间中渐次展开，激荡在学生的心头，成为"不朽的声音"。学生充满激情地进行诗歌朗诵，他们的声音荡漾在草地、花丛、树林间。再加上孩子天籁般的诗句，更使得他们谈论的诗道渗入了生命的温情、直观的智慧。

赵瑞蕻曾经给我们描述过这样一幅师生秋游的画面：

我保存着一张外文系部分教师和同学到昆明滇池边上西山秋游的合影。其中有叶公超先生、吴宓先生、刘泽荣先生（俄语教授）等老师，还有叶太太和孩子、刘太太等。同学中有黎锦扬、杜运燮，金丽珠、林同梅、杨苡和我自己，还有十几个现在不知在何处的男女同学。那一天吴宓先生身穿深灰色西装，精神抖擞，兴趣极高，同我们一起登上西山龙门。在滇池船上，西山幽径间，他和同学们谈笑风生，非常亲热。叶先生也时常语出惊人，又极富幽默感。在全体拍照留念时，我和叶先生并排蹲在地上，背后就站着吴先生，笑眯眯的。这是一张十分难得的相片，记录了当年师生真挚的情谊。（赵瑞蕻，2021：88-89）

在这次师生共同参与的秋游中，不仅有众多的老师和学生参加，老师的爱人、孩子也参加了，这就使得这种师生之间的"从游"具有了更浓厚的亲情色彩。在染有亲情色彩的活动中，人的心情是最为放松的。吴宓能够在秋游中和学生们谈笑风生，叶公超能够显得特别富有幽默感，都是放松的体现。另外，在拍照之时，叶公超居然没有任何老师的架子，而是和自己的学生并排蹲在地上，可见其是十分轻松、自在的。在这样的情境中的师生对谈，一定会有灵感纷至沓来。不仅是叶公超会"时常语出惊人"，其他人亦然。虽然没有有心人把它们记录下来、展示出来，但我们可以想见。

赵瑞蕻在与同学一起到沈从文家聊天时，沈从文颇幽默，说起很多事情，常常引得大家哈哈大笑（赵瑞蕻，2021：108）。沈从文是一个颇为古板、严肃的人，在与学生聊天时，却能语多幽默，还引得大家大笑不止，可见其心态是何等的放松。

冯契在谈到汤用彤和其日常论道的情形时说："汤先生也欢迎我去谈天，我提出问题，他总是有问必答，或者给我指点，叫我去查什么书；我提出自己的见解，他总是耐心跟我讨论，使我感到无拘无束。"（冯契，1993）可见，在冯契与汤用彤的日常论学中，汤用彤的态度亲切，让冯契倍感放松。所以，如果兴致来了，他们常常谈到夜深人静，冯契才"踏着月色从田间小路归来，确实觉得体会到了'吟风弄月以归'，有'吾与点也'之意"（冯契，1993）。师生论学居然能让他们忘记了时间，让学生充分感受到从师论学之乐，可见其是何等的轻松、愉悦。

三、思维向度的敞开

师生在轻松、愉悦的氛围中谈学论道，很容易把被束缚的心灵之维打开，使思想的射线向四面八方散发，于是广阔的思想空间便在师生之间铺展开来。

西南联大哲学系的学生朱南铣是一个不但读书读得特别好，而且非常喜爱哲学的学生。他常约哲学系的逻辑学教授沈有鼎，在茶馆里"一泡泡半天，海阔天空，无所不谈"。因为在茶馆里二人对谈，百无禁忌，所以沈有鼎常常是"信口开河"。因此，朱南铣才会悄悄告诉别人，"他的一些学问是从沈先生的'信口开河'里捡到的"（赵瑞蕻，2021：19）。

汪曾祺在谈到他与沈从文之间的交往时曾说：

> 沈先生不长于讲课，而善于谈天。谈天的范围很广，时局、物价……谈得较多的是风景和人物。他几次谈及玉龙雪山的杜鹃花有多大，某处高山绝顶上有一户人家，——就是这样一户！他谈某一位老先生养了二十只猫。谈一位研究东方哲学的先生跑警报时带了一只小皮箱，皮箱里没有金银财宝，装的是一个聪明女人写给他的信。谈徐志摩上课时带了一个很大的烟台苹果，一边吃，一边讲，还说："中国东西并不都比外国的差，烟台苹果就很好！"谈梁思成在一座塔上测绘内部结构，差一点从塔上掉下去。谈林徽音发着高烧，还躺在客厅里和客人谈文艺。他谈得最多的大概是金岳霖。金先生终生未娶，长期独身。他养了一只大斗鸡。这鸡能把脖子伸到桌上来，和金先生一起吃饭。他到处搜罗大石榴、大梨。买到大的，就拿去和同事的孩子的比，比输了，就把大梨、大石榴送给小朋友，他再去买！（汪曾祺，2021：49-50）

在沈从文、汪曾祺的聊天中，时局、物价、风景、人物轶事常常是聊天的中心，与学术关系密切的话题反倒退居边缘地带。话题是真够广泛的！不过，即使是这样的聊天，也有智性、情怀蕴藏其中，对于增长见闻、滋养智性、涵养德性都是有益处的。例如，其中谈到金岳霖的相关轶事，就会让我们想到做人的纯真无染、赤子之心。在涉及林徽因的趣闻中，不难让人感受到知识人对智性的永不停歇的追求。这些不就是一种无形之中的陶冶、涵养吗？这样的聊天虽然与学术话题没有直接关系，但是有潜在的具有"支援作用"的东西隐藏在其中。对于学子的成长来说，也许具有更为重要的意义。

曾在西南联大读本科的戴振锋可谓举世闻名的学者，他一直对叶企孙感念不已，这缘于叶企孙在课外与他的交往中对他的引导、熏陶。他是这么说的：

> 在此期间，他同我讲了不少近代中国科学工作者的贡献，除清华学者外，他常提到丁文江，翁文灏，李四光，胡氏兄弟（敦复、明复、刚复三先生），竺可桢，李济，吴宪，王守竞，严济慈，饶毓泰，梁思成诸先生。他有一次同我讲守竞先生尊翁王季同先生的年谱，非常动人。王老先生是清代末期受传统教育之学者，后赴英修习数理，在电讯线路分析中创造了一种新的代数来运算电流、电压分布的理论，可以说是中国电讯界的鼻祖。叶师又提及他用《易经》的论说来解释量子力学。20世纪20年代，王守竞先生在量子力学上有极大的贡献。他是北大物理系的首创人。我在70年代发现王先生是早期《计算合流超几何函数》（*Confluent Hypergeo-metrical Function*）的作者，如此复杂的函数当时能计算出来，这与德国大数学家高斯（Gauss）计算天体运动的数据有异曲同工之妙，由此可了解叶先生对王氏父子的推崇。声学家丁燮林先生从桂林迁昆明，叶先生叫我去拜见他，因为丁先生创造了一支半阶音（Chromatic Scale）的箫，不用金属按键，只用手指操作，他要一人练习同他合奏，我就做了丁先生的徒弟。此箫除非有丁先生家属保存，恐已失传。只要与科技有关的工作，叶先生总是热心鼓励的。（邢军纪，2010：349-350）

叶企孙与戴振锋在课外的闲谈中，竟然涉及了如此之多的物理学家、生物学家、气象学家及其贡献，这必然会触及各门学科的前沿知识、思想，意在拓宽戴振锋的知识视野。叶企孙特别提及了用《易经》的学说来解释量子力学这样具有开创性意义的工作，介绍颇具创造性的声学家丁燮林给戴振锋做引路人，便是明证。

总之，在西南联大师生的坐而论道中，无论是一群人聚集在一起各抒己见，还是二三知己促膝而谈，往往和自然、贴近人性的生活融合在一起。弥漫在谈论者中间的是自由、轻松、散淡的氛围，这种氛围的氤氲，使沉浸其中的人把世俗的面子、人事的烦恼抛却开来，进入一种思维极度活跃的状态。于是，各种知识的缠绕、交叠，各种思想的融汇、打通，诸多天外飞来的灵思的乍然迸发，都在其间铺展开来，使学生的灵感得到激发、知识面得到拓展、创造性的思想得以萌生。

第五节　感通中的陶冶

在师生的"从游"中，教师对学生道德方面的影响，主要体现在教师的言行示现会成为持续的熏陶、激励学生的力量。那么，其依靠什么机制实现呢？这主要依靠师生之间微妙的感通来实现。对此，西方哲人马丁·布伯（M. Buber）说得好："真正配成为教育的，主要是品性的教育……笼统地口授什么是善，什么是恶，不是教师的责任。他的责任是回应具体的问题，是在一定的情境下，对什么是对的、什么是错的这样的问题做出回应。对于这一点，我说过，只有在一种相互信赖的气氛下才能发生。"（Buber，1961：135）他在这里想要表达的是，成功的品德教育不能依靠抽象、笼统的道德说教，而是必须依靠身教。这种身教是在教育者面临特定的道德困境时，在如何进行道德抉择上做出言行的示范，从而影响受教育者。这种感染力量的自然发生，只有在二者心灵感通、相互信任之时才是可能的。

那么，在西南联大，这种师生之间的心灵感通是如何发生的呢？这与师生之间建立的情感联系密切相关。它首先源自西南联大教师对学生的大仁大爱之情。

一、教师对学生的无私大爱

梅贻琦曾这样说："我的学生，就是我的子弟。我的子弟，也是我的学生。"（黄延复，钟秀斌，2011：34）这一爱生如子的宣示，代表了西南联大教师共同的心声。在西南联大，教师都对学生有着让人倍感温暖的仁爱之情。

傅斯年虽然在西南联大工作的时间并不长，但是作为学校的最高领导者之一，他也如梅贻琦一样爱护学生。例如，在"一二·一"运动中，是由傅斯年出面和国民政府的军政要员沟通，调解学潮。在此期间，他极为愤怒地对一名国民党的高级官员说："从前我们是朋友，现在我们是仇敌。你杀死我的学生比杀死我的儿女还让我痛心。你杀害了他们，我还能沉默吗？"（刘宜庆，2019：392）由此可见，傅斯年对学生有着父亲对子女一般的情感。

在不少人的印象中，查良钊是一个对学生非常严苛的教师，但那只是人们的一种误解。曾经有人问查良钊"如何才能做好学生工作"这样的问题，查良钊的回答是："把学生看做自己的子弟，一切为他们着想就好了。"（西南联合大学北京校友会，1988：346）在这一简洁而朴素的回应中，闪现的是查良钊对学生的仁心。事实上，他在实际生活中也是像关爱自己的子弟一样对待学生的。在抗战胜利、西南联大在昆明办学即将结束之际，虽然外敌已经被肃清，但是国民党军队却在昆明城内人为制造紧张空气，实行大戒严，这就使西南联大学生几乎陷入了断粮的困境。面对这种情形，查良钊冒着生命危险，出入于层层封锁之间，为学生筹措到大量粮食（西南联合大学北京校友会，1988：346）。如无对学生的大爱仁心，断不可能如此。

像查良钊这样的教师还有很多，冯至便是其中特别突出的一位。在1945年的"一二·一"运动中，包括西南联大学生的"四烈士"被国民党军队枪杀，倒在了血泊之中。冯至痛惜之至，义愤填膺，慨然写下了著名的十四行诗《招魂》：

> "死者，你们什么时候回来？"
> 我们从来没有离开这里。
> "死者，你为什么再不回来？"
> 我们在这里，你们不要悲哀，
> 我们在这里，你们抬起头来——
> 哪一个爱正义者的心上没有我们？
> 哪一个爱自由者的脑里忘却我们？
> 哪一个爱光明者的眼前看不见我们？
> 你们不要呼唤我们回来，
> 我们从来没有离开你们，
> 咱们合在一起呼唤吧——
> "正义，快快地到来！

自由，快快地到来！

光明，快快地到来！"（多人，2005：220-221）

这是一首充满战斗激情的诗歌，更是一首充溢着对学生之死无比伤痛的诗歌，其中的爱生之情更是显见。正是因为如此，他的学生才会说："冯至先生更受欢迎和崇拜的，是他爱护青年学子，关心青年的成长，支持爱国青年学生争民主的斗争。"（多人，2005：220）

陈友松也是这样的教师。在1945年的"一二·一"运动中，四位烈士被害，其中两人是西南联大的学生。虽然陈友松一直专心治学，对政治采取的是敬而远之的态度，但是当此之际，作为西南联大教授的他却异常悲痛，愤然写下了《吊潘李二同学》一诗，以此来悼念自己的学生。在这首诗的前言中，陈友松写道："余出入师院有年矣，自惨案发生后，朝夕步经死者之血迹，悲痛凄怆，愤慨激越，莫可言宣。"（西南联合大学北京校友会，1988：324）由此可见陈友松对被害学生的极度痛惜之情。

当然，在特殊时期，教师会对学生表现出如危难时亲人中的长辈护佑晚辈一样特别的爱护之情，但更多的时候，教师在日常生活中如暖阳、似溪流一般对学生进行教导、呵护。

有一位毕业于西南联大历史系的老教授，在垂暮之年，经常谈起西南联大的教师对学生的教导是如何诲人不倦。他说当你在路上遇到一个老师，向他请教问题时，不管是熟悉还是不熟悉，他都会给你一讲就是个把小时，"毫无倦意，弄得学生很过意不去；有时讲了一半，警报拉响了，师生一起赶紧钻防空洞，到了洞里，老师又继续往下讲"（顾农，1997）。谈到这一点，这个西南联大的老毕业生大发感慨："有这么好的老师，你能不认真读书吗！那时住茅草屋，吃得很差，穿得也差，可是大家都非常用功。"（顾农，1997）这种教师面对学生，无论认识与否，一概以诲人不倦的姿态教导，正是其内心深挚的爱生之情的外化。

傅斯年虽然身兼要职，但在担任北京大学文科研究所所长期间，对所内研究生的学习和生活非常关心。只要回到昆明，他便会招待在龙泉镇埋头治学的学生。对此，阎文儒说："予在昆明读书时，文研所负责人学术权威人士，对下乡攻读之研究生，必招入其宅，享以盛餐。"（封越健，孙卫国，2009：35）这里的"文研所负责人学术权威人士"指的就是傅斯年。

在当时的昆明，图书资料奇缺，不少老师为了帮助学生完成学业，将自己多年来积累的珍贵资料提供给学生，让学生用作研究的参考资料。罗常培就是这样的典范。周法高说："罗先生不但对我们做研究生的颇有容人之量，而且把他过录的经典释文诸家校本借给我移录。"（王世儒，闻笛，1998：533）

在谈及西南联大教师对学生的情感时，历史学系毕业生姚秀彦写道："师生之间，亲若父子家人。到老师家吃饭、打桥牌、整理书籍，是常有的事。但学生穷，教授也穷，因为他们有负担，所以金钱互惠也常有。八年之中，书读不好而自动退学的学生容或有之，但从未看到记过、开除、勒令退学诸布告，也自然不会有'殊属非是，以儆效尤'一类令人怵目惊心的句子。做老师的对学生，正如春风化雨，培育之唯恐不及，怎忍心再伤害他们呢？"（云南省政协文史资料研究委员会等，1988：142）一句"培育之唯恐不及"，将西南联大的教师对学生的仁爱之情道尽。

二、学生对教师的深情回馈

对于老师的仁爱之心，西南联大的学生也报以尊重与热爱，甚至是无微不至的关心。学生孔令仁与老师邵循正之间的往还便突出体现了这一点。在西南联大期间，孔令仁就读于历史系，受元史专家邵循正的影响，对"元史"课程产生了浓厚的兴趣，经常向邵循正请教。当时邵循正在昆明时没有带家属，一个人生活，住宿、饮食条件都特别差，这让看在眼里的孔令仁很心酸。恰好孔令仁的姑妈家就住在邵循正的居所附近，孔令仁就把自己想要帮助先生的想法告诉了她的姑妈，得到了其姑妈的大力赞同。此后，当孔令仁的姑妈做了不错的饭菜的时候，孔令仁就经常把饭菜给邵循正送过去，还常常帮助邵循正整理、打扫房间。平时有什么有特色的零食，也会想到自己的老师。有一次，孔令仁在一个偶然的机会中尝到了云南的火腿月饼，觉得特别好吃，便立刻买了一些，送给邵循正先生。邵循正吃了，连连称好，还说："没想到会这么好吃，云南人真聪明！"（戴学稷，徐如，2009：44）这些日常相处中的点滴小事，折射出的是学生对老师的尊敬、热爱的情感。

李政道、朱光亚与吴大猷之间的师生情也非常浓厚。在吴大猷为了躲避警报避居乡间之时，李政道、朱光亚经常到吴大猷家里去请教问题。当时，吴大猷的夫人身体很不好，经常需要外出看病，而且因为有严重的心脏病，不能自己行走，需要吴大猷背着去。只要是李政道、朱光亚在的时候，碰到这种情况，都是"有事弟子服其劳"，轮流背着师母去医院。如果没有对老师发自内心的热爱，是不可能做到这些的。

任继愈在忆及考进北京大学文科研究所攻读研究生的日子时，也曾表达过类似的感受。他说："当时学校条件虽差，但很温馨，师生共处一栋三层楼的宿舍，天天见面，朝夕相处，虽然来自五湖四海，但心心相通，俨然是血脉相连的亲人。"（何南，2010：29）这一句"俨然是血脉相连的亲人"，把自己对老师的那份发自肺腑的热爱之情表露无遗。据他说，当时的北京大学文科研究所的老师如果有什么生活上的事需要帮忙，这些学生都会抢着去做，如帮老师做家务、买菜等，在他们看来，这是很平常的事。

教师发自内心地关爱、呵护学生，学生也发自肺腑地尊重、热爱老师，这就使得他们之间仿佛血脉相连一般"心心相通"。教师之所言所行得到学生的积极回应、领受，学生受到深刻的影响，便是自然而然的事情了。

————— 第四章 —————

"从游式"教育的影响

西南联大师生"从游"的教育效果在学生身上显现出来，让人不得不感慨这种教育形式的神奇与玄妙。下面，我们就来具体看一看师生"从游"对西南联大的学生产生了哪些至关重要的影响。

第一节 精神境界的提升

经过教育而获得的精神境界与识见，直接决定了学生在未来的人生道路和学术之路上的气象、格局。如果一种教育形式在提升学生的精神境界与磨砺其识见上能够发挥作用，对于学生来说，就是弥足珍贵的。师生之间的"从游"恰恰在这一点上发挥了关键作用。因为精神境界与识见往往是在学生经受文化的浸染时潜移默化习得的，不是依靠系统的明示而有意识获得的，而师生之间的"从游"正是一种长时间的、多侧面的教师对学生的文化浸染。征之于史实，我们不难看到这一点。

许渊冲在谈到西南联大学生与冯友兰"从游"对他们的影响时，多次提到了冯友兰的人生境界说[①]对他及周围同学的影响。在第一次提及这一点时，他是这

———————————

① 指自然境界、功利境界、道德境界、天地境界四个层次。

么说的：许渊冲与他的同学万兆凤在课余讨论青年学生的爱情问题，在经过讨论之后，总结出的是爱情的四种境界——不自觉的爱情是自然境界，为个人幸福的爱情是功利境界，为双方幸福的爱情是道德境界，把感性的爱情上升为理性的爱情，那就是天地境界。在第二次，他则说自己与同学七八人在茶馆聚会谈心，中心话题也离不开一起分析各自的精神境界（许渊冲，1996：114）。到了第三次，许渊冲说在人生的重大选择关头，他受到了冯友兰人生境界说的深刻影响。大致情形是，在快要毕业的时候，国民党政府号召将要毕业的大学外文系学生去参军，为支援中国抗战的美军当翻译。许渊冲在决定是否响应政府的号召参军时，是从冯友兰的人生境界说出发来进行抉择的。他把当时的西南联大学生参军当翻译的动机分为四种境界：有的同学受"好男不当兵，好铁不打钉"的观念的影响，认为给美国军人做翻译有失身份，宁可休学也不愿参军，这是处于"自然境界"；有的同学觉得参军既获得了练习英语的机会，又可以赚到高工资，何乐而不为，这是处于"功利境界"；有的同学已经在英国领事馆兼任英文秘书，待遇比军人还优厚，但以国家兴亡为念，毅然舍弃高薪而从军，这是处于"道德境界"；有的同学已经参加了空军，并且为国捐躯，他们的精神可以说是达到了"天地境界"。由此，他这样反思自身：自己也有"好男不当兵"的想法，还在自然境界、功利境界、道德境界之间徘徊不前，这如何能对得起已经牺牲的同学呢？于是，他就和一些同学一起报名参了军（许渊冲，1996：116-117）。

从许渊冲的记述中，我们可以看到，对于当时的大学生来说，无论是在人生的重大选择关头思考人生的价值与意义问题，还是讨论青年人最敏感的爱情问题与日常品茗闲聊，都有冯友兰的人生境界思想如影随形。可见冯友兰的学说在某种程度上已经化为当时西南联大学子的思想血脉，在自觉或不自觉间影响着他们的言行。冯友兰提出人生境界说，虽有为人生存在剖析不同境界之意，但更重要的是标示出人生可能达到的"道德境界"与"天地境界"的高标，让世人去追随、践行。西南联大那些既有一腔热血又富有智慧的学生怎么可能体会不到贤者之意呢？既然他们能体察到哲人的精神意旨，又是在精神上追求积极向上的一代，他们必然会砥砺自己向"道德境界"甚至是"天地境界"迈进。许渊冲等的上述言论与行为选择，在一定程度上正昭示了这一点。"从游"对学生的胸襟、精神的拓展、提升之功，也自此可见。这一精神提升之功，虽然不会对学习、研究的工具性因素产生直接的影响，但由于它可以"使人由眼前而注重于长远，由

'小我'而注重于'大我',由现实而注重于理想"(孙正聿,1998:463),必然会对学生的人生气象与学习、研究的格局产生影响。

郑敏就说过,冯友兰的课对她的诗歌创作、研究的境界产生了深刻影响。她是这么说的:"冯友兰先生教了一门'人生哲学'。这门课对我是非常重要。冯先生把中国哲学里面所有关于人的修养的这种境界,容纳到一块儿,成了一个自己的体系,到了最高境界,天地境界,人和天地和自然融为一体。这么高的境界,对我们年轻人是启蒙。如果我没上这个课,我的诗歌里永远不会追求这样一个高度,这个境界,对我此生写作是非常重要的。有这么一个目标、一个理想,有一个东西在召唤你,追求一种超越的精神。"(张曼菱,2013:275-276)可见,正是因为受到冯友兰哲学思想中"天地境界"的影响,郑敏的诗歌创作、研究才会去追求一种天、地与人融为一体的精神高度。

不仅冯友兰与学生的"从游"对学生精神境界的提升有深刻影响,汤用彤与学生的"从游"也对学生精神境界的提升产生了深刻影响,尽管其是一位哲学史家。对此,张世英是这么说的:

> 我所听汤先生三门课中,印象最深的是魏晋玄学。他在课堂上讲得最多的是"物我两忘"和"即世而出世"。汤先生说:"笛卡尔明主客,乃科学之道,但做人做学问还需要进而达到物我两忘之境,才有大家气象。"他所强调的"大家气象"给我留下了深刻的印象。我近10多年来,经常强调,既要重主客,又要超主客,强调科学与哲学相结合,与汤先生当年的教诲有一定的联系。汤先生讲课着力于王弼,也引起了我对王弼的兴趣。王弼主张"有之所始,以无为本"。故理想的人格就在于达到"无"的境界,此即王弼所提出的"圣人体无"的观点。如何"体无"?王弼认为圣人非无喜怒哀乐之情,不能无哀乐以应物,然圣人虽"应物"、有情,"而无累于物"。王弼的这个观点至今还影响着我。人之有情、有功利心,此乃人性之自然,不可违也,然理想的人格应能超越功利之心,超越喜怒哀乐之情。超越者,非抛弃人情、功利,而是入乎其内又能出乎其外,战而胜之。这也就是王弼所谓圣人之"神明"。汤先生强调王弼之所以能"应物而无累于物",关键在于王弼之"无"并非虚无,并非违反自然,而在于顺乎自然,对一切事物泰然处之。"神明茂,故能体冲和以通无。"汤先生的解译似乎把我引入了一个既要

面对现实又能超脱现实的境界。（张世英，2008：48-49）

在"魏晋玄学"这门课上，汤用彤的思想对学生的影响很大，促使张世英在哲学上追求超越主体与客体之分、科学与哲学结合的境界。在对王弼哲学的阐释中，汤用彤着重阐述的是王弼应物、有情但不被物所拖累、不被情所羁绊的理想人格境界。在汤用彤的熏陶下，张世英进入了既要面对现实又能超脱现实的境界。在其晚年的代表性作品《哲学导论》中，这两点都体现得非常明显。

总之，西南联大的许多优秀学子，如王瑶、冯契、张世英、朱德熙、李赋宁、许渊冲等，之所以在后来的治学生涯中展现出吞吐中西、古今的宏大，以及开阔的治学气象与格局，与其在西南联大时"从游"中曾经受到过高明的智慧之泽溉，形成了高远的精神境界，有着千丝万缕的联系。

第二节　学术研究范式的形塑

在西南联大的学人中，科学与人文的打通是其引人注目的学术范式。在师生的"从游"中，其悄悄地注入了学生的心田，成为西南联大学子终生追求、持守的学术范式。

一、打通科学与人文的学术示范

在著名翻译家、文学家金克木的《书读完了》一书的"后记"中，其子金木婴曾这样说：

我父亲那一代辛亥革命前后出生的学人，幼时有许多是既受过旧式私塾教育，又受过早期西式启蒙学堂教育的。对他们来说，古文经典脱口而出，文言写作随心所欲是很自然的事。那一代学者，还有不少人用毛笔写文言比用钢笔写白话更顺手，旧学根底是幼时基础，中西贯通是后来成果。文史类学人自不必说，自然科学家往往也是如此。我曾听到过化学家黄子卿教授随口背诵《左传》《史记》，见到过物理学家王竹溪教授亲手所记电路图一般工整精确的围棋古谱。至于数学家华罗庚、水利学家黄万里的旧体诗文功力，就更是众所周知了。华罗庚先生去世后，我父亲曾叹息有些问题再不能和他探讨了，否则一定会有共同兴趣的。（金克木，2006：327）

在金木婴的这一回忆性评述中，我们可以看到，西南联大的那些教授，诸如黄子卿、王竹溪、华罗庚等，都是将自然科学与人文科学打通的一代学人。征之于史实，他所言不虚。

黄子卿是一名物理化学家，他提出的"水的三相点"理论在国际上产生了巨大的影响。同时，黄子卿还特别喜爱古典文学与历史学，熟读《资治通鉴》《纲鉴易知录》《全唐诗》《宋诗精华录》等历史、文学书籍。在专业研究之余，他还常常练习书法、写旧体诗。在他得知游国恩写作旧体诗的造诣非凡后，常常带着自己已经写好的旧体诗，与游国恩讨论旧体诗的写作问题（西南联大北京校友会，2002：74）。

王竹溪是知名的物理学家，在热力学研究领域有较大影响，同时他对易学、文字学有浓厚的兴趣。他常常去听闻一多开设的"《易经》"、唐兰教授开设的"文字学"等课程。在西南联大时期，他就开始悉心钻研汉语字典编纂问题，创制了"新部首检字法"，编成了《新部首大字典》。

燕卜荪是西南联大外文系学生崇敬的教授之一，他的学生在回忆中说："诗人不但对于文艺、哲学有着高深的造诣，而于数学一道，也非常精通，听说他在剑桥大学时，还以数学出名。他对于数学的兴趣与爱好实在不下于文艺。在他许多书籍的空白上，我们时常可以看见他平日演算微积分方程式或解析几何等题目。我有一次在他所借给我的一部法国象征派诗人马拉美（Stephane Mallarme）诗集的扉页上，发现了他用三种以上颜色的铅笔演算一道几何难题，而在那本书的边缘上又草草地涂写了几行诗。"（赵瑞蕻，2021：56-57）可见，燕卜荪是一位把文学、哲学、数学融会在一起，熔于一炉而研治的学人。

郑桐荪虽然是数学系的教授，在微分方程研究上颇有造诣，但"博闻强记，于文史诗词无所不窥……对于历代兴废，山川变革，乃至名胜古迹，遗闻逸事，每喜与人谈说创见颇多"（张奠宙，王善平，2004：84）。其在晚年著有《禹贡地理新释》《元明两代京城之南面城墙》等地理学方面的著作以及《吴梅村诗笺释》《宋词简评》等文学专著。作为一名数学教授，却对地理、文史之学有着浓厚的兴趣与深厚的学养，实在是难得。

陈国符是化学系的教授，其在化学系开设的课程有"工业化学""补充工业化学""造纸与人造丝""造纸化学"等。在从事化学研究的同时，他还博览群书，经史子集无所不读，"知识范围包括文史、戏曲、金石、营造等"。以此为基础，他着手研究《道藏》，最终撰成了具有开拓性的巨著《道藏源流考》（杨立德，2005：266）。

汤佩松是生物学的教授，是清华大学农业研究所植物生理组的负责人，可谓是西南联大植物生理学研究的权威。就是这样的一名自然科学家，经常与陆续内迁到昆明的许多学术机构的友人讨论我国当时和战后的经济及社会问题。比如，他经常和迁来昆明的陶孟和教授、巫宝三教授谈到以农业为基础的中国如何变为一个工业化国家（汤佩松，1987a）。他们共同讨论的成果是由陶孟和作了一篇长序，由汤佩松和巫宝三合著的一本关于中国当时（抗战时期）的经济情况和从自然资源（包括太阳能作为能源）利用的观点，展望战后中国经济未来的论文集（书名为《天、地、人》）。除和"中研院"社会学研究所的朋友探讨经济问题外，汤佩松还常到迁来昆明的南开大学经济研究所的许多朋友处，一边打桥牌，一边谈经济学（汤佩松，1987a）。另外，汤佩松还可以写出非常好的文学作品。对此，费孝通曾说：

> 在读到这本回忆录时，我差一点成了这位化学教师的同类人，因为在我初读这本回忆录时，竟怀疑这是不是他亲自执笔写成的，因为我不大相信一个一生在实验室里搞自然科学的学者能写出这一手动人的文章来。直到我看到他叙述从昆明复员回来写这篇"一个清华人的自白"时记下的一笔："大名鼎鼎的朱自清从清华园本校步行到几公里外的颐和园对面（升平署）我的办公室（和宿舍）来，专门为了赞扬我这篇'文学作品'，这是我一生中几次少有的幸遇之一！"能得到朱自清先生赏识的文才必然是货真价实的。这也说明汤先生的能文能武是高规格的。（费孝通，1991）

尚在盛年时，汤佩松的文学作品便能得到文学家、文学评论家朱自清的欣赏，晚年的文学作品又能得到经营文章的大家费孝通的首肯，足见其文学功底的不凡。

从上述几位有代表性的教授状况可以看到，西南联大学人的研究的确有打通科学与人文的取向。在"从游"中耳濡目染，他们的学生也渐渐走上了这样一条学术道路。

二、学生在贯通科学与人文上的探索

在打通科学与人文上，学生一辈人物中，杨振宁就是一个典范。他在西南联大攻读硕士学位期间，已经具有把握、欣赏前辈物理学家研究风格的能力。在物理学前辈中，爱因斯坦、狄拉克、费米的研究风格尤为杨振宁所钟爱，因为它们有一个共同点，就是能在非常复杂的物理现象中提炼出其精神，然后把这种精神通过简单但深入的想法，用数学方式表示出来（杨振东，杨存泉，1998：21）。对于这三位大科学家研究风格的神髓，杨振宁没有用抽象的、枯燥的科学语言来说明，而是用诗性语言来描述。他在《曙光集》中是这么说的："诗是什么？诗是思想的浓缩。你把非常复杂的思想用几行文字来表达，你写的就变成了一首非常美丽的诗、一首有强大感染力的诗。我们寻求的方程式其实就是自然的诗篇。"（杨振宁，2018：216）在这里，他把"方程式"比作一首"大自然的诗歌"，在诗歌与科学之间找到了暗道相通之处，别出机杼。

受其父亲杨武之的影响，杨振宁具有了非常深厚的古典文学修养。对于中国的诗歌，他尤其有独到的体味。在中国文学批评中，有这样一个传统：选用一句话或几个词来表达散文家、诗人的独特风格。杨振宁就把这一传统继承下来，评评几位大物理学家的风格，他是这么对前辈的研究风格进行描述的：

> 泡利——威力（power）
> 费米——稳健，有力（solidity，strength）
> 海森堡——深刻的洞察力（deep insight）
> 狄拉克——笛卡尔式的纯粹（Cartesian purity）（杨振宁，2018：390）

除了用这样的简洁词语来表达其对物理学家研究风格的体会，他还习惯用诗性语言来表达科学家的工作个性。对此，他曾经说：

> 去年偶然在香港《大公报》"大公园"一栏上看到一篇文章，其中引了

高适（700—765）在《答侯少府》中的诗句："性灵出万象，风骨超常伦。"我非常高兴，觉得用这两句诗来描述狄拉克方程和反粒子理论是再好没有了：一方面狄拉克方程确实包罗万象，而用"出"字描述狄拉克的灵感尤为传神。另一方面，他于1928年以后四年间不顾玻尔（N. Bohr，1885—1962）、海森伯（原文中"海森堡""海森伯"不一致，不做修改——引者注）、泡利等当时的大物理学家的冷嘲热讽，始终坚持他的理论，而最后得到全胜，正合"风骨超常伦"。（杨振宁，2018：318）

在这里，杨振宁将唐代诗人高适的诗句与狄拉克的研究风格相勾连，进行了创造性的解释，真是巧妙。1997年1月17日，杨振宁在香港中文大学做"美与物理学"的报告，其间，他说狄拉克、海森伯方程的极度浓缩性和包罗万象的特点，也许可以用布雷克（Blake）的不朽诗句来描述：

> 一粒沙里有一个世界，
> 一朵花里有一个天堂。
> 把无穷无尽握于手掌，
> 永恒宁非是刹那时光。

而他们的巨大影响也许可以用蒲伯（Pope）的名言来描述：

> 自然与自然规律为黑暗隐蔽；
> 上帝说，让牛顿来！一切遂臻光明。（杨振宁，2018：328-330）

一个物理学家竟然能够在高层次的学术报告中信手拈来，将物理学的研究与现代诗人、散文家的作品进行非常自然而贴切的连接、类比，如果没有将物理学与文学打通的妙思，是无论如何都不可能实现的。

李政道和杨振宁的治学风格如出一辙。李政道一直认为，"科学和艺术虽属不同文化领域，但有共通的一面。因为艺术和科学的共同基础都是人类的创造力。它们追求的目标都是真理的普遍性。它们都源于人类活动的最高部分，都具有自己的深刻性、普遍性和永恒性。艺术和科学事实上是一个硬币的两面"（中国高等科学技术中心，2008：171）。因此，在科学与艺术的沟通、统一上，李政道着力甚多。在研究中，李政道常常使用的手法是用艺术作品与科学作品进行相互阐释。例如，在《对称与不对称》一文中，他利用弘仁的山水画、杜甫的诗、古文字符号、中国的窗棂和吴冠中的画作为思想资源，解释物理学中的"对称与不对称"问题。在阐释吴大猷的科学研究风格时，他借用庄子的《庄子·大宗师》《逍遥游》中的语句，对其进行了巧妙的组合："真人真知吴大猷，飞舞飞鹏逍遥游。翼若垂云，背负青天，莫之夭阏。"（中国高等科学技术中心，2008：380）

在自己的研究工作中注重打通科学与人文的同时，李政道还注重促进科学家和艺术家之间的沟通。为了实现这一点，他与吴冠中、常沙娜等知名画家合作，力图以绘画的方式来表达科学主题，催生了一批科学与艺术相结合的高水准作品，这些作品以《科学与艺术》为名出版发行（中国高等科学技术中心，2008：171）。20世纪80年代末到90年代，李政道组织了"自然、科学与美""物理与音乐"等系列研讨会，"探讨有关艺术创造与科学创造在深层次的共同点，探讨美学的一些本质性问题，探讨艺术与科学在形成人的品德和情操上的作用"（李政道，2008：154）。如果在打通科学与人文上没有深刻的体悟与身证，他根本不可能有这样的想法，更不要说敢于做公开倡导、推动方面的事情了。因此，我们可以说在打通科学与人文上，李政道不仅自己乐此不疲，还要献诸同行，与同行一起分享、体味，如果不是深得此中三昧，不可能做到这一点。

吴征镒的治学风格同样延续了西南联大前辈学人贯通自然与人文的取向。对此，他曾说："西南联大的学生，就是学理科的，文学爱好也是比较多。像我就是爱好文学的，我也写过新诗，也写过旧诗词，还唱昆曲。"（张曼菱，2013：238）正是因为有这样的根底，虽然是植物学家，在阐述自己的治学境界时，他却能够将古诗文与之勾连，进行解释。他把自己的治学境界分为三个层次：一是"昨夜西风凋碧树，独上高楼，望尽天涯路"——立志立题，确立科研思路的过程。二是"衣带渐宽终不悔，为伊消得人憔悴"——殚精竭虑，百折不挠。三是"众里寻他千百度，蓦然回首，那人却在，灯火阑珊处"——上下求索，终有所得（吴征镒，2006：209）。这是把自然科学研究与人文意趣进行了相当贴切的结合。

在具体的研究展开过程中，他可以很娴熟、自如地采用中国古诗文中的材料进行植物分布的研究。例如，在考察唐代竹子分布的状况时，便大量引用了许多唐代的诗歌。

龙吟虎啸一时发，万籁百泉相与秋。（李欣《听安万善吹觱篥歌》）

南山截竹为觱篥，此乐本自龟兹出。流传汉地曲转奇，凉州胡人为我吹。（李欣《听安万善吹觱篥歌》）

和声万户竹，塞色五陵松。（李欣《望秦川》）

竹系留客处，荷禅纳凉时。（杜甫《江畔独步寻花七绝句》）

在大量征引、比勘这些诗歌的基础上，他得出的结论是："竹在唐代距今千多年前，其分布北线跨越了秦岭淮河而达到黄河以南是完全可能的，这在芭蕉、棕榈、樟（桂）等中都可以相互应征（'应征'应为'印证'——引者注）。"竹，尤其是"毛竹一类，今天大都分布在秦岭、淮河以南的暖温带至亚热带，北方在避风向阳的小环境中可以勉强小片越冬，但在唐代却远不限于此"（吴征镒，2008：555）。

他还通过诗歌考证豆类植物的来历及这类植物的状貌，涉及的诗歌如下：

禾麻菽麦。（《诗经·豳风·七月》）

七月亨葵及菽。（《诗经·豳风·七月》）

种豆南山下，草盛豆苗稀。（陶渊明《归园田居》）

煮豆燃豆萁，漉豉以为汁。（曹植《七步诗》）

在考证、分析这些诗歌的基础上，他得出的结论是："豆"字起源很古，豆像有盖盛盐豆的高脚杯之形。但大豆却在周原、秦川一带称"菽"，如《诗经·豳风·七月》记载"禾麻菽麦"，"七月亨葵及菽"，它是古代劳动人民常用的提供脂肪和蛋白的重要农作物。汉代从西北丝绸之路传进了胡豆，即今之豌豆。这个字大概是汉通西域以后造出来的新字，从"宛"，是指汉代的大宛，今之中亚诸国。当时也有了崔实"四民月令"所载的小豆，即做饭的赤小豆，直到魏晋似乎才用"大豆"，以别于小豆、胡豆，但可能未通行。例如，陶渊明的诗"种豆南山下，草盛豆苗稀"，这些大都指的是大豆。曹植的诗中不可能指赤小豆和豌豆，因为它们的"豆"不可能作"豉"，秸秆也不可能用来烧火（吴征镒，2008：556）。

总之，无论是西南联大学子能够熟练地使用文学、历史、哲学方面的材料用作自然科学研究的论据，还是将文学、历史、哲学中的玄妙幽微之处挪移到自然科学研究中，将二者做若合符契式的组合，都体现了他们完全具备打通科学与人文的功力，对打通科学与人文的学术范式孜孜以求，在打通科学与人文上达到了相当高的境界。其中深蕴的三昧，值得后学再三玩味，其中隐隐透出的精神，值得后学不断追摹。

第三节　探究方向的导入与学术观念的传承

一、探究方向的导入

虽然制度规定的课堂教学在引导学生走上特定的治学道路上起着主导作用，但其之外的师生"从游"所起的辅助作用，我们也应该给予必要的注意。例如，旁听课程、听学术演讲、向老师请益、课外阅读老师的著作或老师指定的著作，对于促使学生走上特定的学术道路，就起着一定的触媒作用。分析一下吴征镒、张世英、何兆武、郝诒纯、郑敏等的学术道路，我们就可明白这一点。

吴征镒之所以把云南的植物作为毕生研究的重点，与他的老师在"从游"中的引导密切相关。对此，他曾说"我是学植物的，感觉云南是研究植物最好的一个地方，全世界恐怕都是有数的"。为什么他会有这样的想法呢？这是因为受到了植物分类学的老师吴韫珍的影响。从北京到了昆明之后，由于战时条件所限，很多研究工作无法开展。在吴韫珍的手边，有一本清朝的学者吴其濬撰写的著作——《植物名实图考》。吴韫珍就参照这部书，做起了考证中国植物的工作。他是如何做的呢？一有时间，就到昆明的近日楼去买花。当时卖的花都是野花，他就把那些买来的野花一朵朵画下来，与《植物名实图考》相互参证，做植物考证、分类的研究工作。在做这项工作的时候，吴韫珍带着吴征镒，也让吴征镒参与一些工作，这让吴征镒得到了很多切身的教育（张曼菱，2013：236-237）。吴征镒充分感受到，云南的植被非常丰富，是世界上罕有的植物数量巨大、种类多样的地区，可谓天然的"植物宝库"。要研究植物学，就应该根扎在云南。一般研究植物学的学人都向往北京这个全国的文化中心，争先去往北京，然而，吴征镒却反其道而行，在北京短暂地工作一段时间后，主动提出调往云南。其后，余生一直扎根在云南，埋首在云南植物的"海洋"中，把研究云南的植物作为自己毕生的事业。

张世英探究方向的确立，与旁听贺麟的"哲学概论"课程关系至密。据张世英说，贺麟上"哲学概论"课，是在西南联大最大的教室里面，这一教室可容纳二三百人。每次上课前，学生都从四面八方赶来占座位，把教室坐得满满的，可见贺麟的课是非常有吸引力的。为什么会出现这一状况呢？与贺麟的授课特点密切相关。贺麟所授"哲学概论"课，有以下特点。一是从不照本宣科，而是脱稿授课。二是将枯燥的理论活化。哲学课的讲授，常常容易落入的窠臼是把理论讲成枯燥的概念、命题、原理的集合。可是，贺麟的课却不是这样，他用生动、通俗易懂的语言把抽象的哲理讲出来，让人感觉到哲学是生动、有趣的。三是视野开阔，中西贯通。在讲授哲学理论的时候，贺麟把中国和西方的哲学家的思想、言论进行对比、勾连，用来阐述一般的哲学理论。例如，他特别喜欢把黑格尔的绝对唯心主义思想与陆王心学中的"心外无理"结合起来，阐述哲学中的主观唯心思想。这就为一般的哲学阐释找到了哲学史的思想证据，使得哲学理论讲授不致变得空洞、虚浮。四是在哲学理论讲授中渗透方法的传授。任何哲学理论都不是凭空而生的，在哲学理论的背后一定隐藏着哲学研究方法的影子。不过，只有对哲学理论深有体悟的人，才能领悟到这一点，并把它揭示出来。贺麟就是这样一位高明的哲人。张世英就曾说贺麟的授课引发了其对辩证法的兴趣，让其感到辩证法具有"一种能使思想深邃、文笔矫健的魅力"（张世英，2008：26）。五是将哲学理论与人的生命提升相勾连。如果哲学只是抽象、枯燥的文字符号的集合，距离人的生活、生命很远，一定是很难引起学生对这门课的学习兴趣的。贺麟深明此点，因此他在进行一般的哲学理论阐释时，尽可能地把哲学理论中的人文意蕴、生命内涵揭示出来，让学生感到哲学距离自己的生活、生命很近，就在自己的生命之中。例如，他在讲哲学理论中的否定之否定时，就将中国人讲的"荷出污泥而不染"引入进去，阐发"荷花从污泥中冒出来而又清香高洁"，"不经污泥污染过的高，算不得真正的清高"的人生道理。正是因为贺麟的"哲学概论"课具有上述突出的特点，张世英在听了贺麟的课之后，获得了一个对哲学的关键判断：比起社会学、经济学来，哲学最能触及人的灵魂。就是在这样的思想的支配下，张世英从社会系转入了哲学系。自此以后，张世英"在学习和研究的大方向上就算终生无悔了"（张世英，2008：25-26）。

何兆武在与俄国教授噶邦福（J. J. Gapanovitch）的交往中，深受其"对历史理论非常感兴趣"这一点的影响，所以史学理论一直是何兆武学术研究的重心。对于这一点，他曾经说：

> 我们从事历史研究的人往往有一个缺点，或者说是一个优点，总能把一个小问题钻得很深，许多人因此而成名。但历史毕竟整体上是宏观的，上下几千年，东西几万里，如果不能放眼整个世界历史的大局而只盯着某一点，恐怕不能算是真正理解了历史。比如研究清史的最喜欢谈清初三大疑案，皇太后是不是下嫁给了多尔衮，顺治是不是出家了，雍正是不是窜（应为"篡"——引者注）改了遗诏。当然你也可以研究，历史毕竟包括这些具体的事实，但这些历史事实的背后总该有个理论的总结。历史到底是什么?究竟有没有规律?如果有，会是个什么样的规律?我们该怎么认识它?这些都是很根本的问题，最终总得有人对历史的总体有一个说法。（何兆武，文靖，2006：165）

在此，我们可以看到，何兆武的历史研究关注的不是具体的文字训诂、史实考证，而是史实背后隐藏的规律，这是历史研究非常重要的一种取向。何兆武能够在学生时代便有这样的觉悟，并且终生奉持，都是噶邦福的教泽。

郝诒纯之所以会踏上研究地质学的道路，与其和袁复礼的交往密不可分。在一次群聚性的对谈中，袁复礼把他从事地质学的酸甜苦辣讲给郝诒纯她们听，深深地打动了郝诒纯，让郝诒纯对从事地质学研究十分向往。不过，郝诒纯还是因为自己是女性而对从事地质学研究心存疑虑，这时袁复礼极力鼓励她说："没有关系，科学领域里男女是平等的。男的能够办得到，女的也一定能够办得到。"（张曼菱，2013：235）这才使郝诒纯坚定自己的选择，最终决定走上研究地质学之路，后来终于成为知名的地质学家。

郑敏在谈到自己的学术方向的形成时，曾经说过这么一段话：

> 当时我们精神营养主要来自几个渠道，文学上以冯先生所译的里尔克信札和教授的歌德的诗与《浮士德》为主要，此外自己大量的阅读了二十世纪初的英国意识流小说，哲学方面受益最多的是冯友兰先生、汤用彤、郑昕诸师。这些都使我追随冯至先生以哲学作为诗歌的底蕴，而以人文的感情为诗

歌的经纬。这是我和其他九叶诗人很大的不同起点。在我大学三年时，某次在德文课后，我将一本窄窄的抄有我的诗作的纸本在教室外递上请冯先生指教，第二天德文课后先生嘱我在室外等他，片刻后先生站在微风中，衣襟飘飘，一手扶着手杖，一手将我的诗稿小册递还给我，用先生特有的和蔼而真诚的声音说："这里面有诗，可以写下去，但这却是一条充满坎坷的道路"，我听了以后，久久不能平静，直到先生走远了，我仍木然地站在原地，大概就是在那一刻，铸定了我和诗歌的不解之缘。（多人，2005：311）

在这里，我们可以看到，"以哲学作为诗歌的底蕴，而以人文的感情为诗歌的经纬"是郑敏诗歌创作与研究的方向。这一学术方向的形成，既有在课堂上听冯至讲授歌德的诗歌及《浮士德》，旁听冯友兰、汤用彤、郑昕等所授哲学课程的影响，也有在日常生活中接受冯至深切而真挚的言教的作用，还有课外大量阅读冯至所翻译的里尔克的信札和大量现代外国小说的潜移默化的影响，这是一个众多因素交织在一起、综合作用的过程。

在一定意义上，我们可以说郑敏的这一对自己学术方向形成机制的归结，既是对自己而言，也是对他们那一代西南联大人学术方向形成机制进行反思之后的说明。由于精神因素形成的微妙而神秘，这一学术方向的形成机制具体而微的状况，即使是当事者本人恐怕也很难把这些因素是如何发挥作用的内在机理说得很清楚。作为局外人、研究者，我们也只能大致看到其形成、发挥作用的过程，勉强对其进行勾勒而已。

二、学术观念的传承

除了探究方向的指引外，学术观念的传承也在师生之间或隐或显地存在着。在"从游"之中，毕业论文指导往往是师生之间发生深刻的智性关联的重要契机。在这一活动中，教师会把自己如何开展学术研究的见识、理念传递给学生。对于这一点，让我们通过几个例证来考察。

杨志玖是西南联大历史系的毕业生，他在选定本科毕业论文选题时，确定的主题是"云南史"。针对这一主题，他在研究了一段时间后，拟就了一份提纲，交给了他的本科毕业论文指导教师郑天挺。郑天挺在看过提纲之后，认为这个提纲的内容关涉从先秦到现代的云南整个的历史，时限太长，涉及面太宽，不适合作为本科毕业论文的选题。明智的策略是，选取先秦时期的庄蹻如何在云南称王这样一个问题集中进行研究，还原其历史原貌，这样就很好。杨志玖听后，有醍醐灌顶之感，欣然接受郑天挺的意见。紧接着，他对先秦诸子的著作、《史记》、《汉书》、《后汉书》等典籍中关于庄蹻的记载进行搜集、鉴别、梳理、连缀，终于写就了《庄蹻王滇考》这篇论文。这一具有开创意义的论文随后刊发于北京大学史学会编的《治史杂志》上（封越健，孙卫国，2009：78）。

　　杨志玖不但在本科阶段得到明师的点拨，在攻读硕士学位阶段依然得到了高明导师的指点。他在确定硕士学位论文选题的时候，原来的设想是以"元代回回考"为题进行研究。当他把自己的这一设想告诉其导师姚从吾时，姚从吾认为这样的选题不可取。如果按照原来的想法去做，最多只能说是纂述，"尚不能说是确有心得"。如何着手才算是"确有心得"呢？应该从分析元代回回人的特点及其得到蒙古帝王信任的成因着手。杨志玖听后，茅塞顿开，转而将硕士论文选题改为"元世祖时代汉法与回回法之冲突"，把聚焦点置于"元世祖时代汉人和回回人的政治斗争及其原由"上开展研究，终于写出了一篇出色的硕士论文（杨志玖，1983）。

　　综上所述，我们可以断言，在杨志玖的本科毕业论文与硕士毕业论文写作中，都得到了学术上"真正的过来人"的悉心指点。郑天挺语之切切的是，选题要小而准，不能大而无当。姚从吾言之谆谆的是，做研究不能只有主题意识，没有问题意识，必须从特定的困境、难题入手开展研究。这些治学的原则、理念虽然不是什么高而深的道理，但是对于学术上的初入门径者而言却是非常重要的。

　　总之，在毕业论文指导中，西南联大的教师怀着无私传道的情怀，毫无保留地把治学的原则、理念都传递给了学生，这对于促使学生早日踏上研究的正轨起到了重要作用。

　　需要指出的是，毕业论文指导中虽然有着大量的学术原则、理念的传承，但是这一活动的日常性还是不够充分，更为日常的师生之间的学术共享、互动还是存在于日常生活师生之间无拘无束的"学术谈天"中。这种学术上的神聊与漫谈，几乎每天都在西南联大的教室、宿舍、操场、曲折蜿蜒的校内小径上发生着。在这样的神聊与漫谈中，西南联大的教师几乎是咳珠唾玉，莘莘学子便在这样的漫谈中得到了学术上的滋养。

北京大学的赵宝煦在追忆闻一多时曾说，1944年4月9日，西南联大十多个喜欢写诗的学生跑到昆明郊外司家营找到闻一多，请闻一多担任导师，成立了新诗社。作为导师，他当时对学生是这么说的：

> 作诗不是重要的事，会不会作诗，作不作诗都没关系，重要的是先学做人，要做一个真正的"人"，不要做反动统治者的奴隶。诗人应该走到人民群众中去，要理解人民的痛苦，做时代的"鼓手"，喊出真正的人民的呼声。
>
> 他说：……当一个人对生活有了这样那样的感受，他心头在激动，他想把这种感受倾吐出来，争取别人的共鸣。他要用最好的语言去激动别人的感情。这样的诗才会真实，才会有内容。但是，这样的诗也十分危险；如其他的感受只是个人的休戚，如果他的感情只是无病呻吟，那他将糟蹋了自己，也浪费了别人的时间，欺骗了别人的同情。你们也就可以明白，过去我说过，诗是不负责任的宣传，简直是胡说！只有饱食终日无所事事的人，才有这样的闲情！事实上，也没有这样的事情！你说了话，你发表了东西，你就会这样那样地影响别人。如果说，他是出于无心和幼稚，咱们也得和他大喝一声。
>
> "咱们的'新诗社'，应该负起这个责任，'新诗社'是写诗的团体，但它应该不同于过去和现在那些自命不凡的人组织的团体。比如说，象（应为'像'——引者注）从前的'新月派'，它也名曰'新'，其实腐朽透了。我们的新诗社，应该是'新'的诗社，全新的，完全新的诗社。不仅要写形式上是新的诗，更要写内容也是新的诗。不仅要做新诗，更要做新的诗人。"
>
> （佚名，1980：331-332）

可见，在闻一多与学生畅谈诗道时，对学生所讲的，主要是写诗要以做人为基础、写作要有真情实感、写诗要呼应时代的呼声等，这都是写诗、研究诗歌的根本观念。

有一次，赵瑞蕻和一名同学一起去拜访朱自清。在聊天中，当朱自清知道赵瑞蕻是温州人，而且毕业于温州中学时，很为见到这个老乡而高兴，问了不少温州的情况，还谈到了家乡的梅雨潭。在畅叙同乡情的同时，朱自清还在学业上对赵瑞蕻言之谆谆，诚恳地叮嘱赵瑞蕻："一定要把外国语和外国文学学好，将来再回头来研究中国文学是大有可为的。"对于朱自清的这一教诲，赵瑞蕻说："这是朱先生所给予我的诚挚教导，我一生也忘不了，对我以后的学习和学术研究道

路极有影响。"（赵瑞蕻，2021：68）

许渊冲在回忆吴宓的时候写过两句诗："幸从吴师少年游，译诗方得惊人句。"（许渊冲，2021b：396）可见，吴宓对许渊冲的翻译水平、境界的提升产生了深刻影响。为什么会这么说呢？因为吴宓对许渊冲说过，真境与实境迥异，而幻境之高者为真境。应用到翻译上来就是，形似是实境，意译接近幻境，神似是意译的最高境界，接近真境。吴宓还要求学生熟读英诗，这样才能从实境通过幻境进入真境，从机械唯物主义通过浪漫主义进入理想的现实主义，如此才能译出"得意忘形"的妙句。举例来说，《文汇读书周报》1995 年发表了赵瑞蕻和许渊冲的论战。比如，同一句法文，赵译：我喜欢树荫，许译：大树底下好乘凉。赵译：市长夫人"去世"了。许译：魂归离恨天。许渊冲认为，这两个译例典型地说明了实境和真境的区别。喜欢树荫是实境，但如果经过幻境，想象一下市长为什么喜欢树荫，那就会进入真境，知道市长喜欢树荫，是因为大树底下好乘凉。同样的道理，去世也是实境，是指自然死亡，如果通过幻境显现一下，市长夫人也是自然死亡吗？回答却是含恨而死，这还找得到比魂归离恨天更好的译文吗？所以说，魂归离恨天进入了真境。许渊冲与赵瑞蕻在通信的时候还补充了一件事，说吴宓先生上"欧洲文学史"，点名点到金丽珠，用英文说了一句"A beautiful name"。一个美丽的名字，现在回想起来，名字也是实境，通过回忆的显微镜，看一下这个亭亭玉立的女学生，真境应该是一个美人（许渊冲，2021b：396-397）。

在诗歌翻译的取向上，许渊冲不仅受到吴宓的影响，也受到哲学家冯友兰的影响。据许渊冲回忆，1942 年 6 月 11 日，冯友兰讲"哲学与诗"。许渊冲听后记录如下：

> 诗就写可以感觉的东西，但却在里面显示出不可感觉的、甚至不可思议的东西。诗的含蕴越多越好，满纸"美"呀"爱"呀，叫人读起来一点儿也不美，也不可爱，这是"下乘"；写"美"写"爱"也使读者觉得美、觉得可爱，那是"中乘"；不写"美""爱""愁"等字，却使读者感到美、爱、愁，才是"上乘"。

> 诗的意义越模糊越好，如屈原的《离骚》，你可以说是写香草美人，也可以说是写忠君爱国，使人得到的意义越多越好。诗要模糊可用"比""兴"，如"春蚕到死丝方尽，蜡炬成灰泪始干"。哲学却不同，一句话就是一个意思，而且要清楚；否则，哲学就失败了。（许渊冲，2021b：213）

在听了冯友兰的演讲后，许渊冲在后来的译诗生涯中，始终坚持追求诗歌的含蓄、模糊、多义。对此，他在就自己的诗学主张答中央电视台记者问的时候曾经这么说：比如，要翻译李白诗歌中的"朝辞白帝彩云间"，其中的"彩云"二字，有三种英译文，分别是 colored clouds、rainbow clouds、crowned with clouds。第一种译文说是有颜色的云，译文虽然不错，但不能引发"彩云"给人的美感，是说美而不美，这是"下乘"。第二种译法是说彩虹般的云，这就是用"比"的方法，使人可以看到五彩斑斓的云霞，只是说美而美，可算"中乘"。第三种译法根本没有用"彩"字，却说带着云彩的皇冠，用的是暗喻的方法，不露声色地把云比作皇冠，而皇冠是金碧辉煌、五彩斑斓的。所以不说彩而彩自见，这是不说美而美，可算是"上乘"（许渊冲，2021b：213-214）。在这一生动、切要的说明中，我们可以看到，许渊冲是赞同在含蓄中彰显美的诗学主张的。

在郑敏旁听闻一多上课的时候，也曾受到闻一多思想的深刻影响。闻一多讲《楚辞》，在做史料的分析、考证时，不仅仅依靠所谓绵密、精确的考证，还把自己非常丰富的想象力发挥出来，进行具有独创性的阐释。这让郑敏认识到，在学习、研究古典诗词的时候，每一个人都可以发挥想象力，充分调动自己的人生经验、审美经验，进行创造性的阐释。这种每个读者可以把自己的东西带进课本、带到文本里去，产生非常丰富的联想（张曼菱，2013：244）的理念及其实践，与当代文本阐释的理论已经非常接近了。在那样的时代，能够有这样的见解，是非常难得的。

张世英在谈到金岳霖对他的影响时，曾经说过，金岳霖"不时主动地提到《哲学问题》中所讲的一个主要观点：哲学不会对哲学问题作出一种确定无疑的答案为所有人接受，哲学之所以值得学，也不在于它的答案，而是在于问题本身，在于提出问题，这些问题能丰富我们的想象力，让我们能展望事情的各种可能性，而不受各种习俗偏见的束缚，从而扩展我们的思想境界"（张世英，2008：53）。这一思想对张世英的哲学思考产生了深刻影响。对于这一点，张世英说："罗素和金先生关于哲学的价值在于扩展思想境界的论点，在我近一二十年来所形成的哲学思想中，还保留着一些印迹。"（张世英，2008：53-54）可见，在日常的学术聊天中，金岳霖不时就罗素的《哲学问题》中的一个主要观点，即哲学不是给人们提供固定的答案，而是丰富人们思维的向度，提升人们的思想境界，向张世英进行旁敲侧击的说明，使这一观念渗透在张世英的头脑中，以至于张世英在晚年的哲学思辨中，境界成为其哲学研究中重要的支配性观念之一。

冯契在谈到汤用彤对自己学术研究的影响时，对下面这一点感触颇深：

在司家营期间，我特别就魏晋玄学和中国佛学两个领域跟汤先生讨论了许多问题。关于魏晋玄学，汤先生首先提出以"自然名教"之争、"言意"之辩、"有无、本末"之辩来概括魏晋时期的哲学论争，由此出发，历史地考察各派思想的演变，从而揭示出发展的线索。我向汤先生谈过自己的体会，认为他这种从把握主要论争来揭示思想的矛盾发展的方法，实质上就是运用辩证法来治哲学史，这不仅对魏晋玄学、而且对整个中国哲学史的研究，都是适用的。虽然汤先生当时还缺乏唯物史观，他的方法论还有待改进，但他用自己的方法论对魏晋时期作典型解剖，已取得了卓越的成就。他从"有无、本末"之辩说明了从王弼"贵无"到向、郭"崇有"、再到僧肇"非有非无"，是玄学发展的主线；同时在佛学般若学中，由道安（本无）、支遁（即色）到僧肇，也经历了类似过程。这一个理论线索显得干净利落，对学者很有说服力，并能给人以思辨的美感。记得我读了《庄子注》，曾写过一篇读书笔记给汤先生看，笔记中提出郭象学说的主旨在"独化于玄冥之境"，亦即"有而无之"；在王弼"贵无"、裴頠"崇有"之后，郭象试图综合二说；并提出汤先生的框架还可以作些改进。汤先生是喜欢学生提不同见解的，他看了我的笔记，连声说"很好，很好"，并鼓励我循着自己的思路作进一步的探索。后来我经过探索，对魏晋时期的哲学演变形成了一点看法，写在《中国古代哲学的逻辑发展》一书中。我的看法和汤先生稍有不同，但以"有无、动静之辩"来考察魏晋南北朝时期哲学发展的主线，基本上是循着由汤先生开拓的路子前进的。（冯契，1993）

在这一段回忆中，冯契想要表达的是，他在和汤用彤轻松、自在的论学过程中收获最大的是，汤用彤把握魏晋玄学的发展，是抓住当时哲学界争论的最主要的哲学命题，如自然与名教之辩、有无之辩、言意之辩、本末之辩，考察其在矛盾中不断发展的历程，凸显那一时期整个哲学的发展脉络。冯契把握住了汤用彤这一哲学研究方法论的精髓，觉得其是将辩证法运用于哲学史研究的范例。于是，他在自己的研究中也试着采用这一方法论。这一尝试得到了汤用彤先生的首肯，于是他就一直沿着这条学术路径走下去。在晚年的哲学史著作《中国古代哲学的逻辑发展》中，他非常娴熟地使用了这一方法论，书写了魏晋时期的哲学全貌。一个哲学家在其晚年具有代表性的著作中还在自觉地采用老师的方法论，可见汤用彤的思想对冯契的研究影响之深。

汪篯是西南联大时期北京大学文科研究所的研究生，其导师是陈寅恪。在所期间，他与陈寅恪朝夕相处，受其影响颇深。对此，汪篯在 20 世纪 50 年代初期的自述中曾说："我是陈寅恪先生的学生，受他影响很大，陈研究历史的方法是辩证而不唯物的，我也这样，陈的研究历史是从具体材料出发，而且不轻易写文，我也这样。"（北京图书馆《文献》丛刊编辑部，吉林省图书馆学会会刊编辑部，1984：127）显而易见，汪篯的研究方法论打上了陈寅恪思想的烙印。对此，有研究者曾经指出，中华人民共和国成立之前，汪篯的许多文章"是受陈先生的学术观点、治学方法的影响而写成的，师徒相承之迹，跃然纸上"（北京图书馆《文献》丛刊编辑部，吉林省图书馆学会会刊编辑部，1984：126）。

综上所述，在师生之间的"从游"中，涉及的更多话题往往是如何开展研究、如何撰写学术论著等方面的方法论和规范。这既是这一途径的局限，也是其长足之处。它的局限在于，无法展现具有系统性的学理、方法，充分体现某一学科、知识部类的魅力，但是由于其圆转如意、灵活多变，恰恰能够在对学生学术观念的形塑、转移上产生很大的影响。正是因为这样，在西南联大学生的心目中，在这样的"大课堂"中所获远远多于在单纯的课堂中所获。如李埏在忆及张荫麟时说："由于他诲人不倦，我感到课外从他得到的教益比在课堂上还多。因为在课堂上他是讲授专题，系统性逻辑性强，不可能旁及专题以外的学问；在课外，则古今中外无所不谈。"（周忱，2002：266-267）汪曾祺在谈及沈从文对学生的影响时认为，沈从文先生对学生的影响，课外比课堂上要大得多（汪曾祺，2021：47），这应该都是实事求是的评价。

第四节　德性的养成

师生之间的"从游"，不仅对学生的精神境界、把握世界的方式、探究的方向、学术观念等的形成产生了至关重要的影响，对学生德性的养成的影响也是深刻的。从下面的论述中，我们能够清晰地看到这一点。

一、学术品格的生成

（一）学术与生命合一的品格

西南联大"从游"之风盛行在陶冶学生品格上的作用，首先表现在：教师时时处处系念学术、将生命忘我地投入到学术中的精神，在"从游"中对学生发挥着强烈的"辐射"作用。

对于自己的学术事业的系念，西南联大的教师可谓"造次必于是，颠沛必于是"。在从北平逃往大后方的路上，闻一多"根本考虑不到要带什么东西。可他想的是一件事：学问。就带了两本书，还有他的一些稿子"。像他夫人的首饰等，这些值钱的东西他没带（张曼菱，2013：28）。江泽涵也是如此，他的儿子江秉权在回忆离开北平时候的情形时说："到了火车站，我父亲、母亲带着我们三个孩子，我是五岁，我弟弟是三岁，我哥哥是七岁。我父亲提着个箱子，我母亲抱着我弟弟，领着我。我哥哥在一边。仓促逃难，没带什么东西，最重要的是，带着我父亲的两本拓扑学。这是他到哪儿都离不开的。"（张曼菱，2013：29）江泽涵一家五口仓促逃难，几乎没有带什么东西，唯一在意的是他的关于拓扑学的专业书。流离颠沛之际，一般人关注的都是带上金银细软，以防不虞。西南联大学人却大相径庭，带的是与学术的精进密切关联的书籍、手稿。可见，他们心心念念牵挂的是学术，学术是他们的生命中最重要的支柱。

因为学术是他们生命中最为重要的支柱，因此学术几乎充斥着这些学人日常生活中的每一个角落、每一个时刻。朱自清就是这样一个典范。对此，朱自清的妻子陈竹隐曾经说：

> 我们共同生活的十七年的时间里，佩弦从没放松过一分一秒。他的作息时间安排得很严格，早晨起床作早操，冷水擦澡、洗脸，漱口时就把书放在洗脸架上看，然后喝一杯牛奶就到图书馆去。中午回家吃饭，饭后看报。图书馆一开门便又去了，吃罢晚饭，还要去图书馆，直到闭馆才回家。进家门

便又摆上东西写，一直到十一点休息。除了生病，我从未见他十一点前睡过。我常劝他中午休息一会儿，他也不听。他一辈子吃饭都是大口大口地很快地吃，深怕耽误时间……他真是抓紧匆匆来去的分分秒秒地读呀，写呀！连我们每天说话的时间都很少。刚结婚的时候我觉得有些苦恼，但渐渐看他对事业的热爱，看到他不断发表作品，想到他对学生、对文学的贡献，常常为他的精神所感动，我想我应该支持他，我也要为他事业的成功付出代价，所以我便把家务事都承担起来，让佩弦更好地去研究学问。（朱自清，1997：304）

在朱自清妻子的眼中，学术几乎占据了他的所有时间、生活空间，连和妻子聊天的时间都没有，真正做到了争分夺秒、全身心投入学术。

当然，判断一个学者的学术是否和他的生命合为一体，还有一个重要的衡量尺度，那就是当有外界的诱惑牵引学者离开学术时，这个自诩为学者的人是否有足够的定力。如果能够做到"富贵不能淫"，那就说明学术已经融入他的生命中，完全割舍不下了。如果稍有名利诱惑，就把学术放弃了，只能说明学术对他来说是可有可无的装点，而不是生命中不可或缺的一部分。西南联大的学者就是那种面对种种世俗的诱惑，持守学术、永不言弃的人。

闻一多就是这样的典范。1938 年，教育部政务次长顾毓琇力邀闻一多去做官。闻一多深知做官的种种好处，家人与不少朋友也劝他弃学从政，但是闻一多还是谢绝了顾毓琇的邀请。他对顾毓琇是这么说的："兹事体大，万难胜任。且累年所蓄著述之志，恨不得早日实现。近甫得机会，恐稍纵即逝，将使半生勤劳，一无所成，亦可惜也。"（闻立鹏，张同霞，1999：126）在这里，他说得特别清楚，之所以不愿意接受顾毓琇的邀请，出任教育部官员，是因为他不想放弃"累年所蓄著述之志"。

沈从文在 1942 年给其大哥的信中写道："若非局势大变，我们上路事是不能成功的！主要是不想与学校离开。照收入说，教书最苦，随便换一职业即可将生活改造。不过从习惯说，教书总还是与理想工作相称，所费时间不多，过日子比较简单，不用无味应酬，大部分时间可用到写作或读书，目下生活即较寒酸，十年八年后论及'成绩'时，总还可希望有几本书拿得出手，比别的事来得实在些。"（沈从文，2011：4）

沈从文说自己的日子虽清苦，但做大学教授是其最为理想的职业，不能放弃。其说辞与闻一多的说法虽稍有不同，但甘守清贫、不愿放弃学术工作的心态是如出一辙的。这充分说明学术工作已经沉浸到其骨子里，成为其生命中不可或缺的一部分。

受他们这种精神的影响，学生身上也形成了一种学术与生命合一的品格。在谈到这一点的时候，已经进入垂暮之年的著名诗人郑敏曾这样说：

> 我觉得西南联大的教育一个最大的特点，就是每个教授他这个人跟他所学的东西是融为一体的。因为在战争时期，我们都住得非常近，我经常在街上碰见那些教授，你会觉得他们走到哪都带着他的问题，他的人跟他的学问是合一的。这对我的熏陶极深，我就生活在一个浓厚的学者的文化艺术氛围里面，这种无形的感染比具体知识的传授要大得多，像是注入了一种什么东西到我的心灵里面，以后我对艺术的尊敬，对思考的坚持，都是从这里来的。有些教授上课基本上都不带讲稿，像闻一多总是一边含着烟斗，离学生很近地坐着，他就好像是一边在想一边在说的。还有一个讲康德哲学的郑昕教授，他整个讲了一年都是在思考一个很深的关于"物自身"的哲学问题，围绕着这个问题来讲康德，这对我的影响深极了。西南联大的教育就有点像孔子带着他的弟子们走来走去。老师整个的就成为思考的化身，这种精神是我以后在任何学校都找不到的。（郑敏，2004：269-270）

可见，正是在闻一多、郑昕等为代表的教师的影响下，师长一辈的"学问跟人生合一"的品格深深地镂刻在以郑敏为代表的莘莘学子身上，成为他们一生抹不去的印记。因此，那些西南联大的学子终身信奉真正潜心学术的人是要把生命放进去的（《朱德熙先生纪念文集》编辑小组，1993：15），数十年沉潜在自己认定的"真问题"中，为之殚精竭虑。

张世英便是这样一个典范。他在晚年答记者问时曾说："我一点都不寂寞，我是一个问题接一个在思考……我的新书《哲学概论》把我最近一二十年的东西总结了一下。我在想下一步干什么，想向美学伸展，写一个系统的东西，希望自己的哲学有体系而又不是概念化的。他们都说我的哲学已经成了体系，但我自己还很不满意。我很少一个人在家闲坐，总是看书或者写文章。一离开书桌，我就去周围公园散步。哲学和散步都不误，散步时还想哲学问题。"（张世英，2008：

311）张世英"一个问题接一个在考虑"，即使在"散步时还想哲学问题"，力图建构一个成体系但又非概念化的哲学系统，恰恰是其把学术融汇到生命中、一辈子不懈探究的明证。

王瑶亦然。钱理群在谈到其恩师学术与人生合一的品格时曾说，王瑶"几十年如一日地时时刻刻都处在'学术研究状态'中，连平时看报、听戏、看电影都能随时赋予他学术的灵感"（钱理群，1997：50），这是何等的难能可贵！王瑶之所以能够成为中国现代文学研究的"旗手"，在现代文学研究上做出了许多堪称开天辟地之作的"大成果"，与此密切相关。钱理群在谈到王瑶如何为研究《〈故事新编〉散论》积累材料时曾说，那些材料"有的是剪报，有的是正规的卡片，有的竟是香烟盒、旧日历；上面或密密麻麻地抄录着原始材料，或歪歪斜斜地写着三言两语偶尔掠过的思考，有的就只有有关材料的出处；再仔细看，这些纸片的时间跨度竟长达几十年"（钱理群，1997：49）。这正说明王瑶是随时随地都在思考与《故事新编》密切相关的问题，当有灵感翩然而至时，会即刻信手把自己的想法记下来。这不正是王瑶几十年如一日随时随地处于"学术研究状态"的最好例证吗？如果不是真正把学术融入自己的人生中，绝不可能出现这样的情形。

除了在日常生活的每时每刻都处在研究、思考的状态，西南联大学子把学术与人生合为一体的另外一个面向是：论学谈文成为他们日常生活中不可缺少的组成部分。在当时的西南联大，除了教室，茶馆、宿舍是他们日常生活中停留时间最长的地方。他们不仅痴迷于茶馆中的"高谈阔论"，还在宿舍中进行着"无休止"的论辩。

在距离西南联大不远的凤翥街、文林街上，大小不等的茶馆星罗棋布。进茶馆喝茶，虽然不是免费，但所收的茶资非常低廉。只要付出一个、两个铜板，就可以在茶馆里面坐上一整天。对于"穷学生"来说，甚至可以只要一杯不放茶叶的白水（俗称玻璃），就可以堂而皇之地坐上一天茶馆。加上茶馆的汽灯比学生宿舍和学校图书馆的灯要亮很多，几乎所有的西南联大学子都形成了"泡茶馆"的习惯。当然，他们"泡茶馆"显然不是为了品茶，而是为了寻找一个方便论学的场所。在不少西南联大学生的忆念性文字中，都可以很清楚地看到这一点。

杨振宁就曾说，大约在1942年，他与张守廉、黄昆养成了一个习惯，每天吃过晚饭后，三个人聚在一起，用一两个小时去"泡茶馆"。在茶馆里的谈天中，涉及的话题非常广泛，从世界各国不同的文化模式到新近看过的电影，从古代各国的历史到当代各国的政治，都在谈论的范围之内。当然了，谈天的中心是学术问题，尤其是物理学的学术问题，主要是"无休止地辩论着物理里面的种种题目"（杨振东，杨存泉，1998：17）。与物理系的"三剑客"的论学热情不遑多让的是学生诗人们。在不少下午，他们喝着茶水，置身于乡下来的农民和小商人的嘈杂声中，热烈地讨论着种种写作新诗的技术细节（本书编辑委员会，1990：567）。

在茶馆中时间有限的争论中，莘莘学子的争辩往往是悬而未决，于是在茶馆关闭之后，这样的争辩便在校园中的宿舍或小径上延伸开去。

杨振宁在忆及学生时代时曾说，有一次，在一间简陋的茶馆中，他与黄昆等同学一起讨论物理学中著名的"哥本哈根学派"中的一个重大而微妙的问题，即量子力学中"测量"的意义问题。这一争论从一开始喝茶就"挑起战端"，直到很晚了返回学生寝室，灯都关了，躺在床上，争辩依然没有止息。尽管时间已经过去半个世纪，他已然无法记得当时争辩的确切细节了，也记不清哪个人持的观点是什么，但是有一点依然历历如在眼前：大家都从床上爬了起来，点上蜡烛，不断翻看海森伯的《量子理论的物理原理》，通过这部经典中的论述来调解他们之间的辩论（杨振东，杨存泉，1998：17）。

王佐良在忆念西南联大诗人们热情论学的情形时说，他们高声的辩论常常是在夜晚进行的。诗人们先是在茶馆中辩论，待悬而未决时，他们会围着校园，一圈又一圈，不知休止地走着，边走边辩论（本书编辑委员会，1990：567）。

与物理系、文学系的莘莘学子似乎永远都不会疲厌的论辩相比，历史系、哲学系的学子们也毫不逊色。何兆武与王浩之间的论辩即是如此。他们经常在茶馆、校园的小路上、宿舍中展开毫无拘束的"海阔天空的论辩"，被何兆武称为学生生涯中"最美好的精神享受"。到了年逾九旬之时，何兆武仍然对他与王浩之间有关"什么是幸福"的问题的论辩念念不忘。据何兆武说，这是他和王浩往复若干次讨论的问题。对于这一问题，王浩的主要观点是："幸福不应该是 pleasure，而应该是 happiness，pleasure 指官能的或物质的享受，而幸福归根到底还包括精神上的，或思想意识上的一种状态。"对于王浩的这一观点，何兆武不完全赞同，他的观点是："幸福应该是 blessedness（赐福），《圣经》上有云：'饥渴慕义的人有福了。'可见'福'的内涵是一种道义的，而非物质性的东西。"可见，何兆武的中心意思是，幸福是因为信仰而获得的心灵的高度宁静的状态。针对何兆武的观点，王浩提出了质疑："那么宗教的虔诚应该是一种幸福了。"何兆武对这一质疑的回应是："简单的信仰也不能等同于幸福，因为它没有经历批判的洗练，不免流入一种盲目或自欺，只能是沦为愚夫愚妇的说法。一切必须从怀疑入手。"（何兆武，文靖，2006：224-225）显然，何兆武进一步表达的意思是，幸福无法依靠盲目的信仰获得，而是需要精神修养的主体通过对人性弱点的"拷问与扬弃"才能得到。通过这一方式获得的心灵的宁静，才是无法移易的真正的幸福。争辩进行到这一步，王浩才对何兆武的这一观点表示赞同。对于围绕这一主题的争论，何兆武在垂暮之年追忆时还甚为自得："每次讨论总是他说服我，这一次我说服了他，不禁心里一阵快慰。"（何兆武，文靖，2006：224）

颇具诗才的许渊冲与好友之间的论学热情亦然。在许渊冲的日记中，有不少与同学论学的记载。如在1939年9月24日的日记中有如下记载：

> 晚上同万兆凤、张汝禧、何国基、陈梅谈天，谈到关于严嵩的传说，关于师爷的故事（如师爷听人"开口便叫三娘子，便知三郎不在家"。）。后来谈到翻译的问题。张汝禧说翻译可以比原文好，如《鲁拜集》；我说需要经过比较才能这样说。他说他相信别人说的，并问我相信历史吗?我说历史和翻译理论是两回事：历史是事实，翻译理论是见解；事实只有一个，见解可有多种多样。再后谈到真理，他说真理只有瞬间真理，例如我说你是许渊冲，一分钟后我还说你是许渊冲，但在这一分钟间，你身上死了许多细胞，你就不是一分钟前的许渊冲了。所以真理只是瞬间的。我不同意，认为他把真理和事实混为一谈了。万兆凤认为是定义的问题，谈得很热闹。（许渊冲，2008：141）

在这一与同学谈天的实录中，我们不难发现，他们讨论的主题涉及历史人物、翻译理论、真理与事实、逻辑上的定义等问题。最为日常的同学之间的聊天，居然涉及历史、语言、哲学、逻辑学等方面的问题，可谓广度与深度兼具。

许渊冲在与同学匡南的闲聊中，也与此次几人聊天的情形颇为相似。据许渊冲回忆，在吃完晚餐后，他和匡南走在月下翠湖的小堤上，看到翠湖的美景，便"谈起朱光潜的美学来"，由其引申到"第一次看翠湖是用艺术态度，以后就会是实用态度了"。接着又大谈相对论、曹禺和冯友兰等的演讲。当把匡南送到住处之后，许渊冲还不够尽兴，对匡南说："今夜月光这样好，我们再走走如何?"接着，他们又在月下散步，"谈到辩证法的矛盾统一律，质量互变律，否定之否定律，越谈越来劲"。一直谈到晚上九点，才分手（许渊冲，2008：166）。

西南联大学子这种在日常生活中以论学谈文为乐的习惯在形成之后，成为他们一生中挥之不去的"烙印"。在西南联大学子后来的人生历程中，"神聊"学问成为他们日常生活中不可或缺的组成部分，甚至是最重要的支柱。

朱德熙即是以"神聊"学问为乐的一个典范。大约在 1983 年，在他的倡议下，组织起一个研讨语法问题的学术沙龙，参加者是朱德熙、陆俭明、马希文、叶蜚声等在语言学研究上有一定造诣的专家，地点是朱德熙的家中。他们每一个星期选定一个晚上讨论一次。每次讨论都要持续到晚上 12 点以后，有时甚至会把讨论延续到凌晨 1 点多，直到朱德熙的妻子频频提醒，方才结束讨论（《朱德熙先生纪念文集》编辑小组，1993：263）。这样的学术沙龙一直持续到 1989 年 6 月朱德熙出国，才宣布暂时终止。其六七年一直保持着旺盛的论学热情，是难能可贵的！即使到了美国开始讲学生涯，论学盘道的学界友人少了许多，朱德熙的谈兴依然如在北京大学时一样。只要能够找到和他对谈的友人，便聊起来无休无止。甚至在生命中的最后几个月中，在已经获知自己罹患癌症的时候，依然与友人谈学论道到凌晨三四点。兴致颇高时，竟然会通宵达旦（《朱德熙先生纪念文集》编辑小组，1993：307）。如果不是已经达到论学成癖的境界，怎么可能有这些异乎常人的举动？

王瑶也是"神聊"学问成瘾的人。他的弟子孙玉石说："先生内心有时是很寂寞的。但也有最快乐的时候，那就是与学生们聚集一堂，漫天神聊的时候。"（《王瑶先生纪念集》编辑小组，1990：190）显而易见，在其得意弟子孙玉石看来，"神聊"学问对于王瑶来说是最为美妙的精神享受。王瑶的另外一名弟子赵园则以女性特有的细腻、敏感，看到了学术聊天对于其师的另外一种意义。她说，每当她去拜访王瑶先生的时候，"走进客厅到起身离去，先生通常由语气迟滞到神采飞扬，最是兴致盎然时，却又到了非告辞不可的时候。我和丈夫拎起提包，面对他站着，他依然陷在大沙发里，兴奋地说个不休。看着他，想……他需要热闹，尽兴地交谈，痛快淋漓地发挥他沉思世事的结论，他忍受不了冷落和凄清"（《王瑶先生纪念集》编辑小组，1990：251-252）。可见，在赵园看来，海阔天空的"神聊"简直就是王瑶的人生支柱。

在"神聊"学问之时，参与聊天者不仅会从别人那里吸取到自己未曾涉猎过的知识，更为重要的是，参与者在对话中可以找到创造的灵感，生发出新的思想要素。对此，曾经深受其惠的何兆武说："我的许多想法就是在和同学们的交谈中得到的启发，有些甚至伴我一生。"（何兆武，文靖，2006：113）因此，我们可以说无论是在青春年少中的学术起步阶段，还是两鬓斑白的功成名就之时，这种"跑野马"式的学术聊天，都应当会给西南联大学子带来过发现的喜悦与创造的欣喜。这也许是他们对"神聊"欲罢不能的深层动因，只是连他们自己也未能自觉意识到罢了。

（二）对独立品格的持守

西南联大教师在"从游"中自觉不自觉地培育学生的独立思考意识，终于结出了硕果。在西南联大学生中间弥漫着浓烈的独立思考之风。不盲从学术权威的见解，成为西南联大学子共同的行为倾向。从有限的几则史料中，我们不难窥见这一点。

钱穆在西南联大开的课是"中国通史"。在该课中，钱穆极力张扬中华文化的可敬可爱之处。当时听课的何兆武在私下对钱穆的这一倾向提出了不同意见。他认为钱穆对中国传统文化的态度，就像是"情人眼里出西施"，只是看到它美好的一面，对传统文化里腐朽的部分并没有正视，这是他的局限性（何兆武，文靖，2006：111）。当时的钱穆已经是名满天下的大学者，而何兆武不过是一个在读的大学生，何兆武敢于对钱穆的思想倾向表达自己的不同见解，无疑是独立意识在起支撑作用。

金岳霖是周礼全的毕业论文指导教师，一次，金岳霖约周礼全就毕业论文进行探讨，于是在他们之间便发生了这样的辩论：

> 金先生对我的论文提出了一系列的问题和批评。我就一个一个问题作出答辩。金先生又对我的答辩进行批评。我又为我的答辩辩护。这样一来一往，辩论越来越激烈，声调也越来越高，使得梁先生家里的人推开门来看，是否我同金先生吵架了！这次辩论从下午两点多一直延续到快六点。我告辞时，金先生把论文还给我。我在回联大的路上翻阅了我的论文，看见金先生在论文上多处写了批语。我现在还记得的批语有："无的放矢"，"这是自相矛盾"，"你现在不也承认了外物吗"。我当时感到很失望，而且还担心金先

生会给我一个"不及格"的评分。但是，后来评分公布，出乎意料，我不但及格了，而且评分还是相当高的。（西南联大北京校友会，2008：157）

在金岳霖、周礼全二人的辩论中，世俗的面子、尊卑等观念荡然无存，有的只是坦陈己见、针锋相对。

西南联大学生不但敢于对自己老师的学术见解提出异议，就是对公认为一代大宗师的人物，他们也敢评头论足。例如，杨振宁和黄昆常常在茶馆里高谈阔论。在那些高谈阔论中，其中有这么一次对话，尤其可见西南联大学生的气魄。黄昆问杨振宁："爱因斯坦最近又发表了一篇文章，你看了没有？"杨振宁说："看过了。"黄昆又问："那你以为如何？"杨振宁把手一摆，脸上显出一副很不屑的样子，说道："毫无 originality（创新），是老糊涂了吧。"（何兆武，文靖，2006：128）一个物理学界的后生小子竟然将物理学界一代宗师的文章贬得一文不值，如无强烈的独立意识、怀疑精神，是不可能发此惊世骇俗之论的。

当然，西南联大学生表达自己的独立见解，不只发于私下，就是在大庭广众之中，也常常对老师的见解提出自己的不同意见。

殷海光与杨振宁的气魄相似。他在上冯友兰讲的中国哲学史研究一课时，不仅在自由发言时，"滔滔不绝"，话里面夹杂着好多德文，-keit、heit 一大堆尾缀，挺"唬人"的，而且敢言人之不敢言，如他就曾经在课堂上直言不讳地说："胡适这个人一点哲学都不懂！"听了殷海光的这一言词，惹得何兆武暗想："这个人怎么如此之狂妄，年纪轻轻的连学术界的泰斗、文学院院长胡适也敢骂，简直是目空一切。"（何兆武，文靖，2006：218-219）

在金岳霖的"逻辑学"课上，有一个来自湖北的同学总跟金岳霖辩论。常常是一上课就说："啊，金先生，您讲的是……"普通学生没有那个水平，只能听他们两个人辩。还有一个理学院姓熊的同学，对于周培源所教的力学，有很多不同意见。因此，这位熊同学在下了课之后，常常跟周培源辩论。周培源说："你根本就没懂！你连基本概念都没弄通！"可是这位同学总是不依不饶地与他辩论。在他们辩论的时候，周围还有很多人听。因为这样的辩论经常进行，周培源和他的学生站在那里辩论，一群人围着看，都变成了西南联大南区的一道"风景"了（何兆武，文靖，2006：112）。

总之，无论是在私下发表自己的独立见解，还是在稠人广众中与教师论辩，都凸显了西南联大学生强烈的独立思考意识。在这一意识的支配下，西南联大学生就不会为所谓的学术权威的见解所左右，自然能够保持自己思考、探究的独立与自由。这些西南联大学子虽然到了人生的垂暮之年，依然将学术的独立、自由奉为圭臬。

朱德熙在 20 世纪 80 年代担任北京大学副校长期间，只要有合适的机会，就会大力宣扬学术自由之于大学的重要意义。在各种场合，他常常对丁石孙等北京大学的高层决策者们说，西南联大之所以能够在短短的八年多时间中创造了辉煌的办学奇迹，其根源是："共同之处就在于都有学术空气，都有学术上的民主作风。缺了这两条，大学是办不好的。"（《朱德熙先生纪念文集》编辑小组，1993：14）朱德熙在这里特别强调的"学术上的民主作风"，其实不过是学术自由、独立的另外一种说辞。

王瑶作为中国现代文学研究的奠基人之一，尽管其学术道路一直是沿着"政治正确"的方向前行的，但在其内心隐秘的角落里，依然对学术的自由、独立怀着深深的眷恋之情。正是因为这样，他才会于 1984 年在日本访问期间答日本友人之问时，对知识分子和士大夫做出这样的比照："最大的不同是过去的士大夫都服从于皇帝，而现在的知识分子至少表面上是人格独立的。"（王瑶，1995：70）显而易见，在这里，已经隐隐透射出他对学术自由、独立的念念难舍。到了1986 年，整个国家的思想氛围更为宽松，他就开始直抒胸臆："什么是知识分子呢？他首先要有知识；其次，他是'分子'，有独立性。否则，分子不独立，知识也会变质。"（夏中义，2000：389）这是其学术自由、独立心声的直接告白。20 世纪 80 年代，在他人生之路即将走到尽头之时，更是对自己的门下弟子殷殷叮咛。他对钱理群说的是："不要到处打听消息，少做无谓的分析，不要瞻前顾后，不受风吹草动的影响，沉下来，做自己的学问。"（钱理群，1997：53）他告诉温儒敏的是："搞学问不必东张西望，埋头下功夫，就能出些对国家对社会有用的成果。"（《王瑶先生纪念集》编辑小组，1990：262）在面对得意弟子时所叮嘱的这一连串"不要"，显然是在明确告诫弟子们，从事学术研究一定要抱持独立意识，坚决不受政治的左右。在这似乎是生命的"最后绝唱"中，正折射出了其对学术自由、独立的坚定信念。

汪子嵩在晚年忆及西南联大时，曾用几乎不容置疑的口吻说，"如果有人问：西南联大留下了什么重要的经验教训？我将毫不迟疑地回答说：学术需要自由!"（西南联大北京校友会，2002：122）这就把他对学术自由、独立的坚持一语道破了。

（三）为家国服务

学术与生命合一、独立、自由等品格对于学者的治学来说固然重要，但是在学术工作中要抱持家国天下情怀，更不可等闲视之。毕竟这一品格关乎学者的学术工作是否能够最大限度地为天下苍生的福祉服务。在这方面，西南联大的教师也在日常的"从游"中对学生产生了深刻影响。

郑临川在上闻一多开设的"楚辞"课时，听到不少同学说，闻一多是一位非常喜欢学生提出新异之论的教授。于是，在写作这门课的课程论文时，花了不少功夫，力图证明中国古代历史上屈原这个所谓的"伟大的文化人物"是不存在的，这可以说是非常大胆、新奇的结论。针对郑临川的这一举动，闻一多专门让同学带话，让郑临川到他在西仓坡的家中去。师生二人在家中的畅谈中，闻一多针对郑临川结课论文中否定屈原其人存在的倾向，非常严肃地说："否认屈原的存在，对于抗战会有什么好处？要记住！做学问绝不是为了自我表现，是要为国家民族的生存和进步作出有益的贡献呵！"这一席振聋发聩之语让郑临川感到"万分羞愧"，实实在在感到了老师对自己的"深刻教育"（闻一多等，2014：2-3）。显而易见，闻一多对郑临川言之谆谆，集中强调的是，做学术工作绝对不是为了满足小我的蜗角虚名与蝇头小利，而是为了实现国家、民族的大利与大义。

郑临川在旁听罗庸开设的"唐诗"一课时，提交了一份颇有见地的课程作业，这引起了颇具爱才之心的罗庸对郑临川的关注。于是，罗庸专门请人传话，在家中约见郑临川。在约定的那天，郑临川与自己的一位好友一起去罗庸家中拜访。从郑临川的作业中透露的信息，罗庸了解到郑临川的家乡是湖南，而且是"身世孤贫"。因此，在师生畅谈中，罗庸再三褒扬湖南的先贤先哲对中国近代发生"千年未有之大变"在推动政治进步、文化繁荣上做出的巨大贡献，并且特别叮嘱郑临川：今后无论如何都要认真精读《船山遗书》，学习王夫之在民族危急存亡的紧要关头，一点都不灰心丧志，在万分艰难困苦的环境里为未来复兴大计发奋著书的治学精神（罗庸等，2014：2）。与闻一多对郑临川的谆谆教诲相比较，罗庸的亲切教导显然更有针对性。在抗日战争时期，对于中国的存亡，许多人是非常悲观的。为了防止自己的学生滑入悲观论者的泥潭，罗庸特意叮咛郑临川，希望他勇于接踵乡贤的精神，在极其艰难的环境中，绝不灰心丧志，立志为国家的复兴积累学术资粮。一片婆心尽在其中。

正是在这样的谆谆教诲中，西南联大学子中涌现出一大批的爱国志士，把毕生心血投入到为祖国富强的事业中。在他们的学术事业中，没有个人私利、虚名的立足之处，心心念念所系者，只是国家的富强。

邓稼先便是这样的典范。为了造出中国第一颗原子弹，他可谓鞠躬尽瘁、死而后已。对于他的心志，他的夫人许鹿希曾经说，"后来我们俩谈了很久，他谈了很多日本人怎么欺负中国人的事。他说什么我听着。之后，他就突然一句话：'我今后的生命就交给今后的工作了，为了干好这件事，就是为了它死了也值得。'他说这句话，我就掉眼泪了"（张曼菱，2013：376）。邓稼先的这番话，真的可谓掷地有声！他决意把自己有限的学术生命投入到为国家强大、不受列强欺辱的伟大事业中，虽然献出生命，也无怨无悔。当了解到这一点的时候，我们就不难理解为什么在原子弹爆炸的现场，当工作人员找不到残存的弹片时，明知道接触弹片对自己的身体健康有极大的损伤，他却抱着"我不入地狱，谁入地狱"的心情，果断地走入爆炸的中心地带，抱出了残存的弹片。

朱光亚也是如此。中华人民共和国刚刚成立之时，百废待兴，需要大量科学技术人才发挥关键作用。朱光亚深知那个时候是祖国最需要他，需要像他一样的留学国外的科技人才很快回国的时候。因此，1949 年 11—12 月，在美国留学的朱光亚、曹锡华等多次以留美科协的名义组织召开中国留学生座谈会，向大批留美学生介绍国内情况，商讨从事科学研究有所成就者在建设新中国中的作用，极力鼓动大家："祖国迫切地需要我们！希望大家放弃个人利益，相互鼓励，相互督促，赶快组织起来回国去。"朱光亚还组织大家依照《打倒列强》这一歌曲的旋律，编制了《赶快回国歌》，每次聚会都要组织大家齐唱："不要迟疑，不要犹豫，回国去，回国去！祖国建设需要你，组织起来回国去，快回去，快回去！"（顾小英，朱明远，2011）1950 年 2 月，当朱光亚得知美国随时准备对中国实行全面封锁的消息后，忍着心痛告别了学业尚未完成、还在热恋中的未婚妻，严词拒绝了美国经济合作总署（Economic Cooperation Administration，ECA）提供的救济金，自筹资金，抢在美国对华全面封锁之前，匆忙踏上"克利夫兰总统"号轮船，取道香港，义无反顾地投身刚刚诞生的新中国的怀抱。

他们的这种伟大胸怀、高尚品格，如无西南联大时期与老师们朝夕相处中的濡染、熏陶，其形成、稳定几无可能。追本溯源，还是西南联大教师的人格伟大成就了学生的伟大。对于西南联大教师的学术救国情怀，前面已经做了具体论述，为了强化这一点的论证，笔者愿意把费孝通的一个总结于此处，再次凸显这一点，费孝通是这么说的：

> 我希望自己能超脱出来我这一代，设身处地去想想上一代知识分子的精神特点，领略一代风骚。我写过一篇文章，叫《清华人的一代风骚》。这一代人在精神上有共同之处，在各个学科上都表现了出来……他的生活里边有个东西，比其他东西都重要。我想这个东西怎么表达呢？是不是可以用"志"来表达，"匹夫不可夺志"的"志"。这个"志"在我的上一辈人心里很清楚。他要追求一个东西，一个人生的着落……他的"志"在什么地方，我看的不一定对，但我看到了两个主要的东西，第一个是爱国，这是我看上一代人首先看到的东西。他们的爱国和现在讲的爱国不同。他们真的爱国，这是第一位的东西。为了爱国，别的事情都可以放下。第二个是学术，学者要有知识，有学识。开创一个学科或一个学科的局面，是他一生唯一的任务。一是"爱国"，一是"学者"，曾昭抡先生身上这两个东西表现得很清楚。现在的学者，当个教授好像很容易，搞教学可以，到科学院也可以，他已经不是为了一个学科在那里拼命了，很难说是把全部生命奉献于这个学科了。（费孝通，1999）

可见，在这里，费孝通为西南联大教师一辈人的精神品格所做的概括是：把通过学术的方式为国家服务视为自己一生最为重要的使命，甚至是唯一的使命。与这样的一辈人朝夕相处，受到他们此种强烈的人格力量的熏陶，当是自然而然的事。

二、一般德性的养成

（一）清白做人

不贪图任何私利，绝不为了利益的获取而走邪门歪道，清白做人，是中国传统知识分子特别注重的品质，西南联大的教师也是如此。所以，在"从游"中，学生也塑造了这样的优良品质。

西南联大的杰出学子、著名的力学家郑林庆说，曾任清华大学第一副校长、西南联大机械系主任的刘仙洲，在与学生的往还中谆谆告诫学生，做人一定要有操守，洁身自好，绝不能为了获取自己的私利去"走后门"。因此，受刘仙洲的影响，他的学生有一个共同的特点，那就是洁身自好（张曼菱，2013：215）。

对此，毕业于西南联大的湛淳霈曾说：

> 我是做税务司的。我这个里面还要给联大一点点骄傲的。我开始是做顶小的职员，后来我做帮办，我是在业务单位，其中是征税。我不求人，我就是该做的事情我做，不该做的事情我不做。有人跟我谈条件，"你把台湾银行搬进来我也不跟你谈"，我讲了这句豪语。
>
> ……
>
> 有人送查先生一副对联，说"无有如有是大有"，你什么没有，无有还是等于有一样；"人谋心谋不自谋"，为别人着想不替自己着想。他教我，我在海关做事情，他也不说你不要拿钱。他说，你要无求于人、无损于人。你这个人无求无损，那这个人生不是很好的吗？你想象这个空间很大。这几个字影响了我的一生。（张曼菱，2013：240）

湛淳霈在这里说的是，正是因为在与查良钊的交往中，被老师无我、不谋私利的品行所感化，且诚恳接受了查良钊"无求于人、无损于人"的言教，他才会成为一个在污浊的世风中一介不取的国家公职人员。从"这几个字影响了我的一生"中，我们不难看到查良钊对湛淳霈的影响之大。

（二）淡泊名利

淡泊名利是中国传统知识分子的美德之一，但是在进入现代社会之后，这一美德似乎有式微的趋势。在西南联大，这一点得到了反拨。在"从游"过程中，受老师的影响，学子们都形成了淡泊名利的情怀。何兆武就是如此，他在谈到温德教授对自己的影响时曾说：

> 记得一次他说，古往今来真正达到纯粹的美的境界的，只有雪莱、济慈和肖邦三个人，其余的都不够。肖邦三十七岁死了，雪莱三十二岁死了，济慈二十六岁就死了，都非常年轻。济慈的 epitaph（墓志铭）是他死以前为自

己写的，非常有名，即："Here lies one whose name was write in water.（这里躺着一个人，他的名字写在水上。）"我们知道这句话，可是不理解它的意思，什么叫"名字写在水上"？温德说，西方有句谚语："人生一世就是把名字写在沙上。"潮水一来，名字被冲没了，人生一世就是这样，正像中国古诗里说的："人生寄一世，奄忽若飙尘。"可是济慈要把名字写在水上，这就更彻底，一边写一边消失，不必待到海水来冲没。我听了以后非常感慨，觉得他对人生的领悟达到如此境界真是彻底，后来我也喜欢读济慈的诗。（何兆武，文靖，2006：163-164）

在何兆武后来的学术生涯中，他"总说自己自由散漫惯了，从小到老始终是一种漫无目的的读书方式，到头来没有做出任何成绩"（何兆武，文靖，2006：286）。他还说自己是西南联大毕业的学生中不成材的一类学生（何兆武，文靖，2006：271）。所谓"没有做出任何成绩"与"不成材"云云，无疑都是谦辞。在历史哲学、思想史研究领域，何兆武虽然没有做到著作等身，但还是做出了相当大的贡献的。这句话反映了何兆武根本不把那些所谓的成就记挂在心上。为什么他会有这样的心态呢？在他看来，"生活的内涵不应该过分功利，而在一种内在的价值"（何兆武，文靖，2006：271）。显然，何兆武一生所追求的是顺从自己的内心，做让内心感到平和、安宁、幸福的事情。对于那些外在的功名利禄，他是不在意的。之所以能够做到这一点，就在于受到了温德的深刻影响。这从他在晚年与文靖的对话中就可以看到。他是这么说的："'人生一世，不过就是把名字写在水上。'不管你如何奋力，如何着意，还是如何漫不经心，结果都是一样的，名字一边写，一边随流水消逝了。"（何兆武，文靖，2006：287）这句话不就是当年他的老师温德对他所说的话的翻版吗？自此可见，温德当年的一番话深深印刻在何兆武的心中，成为其品性的基底。

除了温德对何兆武的影响，何兆武的淡泊名利思想的形成，也受到了汤用彤的影响。对此，何兆武曾经说：

一次我在外文系图书馆（这是我们常去的地方）看到一本书，题为 The Tragic Sense of Life（《人生之悲剧的意义》），一时好奇就借回去读。当时我也和许多青年人一样，常常想到人生的意义。人生一世，追求的到底是什么？本书作者 Unamuno（乌纳穆诺）是 20 世纪初著名的学者、文学家和哲学家，曾任西班牙最古老的 Salamanca 大学校长，弗朗哥专政时期惨死在法西斯集中营中。他大概受到堂吉诃德的影响吧，认为人生一世所追求的乃是光荣。我问过很多同学和老师，他们都不同意这个观点，惟有王浩认为是这样。后来，我把此书给汤用彤先生看，并且问他的意见。汤先生的回答是：文字写得漂亮极了，不过不能同意他的观点。汤先生说，人生追求的不是光荣，而是 peace of mind（心灵的平静，心安理得）。我又把汤先生的话转述给王浩，他想了想说："也可以这么理解，但 peace of mind 一定要 through glory 才能得到。"我想，一位老先生，饱经沧桑，所以追求的是 peace of mind，而王浩当时年轻气盛且又才高八斗，所以一定要通过"光荣"才能使他得到 peace of mind，否则不会心灵恬静。（何兆武，文靖，2006：202）

在这里，我们不难发现，受汤用彤的影响，在学生时代，何兆武虽然依然有获得世俗荣光的观念，但他并没有把世俗荣光当作人生的追求，其最高追求还是"心灵的平静"。这一对"心灵的平静"的追求，必然会使他最大限度地淡化对世俗的功名利禄的追求。也只有这样，他才可能把所谓的声名视为转瞬即逝的东西。

罗庸也是一位淡泊名利的教授。他在与学生的交往中，一贯对学生谆谆教诲：如果一个人有着"竭情利禄，弊力声名"的倾向，那么，带来的只能是像《礼记·乐记》中所说的"物至而人化物"的可悲结果（王彦铭，1988）。显然，罗庸对学生在做人上一贯的告诫是，做人如果不能做到淡泊名利，就会一生被名利所缠缚，永远陷入"形为物役"的可悲境地，不可能做出真正恒久远大的业绩。受他的影响，不少学生在后来的日子里都能够认同、服膺"必须先有孔子'饭疏食，饮水，曲肱而枕之，乐亦在其中矣。不义而富且贵，于我如浮云'的洒脱，才能有'不曰坚乎，磨而不磷；不曰白乎，涅而不缁'的纯粹"（王彦铭，1988）这样的观念。显然，受罗庸的影响，只有淡泊名利才能死守善道、永远坚贞如一的观念在学生的头脑中深深地扎下根来。

综上所述，西南联大的教师在与学生恳挚的游谈中，不但将学术与人生合一、独立、自由、为家国服务等学术品格植入了学生心中，还将清白做人、淡泊名利等做人的德性镂刻在学生的心灵深处。这对于西南联大学生做顶天立地的"大人"，以阔大的格局独立治学，几十年如一日投身学术，最终成为一流学者、国之栋梁，具有重要的支撑作用。

总之，在西南联大，几乎在每一个学术、人格上具有一定魅力的学人身边，都有一大批探求人生与学术之道的学生在追随。学生或凝神聆听教师授课、演讲，或在一起海阔天空地聚谈，或在一起探索自然、人文世界的奥秘，使得学校的课堂、学术讲座、实验室、图书馆、幽僻的校园小径、蛰居的斗室、人声嘈杂的茶馆、风景优美的林泉，都变成了一个大课堂。在这一大课堂上，西南联大的教师以其深挚的仁心、深厚的学术功力与飞来的灵思点燃了学生心中的智慧之灯，塑造了西南联大学生的高贵品格，对西南联大学子的影响是深刻而久远的。

第五章

师生"从游"历史经验的当代价值阐释

　　无论从身历其境者还是历史经验的反思者的眼光来看，西南联大都堪称教育史上的"神话"。西南联大的杰出学子汪曾祺在谈及自己的母校时说，西南联大是"可以彪炳于世界大学之林，与牛津、剑桥、哈佛、耶鲁平列而无愧色"的"空前绝后"的大学（汪曾祺，2021：4）。美国历史学者约翰·依色雷尔（John Israel，中文名为易社强）则说："西南联大是中国历史上最有意思的一所大学，在最艰苦的条件下，保存了最完善的教育方式，培养出了最优秀的人才，最值得人们研究了。"（赵瑞蕻，2021：9-10）学子在忆及自己的母校时的评说，或许不无溢美之词，但易社强作为一个研究西南联大十余年的美国人，其评骘应该是权威且中肯的。特别是他在评价西南联大时，连用五个"最"字，足见其对西南联大的推崇备至。那么，西南联大为什么在那么艰苦的条件下能够书写出这样堪称"空前绝后"的教育"神话"呢？这是一个"斯芬克斯之谜"！对于这道谜题，生活经验不同、学科背景不同的人给出的"谜底"各不相同，令人目不暇接。不过，在林林总总的"谜底"中，有一个似乎不应该被忽略的"谜底"却被忽略了，这就是西南联大实际的掌门人梅贻琦所标举的"从游"。当然，梅贻琦不仅提出了这一振聋发聩的思想主张，还在其开渠导流中，使西南联大呈现出了普遍的、火热的师生"从游"现象。这样的师生"从游"的历史经验，能够给当代高等教育提供哪些启示呢？这是需要我们深思的。

第一节 "从游式"教育的特征

对于"从游式"教育,可以说是教育基本理论领域一片未曾开垦的"处女地"。因此,对于什么是"从游式"教育,没有人给出过确切的回答。基于梅贻琦的有关思想,我们可以尝试对何谓"从游式"教育进行一般的理论解答。我们可以说具备如下特征的教育形态便是"从游式"教育。

一、非制度性

课堂教学是学校日常实践中制度性非常突出的基本活动。学生和教师要在规定的时间、地点,依据教学大纲按照特定的教学程序与规范开展教学活动。与之形成鲜明对比的是,"从游式"教育是没有制度约束的实践活动。它是学生因为受到教师的学识与人格魅力的吸引,自觉地追随教师,主动参与到课堂教学、学术演讲,以及教师的科学研究、日常生活和待人接物等活动中,与教师共同实践、一起成长的过程。与学校其他类型的教育存在相比,它的显著特征是主体的自觉性。在学校的日常生活中,无论是课堂教学、科研活动还是文娱活动、学术讲座,只要起因是制度限定,或是由教师、管理人员指定的活动,都不在"从游式"教育之列。只有上述活动的参与是学生发自内心的,具有自觉性、主动性时,才可以视为"从游式"教育。就此而言,"从游式"教育不是某一类型的独立形态的教育活动,而是学校日常实践中具有学生的自觉这一独特属性的所有活动的共名。

二、互动性

对于"从游式"教育,人们很容易对其做望文生义式的理解,认为"从游式"教育就是学生跟着教师一起从事日常实践。在这个过程中,教师如何做,学生也如何做，亦步亦趋。或者说得简单一点，就是教师示范，学生机械地模仿。这是一种对"从游式"教育机械的、缺乏生命感的理解。事实上，在真正的"从游式"教育中，虽然其主导形态是学生追随教师，但是这种追随是以教师与学生鲜活的、充满生命气息的互动为基底的。比如，在探讨日常生活中某一问题的过程中，教师和学生会围绕特定的问题，进行持续的、互动式的对话。在处理日常事务的过程中，当学生参与其中的时候，教师会与学生商量应该如何应对一些事情，起码会根据学生的反应不断调整自己处理日常事务的方式、策略。这些对话、商讨、因应无疑都是互动的过程。从这一意义上讲，"从游式"教育是在持续的、教师与学生的频繁互动过程中完成的。

三、超越性

学生自觉追随教师，共同参与日常实践，而且在日常实践中有着频繁的、充满生命气息的互动，这都是从形态意义上对"从游式"教育的诠释。那么，在这个过程中，贯穿其中的精神气质是什么呢？那就是超越的品性。它大概包括如下二义：一是"从游式"教育是超越功利的。学生之所以追随教师，参与到其日常生活中，没有任何功利的算计、利害的权衡，只是因为被教师的八斗高才、万仞德行所吸引，心甘情愿地参与到其"制造"的有意义的日常生活中，想当然地认为在参与教师"制造"的日常生活中能够获得自我的心理满足、人生价值的实现。二是学生是怀着从容、优游的心态享受"从游式"教育这一过程的。在"从游式"教育不断延展的过程中，学生没有任何劳苦、受压迫的感觉，而是感觉自己如同沐浴在春风之中，游步于太虚之间，从容自在，平和安然。这是"从游式"教育最为关键的特点。正是因为如此，学生才会在"从游式"教育的过程中，无所顾忌和尽情地吮吸教师的学识、才华、德行蕴含的芬芳，并在悄无声息中将之印入心田，沉入骨髓。

四、濡染性

如果说前面三个特征是从"从游式"教育的过程及其蕴含的精神气质而言

的，濡染性便是从结果的视角展开的。"从游式"教育作为一种特定的教育过程，必然会导向特定的结果，主体也必定会对其有特定的结果预期。那么，其结果或结果预期是什么呢？那就是学生会受到教师言语、思维、行为的自然而然的濡染，从而发生不期然的变化。具体来说，如果就智性的潜移默化而言，在共同的探究活动中，学生会把老师身上那些只可意会难以言传的智性品质悄然间内化为自己品性的一部分。对此，美国著名教育家伯顿·克拉克（Burton Clark）在引用若干诺贝尔奖获得者言论的基础上曾经这样发论：

> 综合起来，诺贝尔奖金获得者认为他们早先和一位师傅一起学习的主要好处是"包括工作的标准和思想的方式在内的一种比较广阔的方向"……这是工作台关系的那种无法表达的非正式的品质使他们在年轻的科学家身上产生一个好的问题或关键的问题、一种搞科研或讲理论的风格、一种批判的态度和一种教他们的理智的成果的方法才是主要的。（伯顿·克拉克，2001：269）

由此可见，伯顿·克拉克所说的正是师生一起从事探究工作，教师会自然而然地把一些"无法表达"的解决问题的灵感、从事理论工作的风格、审慎的批判态度等智性品质传递给学生，学生将其内化为自己智能的一部分。就德性的涵养而言，教师身上的美好品行会以榜样示范的方式呈现给学生，学生则会不自觉地模仿教师的品行。

第二节 "从游式"教育在当代大学教育中的意义

一、培育完善的个体

从培养完善的人、完整的生命个体的角度来说，"从游式"教育有其不可或缺的价值，主要体现在以下几个方面。

（一）知识结构完善的重要保障

在现代社会，完善的知识结构是一流人才的第一素质基础。所谓完善的知识结构，是由专业知识与通识两个板块组成的。其中，专业知识主要是通过课堂教学获得的，与我们的中心论题无关，可以暂时置之不论，我们这里着重考察通识部分。谈到通识，其涉及两个层面：一是对人文科学、社会科学、自然科学这三大部类的若干学科都具有一定程度的常识；二是对不同学科之间贯通的可能性及其趋向具有一定程度的认识。对于第一层面的知识储备的形成，仅仅依靠目前制度化的课堂教学是难以实现的。在通识课程数量十分有限、选修课程空间不足的条件下，学生通过课堂学习虽然能够在一定程度上打开知识视野、优化知识结构，但其程度是十分有限的，很难做到在三大部类的若干学科中形成完备的常识。只有依靠课外的师生"从游"，才能弥补其不足。因为学校日常生活中的师生"从游"在很大程度上是"以知识为中心"的，或者是以知识的获取、探究为目的，师生聚集在一起"坐而论道"。或者是在日常生活的场景中，受日常生活中的某一要素触发，师生之间会引出知识性话题，就之引申开去，进行学术问题的探讨。尽管前一种是以获得知识为目的的"从游"，后一种是在"从游"中走向知识，但二者的共同之处是，它不像课堂教学中顺着特定的思考焦点展开知识线索一样是系统的、线性的，而是知识的触角向四面八方延伸。无论是教师灵感的纷至沓来，还是生活的"非定向"与复杂性，都会使"从游"中的"论道"跳脱出特定思考线索的束缚，越出特定学科的桎梏，进入任何一个可能的学科领地。这就使学生接受知识的维度、面向最大限度地敞开，各个学科常识的获取便成为可能。

对于不同部类学科之间的贯通性认识，学生通过修习大学中设置的名目繁多的通识课程固然能够获得一部分，但是在通识课程的修习所得上依然存在着一定的不足。因为通识课程基本上都是概论性的，修习通识课程只能让学生获得各知识部类的常识，对于各部类知识之间相互贯通、协调的可能性及其趋向，学生的体认严重不足，这就需要课外的师生"从游"来弥补。那么，依靠何种途径，课外师生之间发生的"从游"能够弥补修习通识课程的不足呢？主要依靠的是教师与学生在"从游"中一起进行的跨学科研究。有一定学术研究体验的人都知道，任何有深度、有品质的研究，在本质上都是跨学科的。这不是由研究者的主观意愿决定的,而是由研究对象本身的复杂性决定的。因此,当教师和学生之间共同进行的研究达到一定程度的时候,必然会跨出所谓的特定专业领域,进入其他学科领域,进行学科知识之间的贯通与协调。在长期的共同研究过程中,不断重复跨越不同学科、贯通不同学科的体验,自然就会大大增强学生对于不同知识部类贯通、协调的认知。这种认知不是像修习概论课程中的"隔岸观火"式的间接体验,而是"如鱼饮水,冷暖自知"式的直接体认,其体认的深刻程度无疑有着巨大的差异。

(二)思维能力提升的关键

具有完善的知识结构,只是具备了应对外部世界挑战的一整套完备的工具,要想把这些工具进行恰当的组合、整合,真正有效地应对外部世界的挑战,就必须依赖强大的思维能力。因此,突出的、强大的思维能力是成为一流人才需要具备的关键素质。对于这一能力的养成,当代大学教育基本上是无能为力的。从知识传输的角度来说,较之既往,当今的大学教育无论在技术还是形式上都有了非常大的进步。虽然谈不上有什么革命性的变化,起码在传输效果上有了显著的进步。但是,如果从培育学生的思维能力上来说,依然没有多大的进步。之所以会出现这种状况,倒不是因为目前的大学教学只是注重知识的传输,对于思维能力的养成没有给予必要的关注,其根源在于当前一些大学教学的基本形式只是有利于知识的传输,对于思维能力的养成助益甚少。为什么这么说呢?因为当前一些大学教学的基本形式还停留在知识陈列式教学的水平上,没有把知识探究的过程、方式充分展现出来。这就导致尽管它在形式上花样翻新,但在思维能力的养成上一直难以取得明显的效果。在目前的大学教学基本形式无根本改观的现状下,师生之间的"从游"恰恰可以弥补大学生思维能力养成的不足。为什么它能够做到这一点呢?这与"从游"中师生共同参与科学研究活动的基本形式有关。当学生自觉地追随教师,参与到其科学研究活动之中时,教师会把其探究自然、人文世界的过程完整甚至是纤毫毕现地展现在学生面前,为学生所深刻感知。对于学生来说,这就是一个在如何捕捉问题、界定问题、剖析问题、解决问题等方面的全方位的思维锤炼过程。经过反复锤炼,学生的理性思维能力得到磨砺、提升,那是自然而然的事。

（三）德性养成的主要途径

当然，对于一流人才而言，仅仅具有完备的知识结构、强大的思维能力还不够，良好的德性也是不可或缺的。如果没有良好甚至高尚的德性作为基底，高校所培养出来的所谓一流人才就只能成为"精致的利己主义者"，这对于整个社会来说，不啻是一种灾难（钱理群，2012）。因此，我们必须把良好甚至是高尚的德性作为一流人才培养的题中应有之义。虽然赫尔巴特（J. F. Herbart）的"教学永远具有教育性"早已成为几乎所有大学教师的箴言，但是在通过课堂教学陶冶学生的德性上，当今一些大学的教学一直不甚得力。这一方面与课堂教学的主要任务是知识传输与能力培育有关，也与通过知识教学培育情感、磨砺意志的策略和技术匮乏有关。在目前这两方面情况还无法彻底改变的前提下，我们只能求助于师生之间的"从游"，希望它为情感、意志的陶冶和磨砺提供巨大的助力。之所以可以把这一希望寄托在师生之间的"从游"上，那是因为在课外的师生"从游"中，教师会通过具体的言行示现自己是如何严格要求自己、如何在具体的事务上砥砺意志与调节情感的。这些示现会成为持续的、反复的激励之力和熏陶之力，在学生身上刻下深深的印记，使学生在情感的调节、意志的砥砺上发生质的改变。对于这一点，历史学家罗香林在回忆梅贻琦时曾这么说："师长对学生的教育，除了课堂上的讲授外，还有两种作用很大的促进方法。一种是经常对学生耳提面命，使学生知道做人、做事和做学问的道理，而特别感到师长对他的亲切，而不能不努力向上，这是一种'有言'的方法。另外一种就是经常以和悦的态度与学生接触，使学生感到亲近师长就好像坐在'光风霁月'照临的草地上，非常舒服，虽然没有得到什么说得出的东西，但也觉得非常满足，慢慢地就把品性提高了，这是一种'无言'的方法。"（王云五等，2015：65）在这里，罗香林说的是，在日常生活的师生"从游"中，教师通过言说的方式对学生产生激励作用，使其德性获得提升。同时，教师还会通过无言的示范感化学生，使其实现品性的陶冶。这一见解正与笔者的观点不谋而合。

（四）激发内生动力的主要渠道

学生在大学中获得知识、提升思维能力、涵养德性，仅仅依靠外在的灌输、刺激是不够的，更为重要的是，学生要具备内发的、自我提升的精神动

力。这一动力的获得,与"从游式"教育中的熏陶、引发有着密切关联。西南
联大的学子郑敏的一番话,恰恰可以为笔者的这个观点提供很好的佐证,她是
这么说的:

> 它给你很多自由,让你考虑此生预备走什么路。它也不用给你轰到——
> 好像赶牛赶羊,赶到一条路上。它是用一种学术的光辉和非常大的智慧来吸
> 引你,让你感觉到,如果你有这个苗头在里头,你就会感觉到你要走这条
> 路。我们强调的是悟性不是记性。

> 在教育里,最要紧的是启发教育,启发学生的悟性,他有了悟性以后,
> 就是有可持续力量在里面。不是念知识念得很死。有了悟性,以后的人生,
> 不管是做人还是做学问,各种方面,你有悟性的话,你就有自己的生命力,
> 不需要有人在你旁边指点。

> ······

> 我们那个时候,好像生命的力量去带动你学习,然后启发你去爱这个东
> 西。老师从没有告诉我应该怎么样,老师从来没说。我觉得是这样的。

> 那时候不会出一个高材生低智慧的,不会有的,他是高材的话,他的东
> 西一定很扎实,才华是从他的智慧里出来的。

> ······

> 我觉得开发一个学生的智慧,不光是具体的知识,而是一种境界的开
> 发,一种启发你的悟性,你就像有了自己的能量在那儿,不需要从外面找。

> 联大不是所有人都是高材生。高材生当然是很好,其他无名的也有很大
> 的发展,都是非常好的学生。他得了一种力量,他就会在以后很自觉地去发
> 掘,这是联大里非常可贵的一点。(张曼菱,2013:283-284)

郑敏这段话说得特别切中肯綮。"从游式"教育带给学生最重要的不是具体
的知识、思维能力、德性,而是在教师智慧、德性光亮的照耀下,学生生发而出
的一种内在的、自我提升的动力。有了这一力量之后,学生就会通过抉择选定自
己此生要走的道路,并且为获取知识、提升思维能力、涵养德性努力,为完成自
己要走的道路积蓄必要的力量,准备必要的条件。就此而言,在"从游式"教育
对于个体成长的作用中,这一作用是具有关键意义的。

二、"从游式"教育足以对治当代大学教育的弊端

当代的大学教育，有不少弊端对治那些弊端，固然需要一定的政策、制度手段，但是特定的政策、制度只是具有外部的保障、支持价值，不具有更深远的意义。最为根本的是，大学中生成具有特定品质的教育形态，让其在激发师生内在的心理动力、切实推进变革上发挥作用。"从游式"教育便是这样一种理想的教育形态。为什么这样说呢？理据如下。

（一）化解功利化的危害

在论及现代人的痼疾时，尼尔·波兹曼（N. Postman）曾一针见血地指出："我们这些现代人总认为可以把真理和数量对等起来。"（尼尔·波兹曼，2004：26）在当代大学，这一观念更是成为普遍性的迷思。某些大学人被绩效评价主义、量化考核方式所影响，某些大学的教育不可避免地陷入了短视化、功利化的泥潭中。某些大学师生过多地关注短期的、可量化的、能够带来名利的目标，这对大学的育人工作产生了一定的影响，主要表现在以下方面。第一，某些学校将育人工作置于边缘化的地位。虽然在大学中立德树人还是响彻在大学上空的口号，但它只是一个轰轰烈烈的口号而已。在实际行动中，一些教师把自己的绝大多数时间、精力投入到学术工作（而且是能够迅速获得各种利益的学术工作）中，在教学、育德上投入的精力少之又少。之所以会出现这种状况，其根源在于，育人是一项长期的、很难快速见效的工作，一些人认为将有限的时间、精力投入到几年乃至几十年之后才能得到回报的工作中，不符合理性计算的原则。第二，育人工作的浅表化。从学理上讲，大学育人工作的重心应该是教师把主要精力投入到那些看似平常、琐碎，但与学生的长远发展密切相关、足以持续地影响学生身心变化的活动中，如教师与学生的密切接触、警心惕神的教学活动。但在真正的大学育人实践中，却并非如此。一些教师的关注点不在那些看起来庸常但实质上非常重要的教育活动上，而是在推动足以眩人耳目的教学改革、组织学生参与各种能够耸动视听的文体活动、指导学生获取各种奖项上，这就导致了育人工作的浅表、虚浮。长此以往，即使是培养合格的学生都是问题，遑论培养一流人才。

"从游式"教育就是足以荡涤大学教育中的尘垢。因为"从游式"教育是师生之间共同分享的自由、从容的精神活动，其根本特质是对功利化结果的漠视，甚至是超越。如果这样的教育能够从理想变为现实，参与"从游"的师生就可以从短视的、功利化的泥沼中走出来，一起沉潜到心灵的深处，寻找值得他们深入探究、思索的自然的问题、人生的问题。在找到这样的问题后，他们也必定会不厌其烦，共同沉浸在日积月累的深入钻研、审慎商讨之中，把对自然、人文的认识不断推向前进。在这一过程中，他们从事的既是真正的求真知的事业，又能在经年累月的往复切磋和琢磨中自然而然地推进育人的工作。这不但可以有效矫正当代大学中重学术轻育人的倾向，还在育人上下足了绵密细致的功夫。这样，高水平成果的产出和一流人才涌现的目标会在不期然中同时实现。

（二）扫除外在的障碍

在当代大学，学生的"空心化"问题已经成为一种令全社会瞩目的现象。某些学生沉迷于游戏或物欲中，以应付的姿态对待教育教学活动，浑浑噩噩度日，已经不仅仅是在个别大学中存在，就是在顶尖大学中也存在，让一些有识之士忧心忡忡（徐凯文，2020）。对于某些当代大学生来说，个人的自我全面提升，全身心拥抱增进智性、涵养德性的生活，已经成为边缘化的"喧哗与骚动"。为什么会出现这种状况呢？其根源在于，对于某些学生而言，大学的常规教育是完全外在化的，和他们的生命没有内在的情感、智性关联。许知远曾经如此评论中国大学教育的外在化倾向："我总觉得，讲台上那个正在说话的人，与我缺乏关联，他讲的东西只是为了帮助我通过考试，获得某项资格证书……显然，我渴望寻找方向的灵魂遭受了粗暴的冷遇。我的老师似乎更习惯于让我的大脑塞入各种公式数据或者理论。他们没有热情或者没有能力，赋予这些公式数据理论以意义，更糟糕的是，他们似乎压根看不出台下那群头发乱蓬蓬、满脸一触即发地热情家伙们，是一颗颗灵魂，而这些灵魂是如此渴望被引入某种奇特的旅行之中。"（许知远，2001：159-160）许知远的评论虽然是用文学化的方式表达出来的，却是切中肯綮的。的确，虽然当代大学教育始终把以学生为本的话语挂在嘴边，但那只是一种漂亮的说辞，甚至是不明就里的呓语，在现实的教育行动中，很少转向学生的内在，更别说直指学生的灵魂，给学生的灵魂以触动、震撼了。在这样的教育影响下，学生感觉人生的方向迷茫、心灵无处安顿，实在不足为奇。面对此种状况，我们应该如何办呢？在笔者看来，应该呼唤"从游式"教育的"再生"。因为"从游式"教育作为一种特殊的教育形式，是学生对教师的自觉追随，是学生主动、自觉选择的实践活动，没有任何外在强加的成分。这就使得学生绝不会以应付、排斥的姿态待之，而是会把最大的热情投注到其中，拥抱其中的每一个时刻，竭尽全力汲取活动中的每一滴精神营养。教师的只言片语、一唾一咳都成为"光源"，照耀着学生精神的天空，让其不时发出璀璨的光芒。智性刀锋的磨砺、德性涵养的提升无时无刻不在发生着，这就可以使教育效果趋向最大化。另外，在"从游式"教育中，学生的成就动机是内在的、不断增益的。所谓成就动机的内在性，是指学生提升自己、促进自己身心发展的动机不是外在强加的，而是内发的。如果没有这样深具内在性的动机，即使教师具有哲人般的智慧、圣人般的品行，学生也只会视而不见，更不可能自觉地追随教师。所谓成就动机的不断增益，是指在学生追随教师的过程中，会时时感受到卓越的师者求学问道的热忱与持守身心的诚意，受师者的感染、激发，把自己塑造成为一个才识卓越、德行高洁的人物的心理能量会在学生的内心不断聚集，使自我提升的心理动力越来越强。当学生具备这样的内在的、高水平的成就动机时，自然能够推动其向卓越、一流奋力迈进。

（三）突破因材施教的"瓶颈"

无论是高等教育的大众化还是普及化，都给大学教育带来了一个根本难题，即由于学生数量增多，大学教师要想了解经常面对的成百上千学生的个性，变得越来越困难。当然，除了这一结构性、数量化的原因之外，大学教师的积习也是一个重要原因。在一些大学教师的头脑中，当代大学的教师和学生之间不过是一种知识性的授受关系。因此，一些教师上课时站上讲台，授课结束就夹着包离开教室，教师与学生之间的关系日益疏远、淡漠。教师和学生在学校日常生活中几乎没有接触，教师对学生个性的了解便只能成为一句空话。总之，无论何种原因所致，既然教师对学生的个性缺乏充分的了解，因材施教又从何谈起？对于普通人才的养成而言，也许这并不是致命的，但是对于一流人才的培养而言，这却是一个关键性"瓶颈"。因为但凡一流人才，往往都是个性鲜明的，与常规的、大众化的教育格格不入。对他们而言，最好的教育是针对他们的个性特点，为其专门量身定制方案。我们常说一句话："最适合的教育就是最好的教育。"对于一流人才的培养来说，尤其如此。"从游式"教育具有这方面的优势。为什么呢？因为频繁的、充满生机的互动是"从游式"教育的重要特点。这意味着在师生的"从游"中，教师要与学生不断接触，一起参与各种各样的活动。这既是一个学生展现其个性特点的过程，也是一个教师体察、把握学生个性特点的过程。由于教师与学生互动的长期性、活动的多样性、程度的深刻性，教师可以在细微的地方、若干侧面，精准地把握学生的个性特点。就此而言，通过"从游式"教育，教师可以最大限度地了解学生的个性特点，并且针对学生的个性特点将因材施教落到实处。因材施教瓜熟蒂落之时，便是一流人才如雨后春笋般破土而出之时。欧洲教育界的一些教育者已经清醒地认识到这一点，他们是这样说的："一言以蔽之，高等学校的教师与学生之间必须有机会建立一种个人间的关系（在现有条件许可范围内）。教师应维持此种机会的存在并努力扩大之，只有这样，教师才能真正完成发现优秀学生并以一切可能的手段促进其进步的任务。当今高等学校的空气缺乏诱发力，对此可通过建立师生间的个人关系予以改变。有了这种关系，教师的科学与学说造诣和教师的人格就可以起到身教言传的启迪作用。最后，学生有所建树的愿望也会受到教师鼓励的影响，这种鼓励是教师以明确而有区别的方式在对学生成就进行评价时提出的。"（转引自：龚放，1987）在此，他们说得很清楚，只有教师和学生建立密切接触的关系，并把这种关系扩大化，教师才有可能发现优秀学生的个性特点，并采取适应其个性特点的教育方式、评价方式，真正促进其发展。这与笔者的观点可谓若合符契。

三、改造社会

"从游式"教育不仅对于个体的完善具有重要价值，对于社会的改造与革新也是非常重要的。这一维度的思考，可以从以下两方面展开。

第一，通才的造就离不开"从游式"教育。社会变革在整体上的规划、推进，专才在其中发挥的作用是有局限的，因为专才只能是对与社会的某一部门、某一部类的事业具有密切联系的知识具备专门而深入的造诣，超出其范围，就会出现"专业性的无知"。由此看来，社会变革的整体规划、推进，需要依赖通才。因为通才不仅掌握了社会各部门的事业正常运行所需要的知识，对于社会各部门之间如何沟通、关联、协调，也具备一定的理解力。成为通才所必须具备的关涉社会各部门运作规律的常识、贯通各部门的理解力，学生通过对当代大学中设置的名目繁多的通识课程的修习固然能够获得一部分，但是，在通识课程的修习所得上依然存在着巨大缺陷。这主要体现在：通识课程的概论性质，决定了其只能让学生获得各个知识部类之间的常识，对于各个知识部类之间相互连通、融合的可能，几乎是毫无体认。这就需要课外的师生"从游式"教育弥补其不足。那么，依靠什么途径可以弥补只是修学通识课程带来的缺失呢？主要依靠的是教师与学生一起进行的"跨学科"研究。这里所说的"跨学科"不是名义上的、有意造作的"跨学科"，而是实质上的、自然而然进入的"跨学科"状态。由于研究对象的复杂性，当师生之间共同进行的研究达到一定深度的时候，必然会跳出所谓的学科桎梏，跨入其他学科领地，进入不同学科的贯通之境。在不断往复的"跨学科"研究中，自然会持续增强学生在不同学科之间贯通、融合的认知，这是一种"如鱼饮水"般的深切体认。就此而言，对于真正的通才的养成，"从游式"教育几乎是唯一有效的。

第二，大学改变社会风尚需要"从游式"教育发挥作用。从间接意义上讲，要切实改造社会，需要大学通过"从游式"教育为社会培育、储备真正的通才。从直接意义上讲，大学中的"从游式"教育可以通过直接塑造社会风尚来改造社会，实现其社会价值。那么，大学中的"从游式"教育是通过何种方式来改变社会风尚的？那就是依靠由内到外的圈层式扩散。在大学中，通过师生之间的"从游"，教师把自己的嘉言懿行传递给学生，为学生所内化。在大学周围的社区活动的时候，学生又会把内化后的嘉言懿行展现出来，成为影响社区风气的重要力量。于是，社区风气在众多大学生嘉言懿行的反复熏陶之下，不断朝着善、美的方向发展。

第三节 "从游式"教育实现的条件

"从游式"教育的实现不是自然而然的，而是需要创造特定的条件，只有这样才能使其由理想的教育形式变为现实的教育实践。在中国当代大学，要想使"从游式"教育实现"落地生根"，在笔者看来，以下条件是必需的。

一、学识与德性堪为楷模的教师集聚于大学

在大学中，师生之间的"从游"能够发生，最重要的前提是学识与德性都足以成为学生楷模的教师大量集聚在校园中。对于此类楷模人物，梅贻琦称其为"大师"（梅贻琦，文明国，2013：13）。不过，在梅贻琦的心目中，"大师"绝不是什么只能仰视、不可企及的人物，而是学识与德性上都可以成为学生的启蒙者、指引者的师者。当代的政治家、教育家则把他们称为"大先生"。顾明远在阐释何谓大先生时曾说："习近平总书记在今年 4 月 19 日考察清华大学发表重要讲话时提出，教师要成为大先生，做学生为学、为事、为人的示范，促进学生成长为全面发展的人。"（顾明远，2021）在此，我们不难看到，在当代的政治家、教育家的心目中，"大先生"就是在智慧与德性上堪为学生典范的师者。

总之，大学中值得学生这些"小鱼"追随的"大鱼"，不论其称谓是"大师"还是"大先生"，都是在智慧与德性上足以称为典范的教师。当大学中有一批这样的人物聚集在一起的时候，学生才可能看到"暗夜中的灯塔"，找到自己发自内心愿意追随的对象，"小鱼"尾随"大鱼""游泳"才具备了前提条件。那么，如何才能使这样一批人物群聚在大学中呢？这需要在以下方面着力。

（一）对于存量师资，大力强化培训

对于一所大学来说，师资的主体是既有的师资存量，要想在总体上提高师资水平，最主要的着眼点应该放在存量师资上面。那么，如何在强化师资培训工作上入手呢？

第一，培训内容的多样化。德与才都要纳入培训范围。当前某些大学的师资培训关注的焦点是教学技能、技巧的提高，对于专业知识视野的拓展、通识的形成、道德素质的提升等方面，没有给予必要的关注，这就需要尽可能地扩大培训范围。师资培训不仅要关注必要的教学技能、技巧的提高，还要关注现有师资道德素质的提升、一般性通识的养成、专业知识的不断更新。

第二，培训方式的多样化。现有一些大学教师培训采用的是集中授课的方式，如通过线下或线上集中两三天时间授课。这种方式所起的作用是极为有限的，最多只能让教师掌握一些新的教学技能、技巧，或者普及一些最新的教育、

教学理念，对于教师的专业知识更新、通识的养成、品行的提升效果甚微。如何改变这样的状况呢？可以采取一些常态化的、持续时间较长的培训方式，如让资历长、水平高、德行好的教师以传、帮、带的形式，和资历浅、尚在成长期的年轻教师一起进行科研攻关、一起开展教学活动、一起参与社会调查等，就是很好的培训方式。这样的常态化、长时段的培训方式与集中的、短时的方式结合，就可以起到整体上提升现有师资综合素质的作用。

（二）对于未入职的教师，加大吸纳与甄别的力度

对于未入职的教师，可以分两种情况来对待。一是对于已经成熟的、才德均堪为模范的教师，要加大吸纳力度。已经成熟的、才德均堪为模范的教师，是任何一所大学的宝贵资源，要想把这样的人才纳入麾下，为我所用，就需要大力提升大学的吸引力，通过大学所在区位的吸引力、大学所在学科事业发展的吸引力、优厚待遇的吸引力等所构成的综合引力场，把此类人才吸引到自己所在的大学中。二是对于刚刚毕业、尚未入职的博士毕业生，要严格甄别、筛选。前一类人才在学术界、教育界已经形成口碑，故重要的不是甄别，而是吸引其入职。对于后一类人才，重心就要改变了，重要的是对他们进行严格的甄别。在做甄别工作的时候，一定要坚持德才并重的标准。许多大学在选择博士毕业生的时候，往往只是注意审查其科研成果的数量与发表层次，对于德行、心理健康状况没有给予必要的重视。这里存在两个误区：一是重才而轻德。品行端正、德行高洁的年轻教师将来才可能成为德行让人钦仰的大师。品行不端、行为猥琐者，无论是小有薄才还是才高八斗，将来都不可能成为让学生心甘情愿追随的人物。因此，在大学选拔未来的栋梁之材的时候，如果只是重视学术业绩、智力成就，对于德行如何浑然不顾，那无疑是自绝其路。所以，在重视考察才学的同时，一定要通过心理测量、毕业学校的人际追踪、面对面的深度交流等手段，仔细观察、审慎考察应聘者的品行状况。二是重视浅表的业绩而忽视了实际的发展潜力。发表论文、出版著作的数量与刊发层次固然是衡量一个学术人、未来的大学教师很重要的参考指标，但是这在一定程度上只能反映其以前的研究水平，未来发展状况如何、潜力大小都是未知的。那么，依靠什么方式才能比较准确地把握应聘者的实际水平、发展潜力呢？用人单位的专家可以与应聘者进行深度交流，探询其以前的研究历程、未来的研究计划，让其做一个小范围的、具有代表性的学术报告。

综合以上方面的学术表现，参照已有的业绩，就可以比较全面、精准地把握应聘者的实际学术水平、未来发展潜质。

总之，如果能在提升存量师资的质量、严把增量师资的质量上双管齐下，就能在大学内部持续聚集一大批德才均堪为学生楷模的"大师""大先生"，"从游式"教育的持续、稳定展开就有了一定的可能性。

不过，要想使教师的八斗高才和万仞德行为学生所深切地感知、体察，让学生对教师产生发自内心的服膺之情，就需要教师与学生有足够多的接触机会，让教师把魅力充分释放、展示出来。

二、在课堂教学与日常生活中展现魅力

身处大学中的"大师"头上固然有着令人炫目的种种学术光环，但是这些光环不会自然变为慑服人心的力量。慑服人心的力量来自于其对自己学问、识见的充分展示，在展示中给学生带来的冲击甚至是震撼。当大学中的课堂教学具备特殊品性时，就会产生这样的冲击、震撼的效果。那么，大学的课堂教学需要具有什么品性呢？那就是探究性。在大学中，具有探究性的课堂教学不是平面化地呈现现有的知识系统，而是把现有知识系统的生产过程展现出来。这一展现过程便是一个知识不断生成的动态化、立体化的过程。不过，需要特别说明的是，在不同类型课程的讲授中，这一立体化的知识生成过程的呈现是存在很大区别的。在基础课、必修课的讲授中，由于教师需要把知识系统的方方面面都要涉及，对于一个专家来说，只能是以讲授他人的研究成果为主。因此，在其教学活动中，我们看到的往往是在特定的学科发展史上，不同代际的研究者是如何通过自己艰辛的精神劳作，不断把学科发展的前沿地带一点点往前推进，直到形成如今的知识图谱。在专题性的选修课的教学中，就不必如此了，教师可以根据自己的学术特长，只是讲自己的研究成果。因此，在专题性的选修课的教学中，我们看到的往往是教师在前人业已奠定的知识基础上，如何创造性地寻找新的知识生长点，一点点推进自己的研究工作，最终形成自己最新研究成果的过程。当然，在其课堂教学的推进过程中，无论教师展示的是他人如何推进学科发展进程的，还是自己如何展开探索的，教师广博的知识储备，以及出色的洞察力、分析能力、理论建

构能力等都会在这一知识探究和摸索的过程中充分展现出来，从而表现出一种"智性的迷魅"，深深地吸引学生、震撼学生。那么，如何在中国当代大学推进探究性教学呢？在笔者看来，需要从以下方面进行努力。

第一，提倡大学教学中普遍推行探究性教学。在大学中广泛推行探究性教学是否可能呢？它的可能性是毋庸置疑的。从事实的角度来说，现在的少部分大学教师采取的就是这样的教学方式。他们已经给我们树立了当代大学教师使用探究性教学的范例，证明了这种教学方式的可行性。从逻辑的角度来说，在大学教学中，是使用探究性的方式来呈现教学内容，还是用一般的知识点陈列的方式来展示教学内容？这只是一个教学理念转换的问题。任何一个有一定科研积累的大学教师，只要树立了明确的探究性教学理念，并自觉地按照其进行教学实践，实现由一般的讲授式教学向探究性教学的转变，都不存在不可逾越的困难。当然，笔者在这里并不是要否定这种教学方式转换的阵痛。在这一转变中，增加科研储备、改变习惯的思维方式、调适教学实践，都是需要经历一种转型的阵痛的，但是这种阵痛只是暂时的。

第二，进行以探究性教学为中心的教学体制改革。之所以在这里提出这一点，是因为教师在其教学过程中运用探究性教学还有一个必备的前提：必须在自己能力的范围内从事教学工作。说得更直白一点，就是教师的知识积累、研究功力必须与其所讲授的课程相匹配。一般来说，学科必修课、专业必修课、选修课这三个层次课程的教学难度是逐渐递减的。教授、副教授、讲师、助教在知识积累、研究功力上也是渐次递减的。有鉴于此，学校在安排课程的时候，就要尽可能地让教授一级的教师教授学科必修课，副教授一级的教师教授专业必修课，助教与讲师一级的教师教授选修课。如此将教师职称与所授课程进行大致对应的安排，能保证大学教学中的探究性教学真正驾轻就熟地实施。不过，仅仅做到这一点还不够，还需要对现有的课程体系进行调整。如何调整呢？笔者的设想是：学科必修课、专业必修课的体系可以基本保持不变，但对于选修课，需要把它改变为一个开放的体系，使选修课随着新进教师的变化而变化。也就是说，只要进一名新教师，就让他以自己的博士论文或硕士论文为中心开设一门选修课，不必对选修课的数量有任何限制。如此安排课程，可以将教师的职称与课程对应起来，助教、讲师一级的教师只是讲以自己在硕士、博士阶段的研究成果为基础的选修课；副教授一级的教师讲与自己的研究特长密切相关的专业必修课；教授一级的教师讲授最基础的学科必修课。为什么要这样安排课程呢？因为助教、讲师一级的教师讲授自己的研究成果，可以最大限度地保证教学的探究性。在讲授自己的研究成果时，他们的研究还在不断地往前推进，随着研究的不断拓展，其知识结构会越来越完善、研究功力会越来越深厚。当其职称升至副教授时，他们就有相当的基础可以讲授专业必修课。在任副教授期间，其还会向前推进自己的研究进程，在此基础上，当升任为教授的时候，其知识储备、研究功力就足以承担学科基础课的讲授任务了。

教师在智性、才识上对学生的慑服依靠的是课堂教学，可是在德性上的雅量高致的充分示现，依靠的就不仅仅是课堂教学，而是课外师生的充分接触了。林语堂所说的"理想大学中的生活，必使师生在课外有充量的交游与谈学机会"（林语堂，1996：332）便是此意。只有在频繁而密切的日常交往中，大学教师身上的持志养气、待人接物等方面的德性才能得以充分展现出来，为学生所感知、体味，他们身上那些刚健勇为、超越达观、博施众济、宽以待人等品质自然会深深地打动学生。教师在品格修养上的高大形象，遂得以在学生的心目中树立起来。可是，师生之间的频繁接触不是自然而然就能实现的，在当今的时代环境中，要实现这一点尤其不易。因此，在当代大学中，亟须为师生的密切接触创造各种条件。那么，如何为师生的密切接触创造条件呢？在笔者看来，以下方面是值得注意的。

第一，为大学教师"减负"。为大学教师"减负"，就是尽量减少对大学教师的科研考核，让量化的科研工作不再成为教师的沉重负担。在一个绩效主义、量化逻辑盛行的时代，想要完全拒绝对科研工作的量化考核是不可能的。但是，大学的决策者在制定量化考核政策的时候，应该朝着从宽而不是从严的方向努力。然而，现在一些大学决策者在制定量化考核政策的时候，却是与理想的方向南辕北辙。比如，量化考核是以一年为一个考核周期还是以3年或5年为一个考核周期，其宽严程度就存在着很大的差别。显然，一年一考核是最严的政策，这种政策把教师绑在追求量化的"高速列车"上，让其每年都要有相当数量的科研产出。为此，教师不得不疲于应付每年固定的考核量。除了应付必须完成的教学工作量和科研工作量，教师几乎没有任何时间、精力做其他的事情，当然就不可能把时间、精力分出一部分，用来和学生进行面对面的交流、互动。对此，吴承学感慨道："名目繁多的科研、教学项目，各种级别的科研奖励、人才计划等，数不胜数，令人心驰目眩。学术成果就是荣誉，就是地位，就是金钱。现在，已经有一套非常严密和严格的绩效考核体制，项目、论文、人才与评奖、各种会议成为学者生存的主要方式与评价标准。因此，许多年轻学者大量的时间与精力，都耗在这些无休无止的俗事杂务之中。但这并非他们所乐意的。"（吴承学，2021：114）然而，以3年或5年作为一个考核周期，情形就好了不少。虽然与一年一考核相比，在3年或5年之内的科研工作的总量是一样的，但是这给教师提供了一定的自主调节空间。例如，以5年为一个考核周期为例，教师在这个周期开始的前两年，可以不必为了应付科研考核而疲于奔命，可以把较多的时间腾挪出来，用来做与科研产出无关的事情，如与学生面对面交流，和学生一起参与学校的文体活动、社会实践活动等。到了后三年，再把主要精力集中在科研产出上；或者是前面二三年突击用来做科研工作，等科研任务差不多快完成了，一个周期中余下的时间可以做与科研产出无必然关联的事情。总之，无论时间和工作如何配置，延长考核周期，就可以给教师腾挪出一部分时间来与学生进行密切接触。

第二，切实推行导师制。当大学中的教师与学生自发的密切接触不可能自然生成时，就要用制度的办法强力促进教师与学生的密切接触。在我国，硕士研究生、博士研究生的培养一贯实行导师制，无须画蛇添足。我们需要做的是，在本科阶段推行导师制。在我国当代大学，本科生导师制的实行还不是很普遍，因此笔者才在这里建议在当代大学本科阶段全面推行导师制。实行本科生导师制的基本设想是：在双向选择的基础上，可以为2—3名本科生指定1名导师。导师的职责定位是：不仅要负责本科生的学业指导，还要负责本科生的人生指导。其基本的指导方式是：导师要与学生定期见面，面对面交流有关学业与人生的问题。另外，从本科二年级开始，导师与学生就要共同商定科研课题，由导师指导学生开展科研工作。科研课题的阶段性成果和终结性成果可以以学生的小论文、学年论文与学士学位论文的形式呈现。需要说明的是，这一制度的有效推行，必须以前面一个条件的实现为前提，如果大学教师身上背负着沉重的科研负担，即使有这样的制度规定，一些教师也会在制度执行过程中进行制度变形、变通，甚至是进行严重的"偷工减料"，使本科生导师制仅仅得其形而无其神，在功效上几近于无。当前一个条件实现了的时候，导师制就可以在本科阶段真正推行开来，大力促进教师与学生的密切接触和交流。

当具备以上条件时，教师的"智者"和"君子"形象在学生心目中树立起来之后，学生这些"小鱼"便有可能心甘情愿地追随教师这些"大鱼"，使"从游"得以发生。陈平原在谈到这一问题时，曾经如此大发感慨："'从夫子游'的独特魅力，主要在于精神熏陶，而不是知识传授。可这有个前提，'前导'的'大鱼'，不只能够提供实验经费和科研题目，学识及才华外，还必须兼有人格魅力，这样，方才值得'小鱼尾随'。"（陈平原，2000：181-182）陈平原在这里虽然是针对北京大学发论的，但其思想主旨正与笔者的观点高度应和。

三、大学生具备自我提升意识

大学中存在着大量的才智卓越、品德高尚的师者，只是为学生追随、效仿提供了"心仪"的对象，可是假如学生根本就没有自觉的、明确的自我全面提升的意识，哪怕师中的"智者""君子"如何在他们面前满口嘉言、随处示现懿行，他们也只会充耳不闻、视若无睹。也就是说，师生之间出现"从游"的状况，这一教育关系形成的主动者、发起者是学生。起码在这一关系形成的起始点上，情形是如此。既然学生是"从游"这一关系形式的发起者、启动者，就需要具备内在的心理条件。这一内在的心理条件的关键便是明确的、自我全面提升的意识。只有他们具备了这样的心理条件，才会被最大限度地提升自己的学识、德性的激情所驱动，睁大充满渴望的眼睛，在大学中搜寻值得他们追随的"大师""大先生"，进而亲近之、追随之。

当然，大学生的自我提升意识不是自然就会产生的，需要教育者创造一定的条件进行激发、培育。如何激发、培育大学生的自我提升意识呢？以下几方面是需要特别关注的。

第一，激发学生的求知内驱力。奥苏贝尔（Ausubel）曾经提出了课堂学习的三类动机，第一类学习动机是认知内驱力，即人本身获得知识的愿望。由于学生对学习活动本身感兴趣，这种认知兴趣驱使学生探求知识，通过知识的获得而得到满足。第二种学习动机是自我提高的内驱力，其学习的动力来源于学习活动之外的自尊和地位的需要，是一种外部动机。第三种学习动机是依附性内驱力，学习的动力来源于有威信的年长者的认可和赞许，通常存在于年龄较小的儿童的学习活动中，也是一种外部动机。这三种学习动机中，对学生求知欲有持续激发作用的当属认知内驱力。具备认知内驱力的学生，其求知欲水平一般比较高。反之，出于功利目的的学习者很难保持可持续的学习、自我提升的热情（李硕豪，王改改，2019）。就此而言，求知的内驱力是学生形成自我提升意识的关键因素。如何激发学生的求知内驱力呢？教师在课堂教学中建立知识与生活世界的关联是最为紧要的。只有学生在教学过程中深刻地感受到自己所学的知识与自己的生活世界中问题的解决是密切关联的，才可能产生内在的获得知识、探求知识的愿望。

第二，强化学生自我调控能力的培养。在大学生的自我提升过程中，个体不可避免地会遇到各种消极因素的干扰，如唆使他们走向堕落的外界不良诱惑、走向成功之路上碰到的挫折等。如果没有足够强的自我调控能力，学生就会放弃自我提升的努力，或者是浅尝辄止。这就意味着要想使大学生的自我提升意识确立、稳固，就需要在教师的引导下，使学生形成足够强大的自我调控能力。如何引导学生形成强大的自我调控能力呢？以下两点是特别重要的。

其一，激发学生的"慎独"意识。"慎独"是中华民族道德教育传统中非常重要的一个元素，其核心在于自我修养者在无人监督的情形下对自己身心的持守、把握。历代的圣贤之所以能够成为道德上的楷模，与他们在日复一日、年复一年中的自我身心持守有着莫大关系。究其实质，自我身心持守就是自我的调控。借鉴古人的经验，在当代的育人工作中，教师也要有意识地引导学生在"慎独"上下功夫。

其二，培育学生的抗挫折能力。在这一点上，教师要引导学生正确认识挫折、适应挫折。如何利用挫折呢？教师可以考虑在学生遇到挫折的时候，及时帮助其做好"复盘"工作。这就涉及心理学中的习得性无助。习得性无助是指在之前经历的事件中，经常遇到困难却得不到帮助和解决，久而久之，心里会形成一种无助和失望的感受，从而将这种感受扩散到生活的其他方面，最后产生消极的自我定义："我什么事情都做不好，我真无用。"如果出现这种情况，在抗挫折上，可以说是一败涂地。为了避免这种情况的出现，就需要有人帮助当事者做好"回头看"。在"回头看"与"复盘"的过程中，当事者就可以清楚地看到，前面经历的事件中哪些关键环节、哪些原因导致了事件的不良后果，如果要扭转局面，可以采取的办法有哪些，这样就可以把当事者不良的心理定式及时转变过来，大大增强其抗挫折能力。

第三，采取适当的评价策略。在以评价的方式促进学生自我提升意识的确立、稳固上，正向与负向评价相结合的策略应该是适当的。所谓正向评价，即发现、挖掘学生身上的闪光点，并对其进行积极的言语评价或奖励。所谓负向评价，即指出学生身上的缺点，并有针对性地进行批评。之所以要提倡二者的结合，是因为二者的作用机制是不同的。正向评价对学生起作用的机制如下：积极的、正面的鼓励使得学生想要好上加好，甚至会有一种微妙的、对得起老师的评价的心理，这就会大大激发学生向上、向好的积极性。负向评价对学生起作用的机制如下：当教师对学生产生负面评价时，学生会有一种"知耻而后勇"的心态，这种心态会促使学生向相反的方向努力。当然，还有一个原因是，二者的结合在促进学生努力提升自己上会产生一种叠加的作用，能够实现"1+1>2"的效果。

四、游刃有余的精神空间的形成

大学中的师生"从游"，不是师生之间机械的、呆板的示范与模仿和认同，而是在从容、自在的状态中，师生惬意地享受生命充分互动的过程。如果"从游"丧失了这一独特的精神气质，就与刻板的知识授受、道德训诫无异，只剩下师生往来这一僵硬的外壳，全无生生不息的灵魂。就此而言，从容自在、悠然自得的精神气质和生命状态是"从游"的灵魂，大学中弥漫的永不止息的自由气息便是其实现的基础。

当大学中的自由气息较为浓厚时，便为"从游"中的师生创造了一片"蔚蓝的精神之海"。其中，"从游"中的师生便可以"海阔凭鱼游"。无论是他们共同进行的遨游科学探究之海的活动，还是"坐而论道"中的机锋相接、处理日常实务中的切磋琢磨等活动，都能够获得最大限度的思考、权衡、选择空间。在这一过程中，教师才能把自己的才学、智慧彻底地展现出来，对学生形成智性的冲击甚至震撼，以之启迪学生；教师才能把自己的德性修养中的雅量高致充分地示现出来，对学生形成德性的熏沐甚至是浸润，以之陶冶学生。师生"从游"在人才培养中的价值，至此方能真正实现。

西南联大的毕业生，后来成为北京大学知名教授的赵宝煦说：

联大成功是因为自由主义。自由主义作为一个学派，它不是三两句话能说清楚的。前不久我在绍兴蔡元培纪念会上，我讲蔡元培的两个原则，一个兼容并包，一个思想自由。我在这里讲思想自由，你不必把我往别的地方上靠、拉。我就讲蔡元培的思想自由原则。从教育方面来讲，对于我们现在的学生，我觉得管得太多了。

西南联大就八年，你看效果，实践是检验真理的标准。你看它出多少人才？它这个人才，大陆的、台湾的……大陆和台湾一样，他们一般都是文教界、学术界的权威，出了大量的人才。可是它那个地方，它并不是整天管学生。

……

柳宗元的文章，《古文观止》里的《种树郭橐驼传》，就说种树的郭橐驼。他驼了，所以叫郭橐驼。他种树最有名。人家问他说，怎么所有的树在你手上种都成活率高?而且长得好，为什么别人弄不好?他说，很简单，我就是给它充足的阳光、水、土壤。我给它条件，我就让它长。我并不是一会儿就摇一摇看它生根没有，一会儿拔出来看看。我不折腾它。（张曼菱，2013：282-283）

赵宝煦作为西南联大的亲历者，对中华人民共和国成立后几十年的高等教育变化体味尤深。他的这一对大学当中创造游刃有余的精神空间对于大学办学的重要性的认识，正可以作为笔者观点的佐证。

那么，我们应当如何做，才能使大学中形成游刃有余的精神空间呢？这需要从以下方面努力。

第一，落实高校办学自主权。在中国，从大学的主流来说，政府是大学的最大投资人，甚至是唯一的投资人，其对大学拥有领导权、管理权是有其合法性的。但是，从尊重、维护大学学术自由的角度来说，政府对大学的领导、管理应当是宏观的。对于大学办学的方向、目标、管理体制等方面，给予必要的指导与把控，对于大学的内部管理，应该尽量减少干预。因此，为了使大学的学术自由能够真正得到保障，就需要政府切实放权，把学术事务交由大学内部的专业人员来管理。当然，在这一点上，大学也不是完全无所作为的。例如，大学应尽量加强和行政部门、事业单位、企业的沟通，积极为其提供服务，获得多元的筹措办学经费的渠道，这对于其减少对政府的依赖，强化独立性、自主性，也是有所助益的。

第二，建立周备的学术委员会制度。今日的中国大学，学术委员会基本上都是各个大学的常设机构。从形式上看，其对学术自由的保障起到了积极作用，其实不然。为什么呢？因为现在某些大学的学术委员会的人员结构存在一些问题。一些学校学术委员会的组成人员基本上是职能部门负责人、院系主要领导，纯粹的一线教授占比太低。这导致的直接结果是，学术委员会基本上是"换汤不换药"，学术事务依然还是被行政力量所左右。要想改变这种状况，必须改变学术委员会的人员构成。除了极少数的中间联络人之外，学校学术委员会基本上都应该由纯粹的学者组成。另外，对于学术委员会如何运作，各学校要制定严密的制度、规范、程序。当规范的、以保障学术自由为导向的制度建立起来，其又由抱着素心的学者来执行的时候，学术自由就变得可能了。

第三，强化基层学术组织建设。与政府、企业的"科层化"特点不同，大学具有明显的"扁平化"特征。就此而言，在大学管理中，基层学术组织起着极其重要的作用。那么，在基层学术组织建设中，对于保障学术自由来说，最具有关键意义的制度是什么呢？应该是基层教授会。因为教授是学者群体的代表，在学术事务上拥有公认的权威性。如果由他们组成教授会这一基层学术组织，就可以最大限度地发挥"教授治学"的作用，充分保障学术自由的实现。

当然，上述条件只是能促使"从游式"教育由可能变为现实，让其在一流人才培养中切实发挥作用。然而，这里依然存在一个问题：业已实在化的"从游式"教育如何变得更为自然、日常、持久？要解决这一问题，就需要"锦上添花"，大学师生间的亲密关系便起到了这一作用。

五、师生间亲密关系的建立

当代社会，人们一般把师生关系理解为一种职业性的契约关系，似乎与亲密无缘。其实，这是一种对师生关系狭隘的理解与判定。事实上，在历史与现实中，都不乏大量大学中师生关系亲密的证据。如台湾的姚秀彦在忆及自己的大学时代时便说过："那时老师跟学生完全像一家人。你随时随地跟着老师的问题，到他家里，打桥牌。给他倒点水啊，在他家里吃便饭，这都是很平常的事情。我到好几个老师家去过，比如龚祥瑞，他是教我们政治学的，师母我也认识。我们就到他家里去，无话不谈就像家里人一样。以后的大学，看着规模非常的大，学的东西非常多，但是那个情调没有。"（张曼菱，2013：237-238）赵瑞蕻在回忆自己的大学生活时也说："师生之间可以随意接触谈心，可以相互帮助和争论；在春秋佳日的假期中，师生结伴漫游或喝茶下棋，促膝聊天，海阔天空，无所不谈。"（赵瑞蕻，2021：88）这二人所说的师生"完全像一家人""可以随意接触""无所不谈"，正是对师生关系亲密的最好概括。

这种特殊的关系使得教师与学生之间在日常生活中的"从游"去除了所有的牵强、生硬，变得非常自然、平易。换句话说，师生关系的亲密使得师生之间的"从游"具有了亲情的色彩。学生参与到教师的日常生活中，与教师一起信步游玩、对坐闲谈、嬉笑饮食、共同探讨问题。虽然其起到了教育的作用，却一点都不着教育的痕迹、名相，好似色中胶青、水中之盐，这才是"从游"的理想境界。

然而，总体上来说，当代大学的师生关系是不乐观的。钱理群在论及当代大学的师生关系时曾说："我最强烈的感受，是现在的师生关系变了，越来越变成'老板'与'打工者'的关系，现在许多导师都被叫作'老板'，而且是名副其实的……师生关系变化的背后是教育的变质，变成知识的买卖。即使不是这样露骨的买卖，也变成纯粹的知识的传授。这里没有了心灵的交流，思想的碰撞，人格的影响，性情的熏陶，精神的吸引与传递，在我看来，这就意味着教育本质的失落。"（钱理群，2008：114-115）钱理群的判断可谓一针见血。当代大学的某些师生关系变成了利益关系，即使学生不是为老师打工、谋取利益的打工仔，也是基于知识和金钱交换的顾客与服务者的关系，很难谈得上情感的融洽、精神的吸引、灵性的契合，其关系状态的外在表现形式便是疏远、淡漠。

那么，对于这种畸形的师生关系，通过何种方式才能扭转过来呢？很多人的建议是强化师生的接触，让他们有较多交流、互动的机会。在笔者看来，这样的想法未能切中肯綮。我们可以看到这样一个日常生活中的常见场景：一个办公室的同事接触不可谓不频繁，但是同事之间关系疏远、淡漠者却比比皆是。就此而言，师生之间的频繁接触并不是形成良好的师生关系的充要条件。那么，什么是形成良好的师生关系的充要条件呢？以下两点非常关键。

第一，大学教学的深入人心。师生关系走向良性状态，最重要的前提是师生之间发生精神上的关联，即教师的思考、探索与学生的精神生活之间存在着深刻的关联。如果没有这一状况出现，即使师生之间的交往再频繁，也是无济于事的。教师与学生建立精神联系，主要依靠的渠道是课堂教学，起码在起点上是这样。后续在课外师生之间发生精神联系，往往是教师在课堂上对学生形成了心灵的冲击与震撼，学生才会主动接近甚至追随教师。因此，想要实现师生之间在精神上的深刻关联，就需要在课堂教学上深思熟虑、切实去做。那么，教师应该在课堂教学中向什么方向努力呢？许知远的这段由衷的自白给我们指明了方向："对于一个懵懂的 19 岁少年来讲，前方的道路光明却无序。他希望在这充满分叉的路口寻到一条归属自己双脚的路。而在此之前，我阅读到的一切书籍都向我暗示，大学是这样一个地方。在这里，有许多充满智慧的长者，向你传达他们积累多年的经验，帮助你辨明方向。他们可以激发出你的热情，激活你的心智。我怀疑，我不知疲倦地在三教里乱串，正是处于这一本能性的渴望。"（许知远，2001：159）许知远在这里突出强调的是，身在大学的莘莘学子最需要获得的是通过课堂教学的引导找到一条与自己的灵魂契合的道路。许知远的这一想法是非常具有代表性的。身在大学的学子之所以迷茫、放纵，成为"空心人"，主要是因为其在大学期间找不到人生的方向，没有看到人生的意义。因此，大学课堂教学的主要着眼点应该放在探究性教学上。只有探究性教学才能让教师带着学生走入光怪陆离的、迷人的自然和人文世界。在这五彩缤纷的世界中，学生总能够找到一块自己感兴趣、让自己的灵魂为之震颤的天地。自此以后，学生的热情就会被自然地激发出来，智性的积极性就会被自然地调动起来，为自己选定的道路不懈努力。既然身边的教师就是这条路上的先行者，学生自然就会将其视为知己，与其发生精神上的深度关联。

第二，师生拥有共同的价值取向。思想、精神的深度关联固然是师生关系密切的一个重要保障，但是另外一个方面的条件也不可或缺，即师生的价值取向高度一致。如果说前面一个条件是智性的，后者一个条件便是非智性的，二者各有其不可替代的作用。那么，如何能够使得师生在价值观上趋同呢？挖掘共同的生活境遇是一条可行的道路。在这一点上，西南联大的经验给了我们直接的启示。如果西南联大的师生没有共同面对山河破碎、家国危难的生存境遇，就不可能产生"同呼吸、共命运"的生存感受，更不可能萌生共同的"以学术、文化救国"

的价值追求。因此，在当代大学，要想使学生与教师实现价值取向的趋同，就需要在寻找共同的生存境遇上努力。从显在的层面来看，教师与学生因为年龄、社会地位、角色等的不同，在生存境遇上存在着很大的差别。但是，如果着力挖掘，也不难找到彼此之间的契合点，关键在于教师要有心、用心。比如，全球气候变暖、恐怖主义势力的扩张、地区冲突的加剧等，是每一个成年的、有一定理性的人都能够感受到的事实。随着时间的推移，这一感受会越来越深切。要改变这些，需要全球各个国家、各个年龄段的人共同努力。当教师没有把这些明确地点出，凸显其对人类生活的重要性的时候，学生对它们是不自觉的甚至是懵懂的，假如教师在课堂、课外的日常交往中能够把这一切明确地点出，学生就会对其有深刻的理解。关注人类命运共同体的价值观念自然而然就会在学生头脑中生成，至此教师的价值取向与学生的价值取向就可以实现趋同了。

第四节　"从游"中教师影响学生的策略

当在大学中具备特定的条件，使得"从游式"教育从理想变成实实在在的教育实践时，的确是教育之幸、国家之幸。不过，这里还存在一个需要阐明的问题，即在"从游式"教育推行的过程中，教师需要采取哪些策略才能对学生产生实质的影响？只有把这一问题彻底解决，才能让教师在"从游式"教育中找到切实的抓手，真正对学生的身心改变发挥至关重要的作用。

一、切实探查与把握学生的身心特点

师生的"从游"，即在师生共同参与活动的过程中，二者的互动是必然的，既是相互成全、促进对方成长的过程，也是相互探查、了解的过程。从教育的意义而言，后者是前者的基础。特别是对于教师对学生的影响而言，更是如此。那么，教师如何通过对学生的探查来了解学生，进而促进其成长呢？以下几方面很关键。

第一，把握学生的个性特点。首先，教师要做一个"有心"的观察者。在教师与学生的"从游"中，如果教师不能用心观察学生，就无法了解学生的知识掌握情况、能力水平、情感变化、意志的坚韧性等。如果是这样，学生真实的"世界"在教师的眼前永远是虚幻的。相反，如果教师能够在"从游"中做一个"有心人"，时刻注意观察学生的一举一动、一言一行，并且注意从中提取学生知识、能力、情感、意志等方面的信息，就可以做到准确地把握学生身心发展的真实状况。当然，仅仅依靠观察是不够的，因为观察往往看到的是人的外显的、表面的行为，深层的心理动机、意义体验很难从观察中发现、捕捉，在某些情况下，还会造成对人的深层、复杂心理状态的误判。对于这一点，孔子与颜回之间的一段轶事可资佐证。《吕氏春秋·任数》中曾经有这样一段记载："孔子穷乎陈、蔡之间，藜羹不斟，七日不尝粒，昼寝。颜回索米，得而爨之，几熟。孔子望见颜回攫其甑中而食之。选间，食熟，谒孔子而进食。孔子佯为不见之。孔子起曰：'今者梦见先君，食洁而后馈。'颜回对曰：'不可。向者煤室入甑中，弃食不祥，回攫而饭。'孔子叹曰：'所信者目也，而目犹不可信；所恃者心也，而心犹不足恃。弟子记之，知人固不易矣。'"在这里，我们可以看到，孔子在被困于陈、蔡之间的时候，几乎断绝饮食。当颜回好不容易找到一些米为大家煮饭吃的时候，煤灰被风吹入饭中，颜回痛惜饭食来之不易，于是就把沾染了煤灰的部分铲起来吃了。这个铲起来吃饭的举动正好被孔子看到了，孔子以为颜回是因饥饿而抢着偷吃饭食，心中很不高兴，不过还是假装没有看见这件事情。后来，当颜回解释说因为煤灰落入饭食中，他舍不得丢弃，于是就把沾了煤灰的饭食铲起来吃掉了，孔子这才知道事情的真相，连连感慨仅凭观察人的行为判断人的心理、品行是何等的不智。对于孔子和颜回之间发生的这件轶事，无论是真正的历史事件，还是思想者撰写的寓言，都昭示了我们一个道理：只是依赖观察判断人的心理、品行是不合理的，会导致颠倒黑白。因此，教师在做一个"有心"观察者的同时，还必须做一个倾心的恳谈者。所谓倾心的恳谈者，即在"从游"中，教师要抓住一切机会，用以心换心的方式与学生晤谈。在教师与学生的对谈中，教师常常会陷入一个误区，即教师以"语重心长""苦口婆心"的方式对待学生。这看起来似乎是在与学生推心置腹，其实不是，这只是教师以一种居高临下甚至恩赐者的姿态在对学生进行说教。对于此种方式，表面上学生可能会说"我明白了""我很感激您"之类的话语，但事实上它导致的只能是学生的厌恶、反感，最终使学生的心理大门彻底封闭。如何走出这一误区呢？这就需要教师真正把姿态放低，站在学生的立场，以诚恳的态度认真倾听学生的言说，并通过眼神、各种体态语言向学生传达一个信息："我是非常理解你的，你完全可以信任我，我愿意分担你的一切忧愁和欢乐。"这个时候，学生就会把他的烦恼、忧愁、苦闷、欢乐等向教师倾吐出来。针对学生的倾诉，教师站在过来人的立场上，对学生的倾心诉说进行疏导性、帮助性的回应，就会引发学生把更多的烦恼、忧愁、苦闷、欢乐等向教师倾诉出来。如此循环往复，在与教师互动的过程中，学生真实的个性特点就会展露无遗。总之，结合观察、倾心接谈两种方式，教师就可以把学生深层的、内隐的知识、能力、情感、意志等方面的要素把握住，了解学生的个性。

第二，尽可能地组织多样化的活动。教师在"从游"的过程中把握学生的个性特点，其指向不能是单维度的、片面的真实，而应该是多维度的、全面的真实。有鉴于此，在"从游"活动的筹划、组织、开展上，教师要特别注意组织多样化的活动。例如，供学生旁听的课堂教学活动、能够引发学生兴趣的教师课外学术演讲、师生之间的随性漫谈、舌剑唇枪的争辩、在社会实践活动中的共进退与同呼吸、教师在给学生题词中的殷殷劝勉、对教师已经出版著作的阅读等"从游"的形态，教师都应该想方设法创造各种条件，使之自然浮现出来，起码要为这些形态"从游"的出现准备好必要条件。在这里，精彩纷呈的课堂教学、新意迭出的学术演讲、教师对学生的无私大爱、教师炽热的传道情怀等都是必不可少的。当这些条件具备的时候，那些花样繁多的"从游"活动自然而然就会涌现出来。然而，这些活动的外显形态各异，教师与学生在其间的内在心理活动、相互关系各异，这就使得那些活动像一个多棱镜，把学生不同侧面的个性特点折射出来，清晰地呈现在教师面前。

第三，最大限度地创造师生"短兵相接"的机会。在"从游"中，教师固然要对学生的真实状况做全方位的了解，但是仅仅停留在这个层面是不够的，教师还需要对学生的各方面真实状况做充分的、足够深刻的了解。这就需要教师在"从游"中尽可能地创造并有效利用各种师生"短兵相接"的机会，在二者心智的"赤膊相向"中充分折射学生的个性特点。例如，在学生旁听教师授课的过程中，只是教师滔滔不绝地讲、学生随着教师的思路听，即使有潜在的心智上的

"短兵相接",也无法为教师所察觉,无法使其成为观察、判断学生心智特点的契机。要想实现外显的师生心智上的"短兵相接",就需要教师在授课的关键点上有意识地使用提问、讨论等方式,制造外显的学生参与思考、发言的机会。这样教师就可以在对师生应答、讨论进程的引导中,让学生把自己的心智特点充分展现出来。又如,在课外日常生活的漫谈中,如果教师仅仅停留在对学生的疑问进行解答或结合生活情境对学生的随机指点上,师生在心智上的碰撞、磨砺就很难发生,起码不是外显的,这样教师就无法充分判定学生的心智特点。这就需要教师着力创造了解学生真实的个性特点的契机,如教师可以追问学生:"你对这个问题有了解吗?对于我的观点,你有什么看法?"甚至还可以使这样的追问形成一个链条。在师生不间断的问答甚至讨论中,学生的心智特点就可以充分展现出来,为教师所感知、把握。总之,在教师有意识地制造师生心智碰撞机会的过程中,无论是知识上的质疑问难、思维上的相互激荡,还是德性上的相互打磨,都会让学生把其个性特点充分地展现在教师面前,让教师对其个性的质地、强度等都有足够深刻的了解。

综上所述,如果教师在"从游"过程中能够自觉地采取以上策略,其对学生个性特点的把握就会既是真实、无杂染的,又是全面、深刻的,这可以为教师给学生制定合适的培养目标、教育内容、教育方式等奠定坚实的基础。

二、自由展示中的知识示现与能力迁移

在西南联大,正是因为教师有着极大的教学自由,他们才能在课堂上把自己的才学、见识、思维能力等最大限度地展现出来,对学生产生一定的影响。何兆武在谈到西南联大为何人才辈出时曾说,学生的素质的确重要,但更重要的还是学术的气氛。人才在每个时代、每个国家都有,数量也都差不多,问题是给不给其自由发展的条件。如果没有"求知的自由""思想的自由",就"没有个人的创造力,而个人的独创能力实际上才是真正的第一生产力"。当然,绝对的自由是不存在的,在相对的范围内,"个人的自由越大越好"(何兆武,文靖,2006:98)。在这里,何兆武突出强调了自由对于人才培养的重要性。虽然他是站在学生的立场来讲的,却指出了至关重要的一点:自由与创造力的发挥密切相关。的

确，如果教师在教学中拥有极大的自主权，就可以选择自己开设的课程、课程中呈现的教学内容、教学内容呈现的方式，可以把自己的创造力充分发挥出来，以最为有效的方式呈现自己所掌握的知识、所拥有的智慧，从而对学生的头脑、心灵产生一定的影响。那么，教师需要采取哪些策略，才能实现上述目标呢？以下方面是非常重要的。

（一）最大限度地展现知识的脉络与结构

当选择了自己最擅长的课程来开设，教师具有选择教学内容的自主权时，从知识构成的角度来看，教师需要呈现两种结构维度的知识。

一是学科发展历史上所有知识的纵向关联。任何知识都有其发生、发展、终结的过程。除了少数事实性的知识，莫不如此。这就意味着任何一个知识点，都有问题被发现、不断推进问题解决、最终获得问题解决方案的历史。这是人类的知识史、学科史构成的自然的和基本的样态。当教师具有一定的教学自由时，就可以不拘泥于教材、教学大纲，把任何学科的人类认识史上的知识发展链条充分呈现出来。这就意味着从课堂的一个知识点出发，可以牵动整个相关的人类认识史。一个知识点即可引发出一部人类认识史，这是多么大规模的知识牵连。依靠如此的课堂教学，自然可以使学生的知识面得到充分拓展。

二是专业知识与其他学科知识的横向关联。任何一个学科的知识都不仅仅是由一个学科的知识构成的，必然与其他学科的知识发生关联。这不是由知识建构者或者教学工作者的主观意志决定的，而是由自然世界、人文世界的复杂性决定的。说得再直白一点，就是任何一种自然、人文现象的形成，都不是由单一的、内部的因素决定的，而是多种因素综合作用的结果。这就使得在解释某一特定现象时，任何学科的知识都和其他学科的知识交织在一起，它们是你中有我、我中有你的关系。因此，从任何一个学科的一个知识点出发，都可以找到其与其他学科知识的关联。有所区别的是，在知识的亲缘关系上，有的相对近一些，有的相对远一些。这就意味着在开展教学的过程中，教师可以把其他学科的知识点整合、呈现出来，这就是一个众多学科的知识呈现的过程。就此而言，在这一教学过程中，学生的知识面可以在横向上获得大幅度的拓展，这对于最大限度地丰富学生的知识储备是极为有利的。

（二）以探究的方式呈现教学内容

在常规的大学教学中，教学内容的呈现方式往往是知识陈列式。这种教学内容呈现方式有两个特点：一是静态化。教学内容是以静止的甚至僵死的状态存在的，没有把知识的不断生产、生生不已的形态凸显出来。二是平面化。教学内容是以平铺的、符合形式逻辑的结构形态存在的，没有形成立体化的、由众多逻辑台阶连接的样态。这种教学呈现方式的最大弊病是，课堂教学是沉闷、无生气的，很难把学生引向积极思维、主动学习的境地。与之形成鲜明对比的是探究性教学内容呈现方式，这种教学内容呈现方式的特点有以下两方面。一是动态化。在整个课堂教学中，呈现的内容重心不在知识生产的结果，而是知识生产的过程。显然，在此知识是以不断生成、逐渐推进的形态出现的。二是立体化。在课堂教学中，知识是循着立体化的逻辑台阶，一步步向纵深方向发展的，直探自然与人文世界奥秘的底蕴。这种教学内容的呈现方式带来的结果是，教师会把学生带进探究未知世界奥秘的旅程中。这一旅程不仅会引发学生对知识探究的兴趣，还是一个教师展示其探究未知世界的方法、展现其探究能力的过程。作为探究的参与者，学生就会在潜移默化中掌握探究的方法、形成研究的能力。2002 年，剑桥大学副校长安娜·郎斯黛尔（A. Lonadade）说："我们相信，优秀的学生应该在一个研究氛围活跃的环境中接受教育和进行学习，教师自己应该站在其专业研究领域的前沿。唯有如此，学生才能学会提出新问题，并探索当今知识前沿背后潜藏的东西。正如'捷克宪章 77 条'所说的，教育过程应当从知识的传递（发生在小学阶段）发展为对未知的探索（发生在高等教育阶段）。这种教学、科研融和（应为'合'——引者注）的观念已深入到像在剑桥这样的大学工作的人们心中。"（教育部中外大校长论坛领导小组，2002：243）这位校长所强调的教师应该站在研究的前沿、在课堂上展示知识探索的过程、具有教学与科研融合的理念，即教师在课堂上应通过教学的方式呈现自己的研究过程。在这一过程中，学生能"学会提出新问题，并探索当今知识前沿背后潜藏的东西"，说的不正是可以给予学生探究的方法、能力吗？如果不是如此，哈佛大学荣誉校长陆登庭（Rudentine）就不会说"在任何杰出的大学，教学与研究是紧密结合在一起的，在最优秀的研究和学术工作中获得的、在最佳的学术期刊和最优秀专著中发表的重要思想和发现，是教学内容和方法的源泉"（教育部中外大校长论坛领导小组，2002：14）。因此，在课堂教学中，教师应当采取的策略是摒弃知识陈列式教学，全身心地"拥抱"探究式教学。

三、激烈论辩中的思维启动与塑造

汪子嵩在回忆西南联大的师友时曾说："一直到一九五二年院系调整，全国各大学哲学系都并入北大哲学系后，那时的逻辑组是学术辩论最热烈的地方。组内教师都是金先生的学生或者学生的学生，遇到问题常是各持己见，争得面红耳赤。金先生、沈有鼎先生、周礼全祖孙三代是其中的代表。不论是老师还是学生，只要你讲得不对，我便要反驳；今天驳不倒你，下次准备了再来。"（汪子嵩，1999a）由此可见，西南联大时期论辩之风盛行的传统延续到了中华人民共和国成立之后，成为中国大学中的一种风气，在培育人才上发挥了重要作用。其中起中流砥柱作用的是西南联大时期的老师辈和学生辈的人物。那么，这种论辩之风在育人上依赖的条件是什么？这是值得我们深思的。在笔者看来，它需要以下方面的基础条件。

第一，创造共同分享的、具有开放性的问题情境。无论是在课堂还是学术演讲、沙龙、讨论会上，教师要想对学生产生深刻的影响，促动其思维发展，就必须创设特定的问题情境，让学生能够参与到其中。这一问题情境有两个特点：一是不是为教师垄断的、专属的问题情境，学生有能力参与其中。其中的问题不能是高深的、学生无法触碰的，应该具有一定的生活化、日常化倾向。二是不是封闭性的问题情境。这就要求教师在创设问题情境时，其可能的答案不是具有唯一解的，而是具有多元解释的可能。当问题情境具有共通性、开放性时，学生的思维、参与论辩的主动性就会被激活，他们可以从自己的知识积累、生活经验出发，充分参与到和教师的论辩中。如此，师生之间论辩的生成就具备了基点。其后，无论是论辩链条的延展还是师生思维在磨砺中的发展，都具备了基本的前提。

第二，心智交汇的充分展开。依托特定的问题情境，教师与学生之间就会发生频繁而密集的心智交汇。这种心智交汇的外显形态就是师生之间的争辩。一般来说，争辩的激烈程度越高，其心智交汇的密集程度越高。在这一交汇中，学生在比较中就会充分意识到自己与教师之间的心智差距，自觉地向教师的思维水平靠近，这也是一个学生的思维水平不断提升的过程。对此，默斯（Mercer）曾说："对于教师的教和学生的学而言，他们必须在融有共同知识和共同目标的语境中，运用谈话和共同的活动创设一种分享的交际空间，'一种心智交汇区'（an intermental development zone，IDZ）……如果心智交汇的质量能够持续保持下去，那么教师就能够促进学习者超越原先的水平和能力，从而发展和巩固新的能力和理解。"（Mercer，2000：140）其虽然是特指教学领域而言的，但其中所表达的内在机理与一般的论辩无异。就此而言，在师生论辩中，师生之间的心智交汇是作为学生思维发展的促动机制发挥作用的。

第三，推动探究性对话渐次走向深入。既然心智交汇对于论辩中学生的思维发展具有关键意义，那么如何通过特定的技术手段使心智交汇真正落到实处呢？默斯说："探究性对话是指对话各方能批判而建构性地参与彼此观点的形成，都以为共同思考提供相关信息为指向；各方能质疑和反对某些建议，并会给出质疑和反对的理由以及相应的建议。对话共识的达成是各方深入对话的基础。谈话中可以看到公开探讨的知识及其推理。"（Mercer，2000：98）默斯在这里给我们指明的方向是：通过具有探究性的对话，教师和学生之间的心智交汇能落到实处。不过，他只是给出了探究性对话的相互聆听、相互提问、提供理性证据等特征，与使这样的探究性对话真正具有可操作性依然有一段距离。怎么办呢？笔者在这里提出一个引申性的设想：使讨论的问题序列化。所谓问题的序列化，有二重含义：一是问题是由两个以上的子问题构成，且它们之间具有一定的关联性；二是问题必须能够构成一定的逻辑链条，形成台阶状的逻辑关联。这样就把讨论的问题序列化了。其好处是，可以避免通常的、没有自觉性的师生论辩常见的弊病。通常的、没有自觉性的师生论辩常见的弊病是碎片化、不连贯，没有统一于一个连续的思维过程之中，这就难以实现促动学生思维水平节节抬升的目标。问题的序列化则可以使论辩的过程有机化、连续化、统一化。在这个过程中，学生的思维水平不断提升就具有了可能性。既然问题的序列化在论辩过程中具有如此不可替代的重要作用，那么我们应该如何做呢？可以这样做：先由教师提出问题 A，让教师与学生共同参与解答。在解答的基础上，顺着一定的方向，教师铺设逻辑台阶，提出问题 B，师生再共同解答。如此循环往复，不断把论辩中的问题讨论、探究推向深入。当然，另外一个方向的操作也是可以的：教师创设鼓励学生提问的氛围，让学生提出问题 A，师生共同解答。在解答的基础上，顺着一定的方向，教师铺设逻辑台阶，提出问题 B，师生再共同解答。如此循环往复，不断把论辩中的问题讨论、探究推向深入。在提问的起始点上，无论提问者是教师还是学生，问题的解答都是师生共同参与的。后续的提问者无论是教师还是学生，问题逻辑延伸的主线是牢牢地掌握在教师手中的。也就是说，虽然在论辩进行的过程中学生具有相当的主动性、积极性，但是问题不断沿着一定的逻辑纵深度向前推进，是由教师把控的。需要特别说明的是，这并不意味着教师会预设特定的问题链条，如果是这样，论辩的生成性就被颠覆了。教师在这一过程中绝不是要预设一系列具有逻辑关联的问题，不断使论辩的主题向这些问题靠拢，而是说在论辩的推进中，教师要善于和勇于开渠导流、因势成形，在论辩进行的间隙捕捉深化问题讨论的契机，并把它们或由自己明确地问题化，或引导学生将其问题化，从而使讨论不断向纵深方向发展。

四、放松中的意义分享与精神促动

对于大学中宽松的氛围的重要性，钱理群认为，"领导学术的最好办法就是'无为而治'：只要有一个'宽容'的政策，营造一个'宽松'的学术环境与氛围，提供相对'宽裕'的生活与工作条件，其他都不用管，放手让教师去教自己的书，学者去做自己的学问，积以时日，自会产生'精品'"（钱理群，高远东，2003：277-278）。的确，不仅是学术"精品"的产出需要宽松的氛围，人才的培育也需要宽松的氛围。在教师与学生的坐而论道中，尤其能显现出宽松的氛围的重要性。

教师与学生的坐而论道，往往是在具有浓郁生活气息的环境中展开的。无论是家庭中陈设的绿色植物、盛开的鲜花，还是随便放置的椅子、沙发，孩子的跑动，弥漫着水汽的清茶，都构成了一种自然、闲适的氛围。在这样的氛围中，参与论道的人的情绪自然会松弛下来。此时，参与论道者的心态会发生微妙的变化。与课堂教学、激烈的论辩中给予别人知识、经验的心态或在与别人的论辩中胜出的心态不同的是，坐而论道的参与者的心态是把自己人生、学术事业中的困惑、难题、心得全部捧出来，与大家共同分享。这时候，真正的教育的力量才能彰显出来。对此，教育学者扈中平等说："教育中应追求这种'自我'与'自我'的相遇，只有师生都真诚地展示自我，才可能形成一个强有力的教育场域，才能够有助于真正的'人'的诞生。"（扈中平，蔡春，2003）扈中平等在这里想要突出强调的是，只有当教师和学生都真诚地展示自己的时候，他们才能把自己作为人的各种可能性呈现出来，从而实现相互的打磨、成全。那么，这样的打磨、成全是如何实现的呢？以下环节是必不可少的。

第一，真诚的倾诉。教师要把自己在真实的生活世界（包括日常生活世界与学术生活世界）中遇到的困惑、难题、心得都倾诉出来。这里的倾诉必须符合两个特征：一是真实。无论是人生中的喜怒哀乐、困惑与挣扎，还是学术生活中的徘徊与抗争、收获与丰饶，都必须是真实的呈现。只有在真实的呈现中，学生才能够看到在真实的生活世界教师是如何依靠自己的智性智慧与德性智慧应对人生的难题和学术难题的，实现人生境界的突破与学术上的进益。这时学生就会在对比中发现自己在智性与德性上与教师的差距，获得前进的动力，找到努力的方向，习得提升自己的方法。二是必须面对复杂的生活情境。教师在日常生活中面对的困惑、难题是复杂的，学术生活中面对的问题、寻求解决之道的过程也是复杂的。教师应当在倾诉中把自己所面对的日常生活的复杂性、学术生活的复杂性充分展现出来，只有如此，在面对日常生活、学术生活的复杂性时，教师智性的玄妙、德性的坚韧才会最大限度地得到张扬，学生才能在与教师的对比中发现自身的不足，找到弥补的方向、路径。

第二，真正的倾听。在师生的坐而论道中，教师不仅是一个倾诉者，还是一个倾听者——学生心声的倾听者，也是一个真正的倾听者。为什么要提真正的倾听者呢？因为在教师与学生的坐而论道中，虚假的倾听是存在的。什么是虚假的倾听呢？就是教师只是做出了一副倾听的姿态，教师心中没有荡起任何涟漪和回响，教师只是在言说自己预先设定的言辞，或者只是让自己思维的野马肆意奔腾。如果教师只是在虚假地倾听，那么所谓的坐而论道便变成了"各吹各的号，各唱各的调"，根本不可能有真正的对话发生，更遑论思想的生成、精神的成长。所以，我们对虚假的倾听必须有足够的警觉意识，从而自觉地选择真正的倾听。如何实现真正的倾听呢？如果做到以下方面，就可以将真正的倾听落到实处。一是倾听学生的思想。坐而论道的表层关注的是对方的言说中的思想要素，只有关注学生言说中的思想，并做出适当的回应，真正的思想碰撞、交汇才有可能发生。因此，教师要倾听的首先是学生的思想。教师要分辨哪些是陈旧的思想的复现或变形，哪些是真正新异的思想的幼芽，哪些又是具有创造性的成熟的思想结晶，并对之做出适切的反应。二是倾听学生的情感、需求。学生不仅是一个思想的创生者、言说者，更是一个活生生的、具有生命情感和欲求的人。面对一个生命情感喷薄而出、生命欲求跃动的人，教师不能忽视对其情感、需求的捕捉。因为坐而论道并不仅仅是为了推进对道的体认，还是为了育人，或者从更根本的意义上来说，论道是为育人服务的。毕竟二者扮演的是师生的角色，进行的不是社会上的研究者、思想者之间的坐而论道。就此而言，教师对学生情感、需求的倾听是不可或缺的。教师要善于在学生的言说中敏锐地捕捉到其喜悦、快乐、痛苦、愤懑、忧伤等情感，以及得到帮助、获得尊重和支持等需求，并印在自己的心田。

第三，心灵的充分碰撞。马丁·布伯说："我们必反复指明人类的性灵从本原上好比一种复调音乐，在其中没有哪一种声音可归结为另一种声音，这个统一体不能被分离地把握，只能在当下的和谐中倾听。"（马丁·布伯，1992：125）这告诉我们，真正的精神成长，只有在精神的相遇、碰撞之时才变得可能。那么如何才能实现精神的充分相遇、碰撞呢？这需要教师针对学生言说中的思想与言说中体现出来的情感、需求，采取不同的策略、办法。一是对于倾听中捕捉到的不同类型的思想，采取不同的引导策略。对于学生的属于陈旧思想的复现或变形方面的要素，教师要指出其陈旧的实质，并引导其思考为什么会出现这种情形，一起寻找走出思想陈陈相因的渠道。这个时候，学生往往在思想上会有"柳暗花明又一村"的感觉。对于学生属于新的思想萌芽方面的要素，教师要在肯定其创造性、新颖性的基础上，引导学生探究如何使思想走向成熟。对于学生的属于新的相当成熟的思想方面的要素，教师要在充分肯定其价值的基础上，引导学生站在更为宏大的背景，透视这一成熟的思想的意义，寻找新的拓宽思想视野的可能。总之，面对学生不同的思想材料进行"应机施教"，就可以发现学生思想的"意识暗区"，拓宽学生的思想视野，锤炼其建造思想大厦的能力，刺激其产生新的思想，对于其精神的成长与思想成果的获得都是大有裨益的。二是对学生的情感、需求的共情与引导。对于学生的情感、需求，无论是积极的还是消极的，首先采取的策略是共情，即站在学生的立场，与其同呼吸、共命运，充分理解其情感、需求，并对其情感、需求的合理性和正当性表示一定程度的肯定。当做到这一点的时候，学生的内心就会产生一种温暖、贴心的感受。这就为教师对学生的规范、引导奠定了坚实的心理基石。下面可以做的事情便是对学生的情感、需求进行积极的干预、规范、引导。对于学生消极的情感、需求，教师要引导学生以一种反思的态度对待，并在反思的基础上认识到其可能会产生的不良后果，自觉地克服它们。对于学生积极的情感、需求，教师要通过自身的示范，引导学生向德性的更高境界迈进。

五、在爱的感通中抵达心灵深处

在前面历史经验的呈现中，我们可以看到，由于西南联大的教师对学生有着深挚的仁爱之心，学生对教师也报以崇敬、爱戴之情，教师与学生之间产生了一种奇妙的感通的力量，教师身上的美德自然而然地感染了学生，使学生也成为教师那样的人。教师身教的力量的发挥，就是这样实现的。那么，在这里就存在一个值得深究的问题，教师是如何使感通的力量在育人上发挥作用呢？在笔者看来，以下方面是甚为重要的。

第一，对学生的可持续发展负责。教师对学生热爱，需要解决的第一个问题是目标定位。教师应该将目标定位为学生的终身可持续发展负责。初看起来，这似乎是一个不言自明的问题，然而在大学教师群体中，有自觉的、明确的为学生长远发展和终身可持续发展负责之意识的人太少。因此，特别有必要指出，大学教师一定要有这样的明确意识：教师为学生所做的培养规划、组织的育人实践，都要紧密围绕促进学生的终身可持续发展来进行。教师关注的重心不能仅仅停留在学生的考试名次、知识获得，更应该关注学生的综合素质、全面发展，包括创新精神、创新能力、实践能力。当教师确立这样的意识，并把这样的意识贯彻到自己的育人实践中时，学生自然会对教师由衷感激，师生之间建立亲密无间的关系就会容易得多。

第二，把师爱平等地施予每一个学生。从爱这种情感的自然状态来说，爱是有偏私、有等差的。这源于两个原因：一是血缘上的远近。从人的血缘关系由近及远来说，是存在着人际等差的。儒家所谓的"尊尊""亲亲"，费孝通所谓的"差序格局"，描述的便是这种等差状态。既然在血缘上存在着人际的等差状态，那么人本能的、自然情感的抒发，便是近处的尽可能多地施予爱，远处的尽可能少地施予爱。二是利益的牵扯。一般来说，人情的常态是对于能够给自己带来利益的人，抱有正面的、积极的情感；对于让自己利益受损的人，抱有消极的、负面的情感。具体到教师对学生爱的情感的抒发这个领域，血缘因素的影响是不存在的。虽然个别教师与学生之间存在着或近或远的血缘关系，但这种状况在师生关系中所占的比例极小，从统计学的意义上可以忽略不计。影响其抒发状态的主要因素是利益，例如，学习成绩优秀、乖巧听话、有礼貌等品质集于一身或某一方面特别突出的学生，往往能够得到老师的关爱，而学习成绩差、不服管教、态度粗鲁等品质集于一身或某一方面特别突出的学生，往往很少得到老师的关爱，甚至得不到任何关爱。为什么会出现这样的情形呢？根源在于，前一类学生能够在班级评优、教师奖金的获得、班级稳定和谐的维持等方面做出直接或间接的贡献，后一类学生会直接或间接地"拖后腿"。就此而言，如果教师对学生的爱的情感是纯粹的、自然的，必定是存在偏私、等差的。可是，教师对学生的爱不是自然的情感状态，而是一种智爱，即经受过理性洗礼的社会性情感。从这种情感的价值指向来说，它是为了培植祖国未来的栋梁，为祖国的繁荣富强种下希望的种子。就这种情感指向的对象本身而言，身在大学中的每一个学生，无论其出身于何种家庭、智慧差别如何、性别是男性还是女性，在人格上都是平等的，应该享受的受教育机会也是均等的。每一个学生都应该得到教师爱的阳光的照耀，都应该充分体会到教师爱的温暖。当教师对上述理念有清醒的意识的时候，他就会自觉地确认这一点：在面对学生的时候，绝对不能把学生分为三六九等，区别对待，而应该一视同仁，把爱的阳光平等地洒向每一个学生。当教师能够做到这一点的时候，学生就能够体会到教师的善意与善行，自然会与教师"心心相印""心息相通"。

第三，以"无立场"的姿态对待学生。教师想要真正为学生的终身发展负责、真正做到关爱每一个学生，就不能只是站在自己的立场来理解和对待学生，必须站在学生的立场来理解和对待学生。遗憾的是，在现实的大学教育实践中，某些教师往往是站在自己的立场来施爱、施教的。这导致的直接结果便是，"以爱的名义"而行强制甚至是钳制之实。也许教师的动机、出发点是好的，从内心想要促使学生走上发展的光明大道，但事实上学生却"不领情"，根本体会不到教师的爱。关于这一点，可以从一项有关师生关系的调查中获得直观的数据支持。有研究者曾经做过一项调查，随机抽取 100 名教师，问："您热爱学生吗？"90%以上的被调查者回答"是"。然而，当这 100 名教师所教的学生被问到"你体会到教师对你的爱了吗？"只有 10%的人回答"体会到了"（林崇德，1999：36）。这项调查结果显示，只有 10%的学生能够感觉到教师对他们的热爱。之所以会出现这种特别令人尴尬的状况，主要源于教师施爱的方式是存在问题的。其根源在哪里呢？最根本的还是立场问题。因为教师没有站在学生的立场体会其心理需求，虽然教师满怀善意地施爱与施教，但效果却难以如意，甚至适得其反。因此，在对学生施爱这件事情上，教师必须自觉地转变策略，从固着化的教师立场转向"无立场"。所谓"无立场"，很容易被人们误解为字面的没有立场，其实它的本义不是这样的。"无立场"的要义有二：一是不固守某一特定的立场；二是在不同的立场之间进行自由的游走、转换（赵汀阳，1998：92-104）。具体到教师对学生施加爱的情感来说，"无立场"策略是由两个要件组成的。一是教师站在学生的立场感受、思考。教师要千方百计深入到学生的世界中，捕捉学生世界的信息，探索学生世界的规则，体察学生幽微的心理感受，从而深刻把握学生的价值取向、思维方式、情感体验。在这个基础上，教师要像学生一样去观察世界、思考问题，捕捉学生的情感波动。当做到这些的时候，通常人们眼中所谓学生的"简单""幼稚""错误"都是可理解、可接受的。二是教师回归自己的立场感受、思考。站在学生的立场是为了充分理解学生，为教师的理性施爱、施教奠定坚实的基础，但是只做到这一步，教师理性施爱、施教还处于未完成状态，要使这样的未完成状态走向完成状态，必须借助教师对学生的引导、教诲。然而，教师不能是被动地适应学生的心理需求，而是应该在适应学生心理需求的基础上有所超越。因为只有教师站在自己的立场把握未来世界的发展趋势，洞悉国家建设的需求，才能设计出既适应学生的心理需求，又能够契合国家、社会发展需求的教育方案，引导学生不断向上。当教师能够做到这一点的时候，教师对学生的施教无论是和风细雨式的还是雷鸣电闪式的，学生都能够体察到其中深沉的爱意。因为这样的施教是最适合学生的，是与学生的精神需求高度契合的。

总之，通过以上策略，教师把自己无私的师爱灌注到每一个学生的心田中，为学生所充分感知，学生心中产生感激、感恩之情，必然会报之以爱戴、崇敬之情。师生的相互关心、爱护之情交感相应，心息相通、心无阻隔便会成为师生之间交往的常态。在这种没有间隔的精神贯通状态中，学生可以直抵教师的灵性深处，将教师的高尚品行内化为自身的德性。同样，在这一过程中，教师也抵达了学生的心灵深处，完成了对其关键性的形塑。罗曼·英伽登（Roman Ingarden）在谈到感通的作用时曾说："它深入到一切，用自己的光辉照亮了一切……它是那么五彩缤纷，光彩夺目，已经上升到了我们生活的顶点……这些时不时显示的'形而上学'质——因为我们要这么称呼——乃是我们的生命中有'体验'价值的东西……形而上学质的显示构成了我们的生命的顶点，同时也是我们的生命和所有一切存在的东西中最深邃的东西。"（罗曼·英伽登，2008：283-284）在这里，罗曼·英伽登着力说明的是，感通作为一种特殊的精神形式，会使精神感受者产生极其强大的力量，使其进入感受对象生命中最深邃的地方，抓住对方心灵中最为根本的东西。实际上，在心灵感通者那里，这种生命深处、灵魂深处的抵达是相互的。在感受者抵达感受对象的灵魂深处之时，感受对象也到达了感受者的灵魂深处。教师对学生的奇妙的心理塑造、德性化育，就是在这一相互抵达的瞬间完成的。

结　语

思及"从游式"教育对学生的深刻影响时，雅斯贝尔斯在其自传中的一段话每每回旋在笔者的脑际："在我看来，我的同时代人中，人的伟大性的实现，历史上久远的为人的标准，在马克斯·韦伯身上以一种独特而奇异的方式得到了体现……直到今天，他的思想和他的品性对我的哲学的重要性是其他思想家所无法比拟的。"（雅斯贝斯，1989：32）在"从游"中，韦伯的伟大人格和深邃思想以奇异而独特的方式对雅思贝尔斯的人格、哲学思想的发展产生了重大的影响，让雅斯贝尔斯感怀不已。在"从游"中，西南联大教师对学生所产生的影响，也与韦伯对雅斯贝尔斯的影响类似。否则，研究西南联大的文化学者张曼菱就不会在《西南联大行思录》即将收笔之时写下这么一段话语：

西南联大的学生，都把自己看做是这所学校永远的莘莘学子，芸芸之年，不改其道。无论是载誉环球，还是经历曲折，校歌成了他们"天涯共此时"的认同心曲：这是一个独特的历史现象。

曾经有过可以寄托灵魂与理想的大学。它宁静而永恒的魅力在四海散发着余韵。从精神的层面上讲，这是一所没有解散的学校。比起今天那些高楼林立的大学，它更加牢固地存在于这个世界上。今日我们已无校歌。大学失去了它们各自的历史和独特传统，"千人一面，千部一腔"的时代已经很久。现在的学生把大学当作一个门槛，急于要那一张文凭。而管理者把学校当作一种经营场地，是物流、人流、信息流的集散地。大学的个性、特征和那种家园情感已经淡化消失。（张曼菱，2013：370）

显然，张曼菱在这里最关注的是西南联大学生对母校的那份无论身在何处，一生不变的"家园情感"。为什么他们会对自己的母校怀着那样一份浓烈的、挥之不去的"家园情感"呢？最根本的还是那里"可以寄托灵魂与理想"。在那里，他们开掘出了生命内在的自我提升的磅礴动力，感受过师生间如同亲人一般的"纯洁而亲密"的感情，接受了终生受用的智性的洗礼与德性的涵化。这些成为他们崎岖的人生道路上永远的支撑性力量。那些西南联大的学子对母校的宝贵馈赠感恩无已，所以他们才会对母校魂牵梦萦，把它视为"永远的精神家园"。

那么，为什么西南联大的学子能够在母校获得那些宝贵的馈赠呢？这主要依靠的是"从游式"教育的濡染。"从游式"教育作为一种特殊的教育形态，是与教育的本质最为贴近的教育形式。在笔者看来，本真的教育就是在自然状态中，教育者与受教育者通过相互接触、对话，唤醒受教育者的精神、灵魂的过程。在"从游式"教育中，教师与学生通过各种活动展开自然的对话、互动，从而在不知不觉间实现人格净化、思维能力提升、知识结构重建，这不正是与本真的教育最接近的教育形式吗？只有在这样的教育形式中，学生才可能真正体验到"教育应当使所提供给的东西让学生作为一种宝贵的礼物来领受，而不是作为一种艰苦的任务要他去负担"（爱因斯坦，1979：310）。在这样的教育光辉的照耀下，学生没有任何劳苦之感、强迫之难，有的只是接受精神的宝贵馈赠时的愉悦。所以，沉浸在这样的教育世界，西南联大的学子感到的是难以言喻的精神享受，故从来是不疲不厌。不期然的、最为艳丽的教育之花，就是这样灼然开放的。

当然，"从游式"教育之所以会绽放出最美的教育之花，不仅仅因为其契合了教育的本质，还因为其自然外化出的教育方式，这就是对话。对话这种特定的教育方式，无论是以激烈争辩的样态展现出来，还是以温和对谈的样貌显现出来，其教育功能都是其他类型的教育方式难以比拟的。在笔者看来，其主要的教育功能如下。第一，构建师生共享的精神家园。一个共同体之所以能够成为共同体，最为重要的是，他们分享共同的意义系统，共同的意义系统的形成只能依赖群体内部成员之间的对话。对此，英国学者戴维·伯姆（D. Bohm）等曾说，"对话并不直接关注真理，从对话中有可能发现真理，但对话真正关注的是意义（meaning）。如果意义本身不一致，你就永远到达不了真理。你也许会想：'我的意义是连贯的，别人的不连贯。'要是这样想的话，你就永远无法共享意义"（戴维·伯姆，李·尼科，2004：44-45）。可见，他们在此强调的是，对话关注的并不是发现真理，而是在对话中寻找大家可以共享的意义。伯姆在这里的说法尽管失之偏颇，但其对对话可以实现共同意义的建构的突出强调，却是非常有价值的。这可以引发我们对对话在建构共同的"意义家园"方面的思考。那么，共同的"意义家园"对于参与其中的师生有什么意义呢？那就是使他们有安全感、归属感。当大家都感觉自己沉浸在一个共同的"意义家园"的时候，所有的成员都会觉得这里就是自己安身立命的地方，是可以依靠的人生港湾，其心态完全是安然的、自在的。第二，生成新的思想。尽管通过对话建构共同的"意义家园"很重要，但是这并不是对话的唯一功能，对话还可以实现新思想的创生。对此，王怡红曾说："对话让我们有所期待，期待着瞬间相遇的可能性。这就是，在对话中找到可能获得启发的，可能相互理解的东西。对话者共享创新思想，不由自主地改写了自己原有的思想……真理也就在对话中逐渐显现出来。"（王怡红，2003：298-299）在这里，王怡红想要表达的是，对话意味着新的思想出现的可能性。这种可能性的实现，依靠对话者在思想与思想碰撞的瞬间裂变而生的新的思想要素，并最终由对话者自觉改写原有的思想来完成。

不过，对话这种方式的教育功能的充分实现不是自发的，需要教育的设计者、实施者为其创造特定的条件，其中最重要的便是自由的精神空间。如果在大学中没有充分的、游刃有余的精神空间会变得既无可能也无必要。正是因为如此，雅斯贝尔斯才会不无激愤地提醒世人："大学是一个人们可以在这里自由地探索真理、教授真理的地方，也是一个人们可以为了这个目的蔑视一切想剥夺这种自由的人的地方。"（雅斯贝尔斯，2007：12）因此，身在大学中的每一个人都应该谨记雅斯贝尔斯的谆谆教诲:"没有谁会变成权威,悬崖峭壁旁的沙砾也仍然是自由而独立的。"(雅斯贝尔斯,2007:86-87)

回望西南联大"从游式"教育的盛况之时,我们禁不住会问:当代的大学应该怎么办?如果当代大学不能够给莘莘学子提供师生"从游"的种种条件,让他们享受到"从游"之乐,在"从游"中获得无可替代的馈赠,那么大学不过就是一个大学生在青春正盛之时寄居过的地方,一个让他们获得职业资格的"养成所",而不是他们"永远的精神家园"。这是每一个对大学的命运有所关切的人都不得不警心惕神的问题。

遗憾的是,对这一点有警觉意识的人并不多。现代大学教育已经沿着市场化、数量化的"快车道"疯狂奔跑,在某种程度上忘记了教育的本真、师生"从游"之乐,如一些地方兴办大学城,就是这样一种举动。北京大学中文系的知名教授陈平原曾针对大学城对中国大学教育的影响做过犀利的剖析,他是这么说的:

> 各地政府花大价钱一次性建成的大学城,硬件都很好,但缺乏历史感和文化氛围。更要命的是,此举使得本就日渐疏远的师生关系,进一步恶化了。因为,目前各地所建成的大学城,一般都不设教师住宅区,于是,上完课马上走人,要不赶不上学校的班车。傍晚时分,你在大学城走走,全是"朝气蓬勃"的脸孔,一点也没有梅贻琦所说的"大鱼带小鱼"的感觉。(陈平原,2009:186)

陈平原的分析可谓一针见血!大学城的纷纷开建、大学生的大规模迁入无疑大大改善了大学的环境,对高等教育的大众化、普及化贡献亦所在多有,但是这一举措的不足是使本来就淡漠的师生关系的改善变得几无可能,师生之间"从游"的空间消失。就此而言,大学城的设置对于提升大学教育的效率是有帮助的,但是对于提升大学教育的质量却不然。要想使大学教育的质量真正获得提升,就需要具有远见卓识的教育家勇于逆潮流而行,对大学教育规律心怀敬畏,不被所谓的规模化效应"神话"所迷惑,坚持走内涵式发展之路。龚克就是一位难得的清醒、睿智的教育家,他在论及大学的根本任务时一再强调:"教育的根本对象是'人',根本目的是'人',根本任务是育'人',而不是升学率、不是论文和奖励以及头衔多少的排名、不是大楼和设备等等。"(龚克,2013)因此,他在任南开大学校长期间,力主在培育一流人才上下功夫,淡化大学排名,不搞数量扩张。在论及大学的内涵式发展时，他把关注的眼光投向了文化。他是这么说的：

> 文化的丰富性和多样性，是教育特色发展的逻辑起点。大学的文化内涵是最重要的内涵。文化的个性是制度个性、体制个性、模式个性和形象个性的内涵所在。学校提供给师生的不仅是教室、操场、图书馆、实验室、礼堂等等有形的东西，对于"育人"来说，学校是一个无形的文化环境，它积淀着这所学校独特的历史和人文、特定的人物和故事，积蕴出这所学校独具的风格和气质、特属的光荣与梦想。（龚克，2013）

在这里，龚克特别强调的是，大学的内涵式发展，最重要的是要以独特的文化来涵养人。

最后不得不指出的是，作为实践形态的"从游式"教育，在中国可以说是源远流长的，但是作为思想形态的"从游式"教育，在梅贻琦那里才开始出现，这可能与"从游式"教育的特殊性密切相关。与通常的教育形态相比，它的发起者是学生而非教师，没有专属的实体性活动领域，不易让理论工作者在众多的教育实践中辨识出来。当然，也正是因为其具有这样的特点，才避免了常规教育之于学生的外在化、不同部分的间离等弊病，使学生在接受教育的过程中具有了深刻的切己性、通贯性，其对学生的影响才能既在不落痕迹中深入人心，又在全面形塑上发挥关键作用，可谓教育的理想之境。对于"从游式"教育的研究，笔者这里所做的工作不过是抛砖引玉，期望更多对中国大学教育富识见、多深情的思想者和研究者加入到这一研究的队伍中，不断推出智性灿然、辉映古今的成果。

参 考 文 献

爱因斯坦. 1979. 爱因斯坦文集（第三卷）. 许良英，赵中立，张宣三编译. 北京：商务印书馆.

北京大学，清华大学，南开大学等. 1998. 国立西南联合大学史料（第二卷）. 昆明：云南教育
　　出版社.

北京大学研究生会，北京大学 MBA 联合会. 1998. 北大名教授访谈记. 北京：机械工业出版社.

北京图书馆《文献》丛刊编辑部，吉林省图书馆学会会刊编辑部. 1984. 中国当代社会科学家
　　（传记丛书）（第6辑）. 北京：书目文献出版社.

本书编辑委员会. 1990. 中国新文学大系·1937—1949 第一集 文学理论卷一. 上海：上海文艺
　　出版社.

卞僧慧. 2010. 陈寅恪先生年谱长编（初稿）. 北京：中华书局.

伯顿·克拉克. 2001. 探究的场所——现代大学的科研和研究生教育. 王承绪译. 杭州：浙江教
　　育出版社.

陈理，郭卫平，王庆仁. 2000. 潘光旦先生百年诞辰纪念文集. 北京：中央民族大学出版社.

陈平原. 2000. 北大精神及其他. 上海：上海文艺出版社.

陈平原. 2009. 大学有精神. 北京：北京大学出版社.

陈醒. 1998. "半肩行李半肩书"——访马学良先生. 民间文学论坛，3：88-92.

陈子善，徐如麟. 1996. 施蛰存七十年文选. 上海：上海文艺出版社.

戴美政. 2010. 曾昭抡评传. 昆明：云南人民出版社 .

戴维·伯姆，李·尼科. 2004. 论对话. 王松涛译. 北京：教育科学出版社.

戴学稷，徐如. 2009. 邵循正先生百年诞辰纪念文集——部分学生 友好 亲人的怀念与回忆. 福
　　州：福建社会科学院出版社.

杜运燮，袁可嘉，周与良. 1987. 一个民族已经起来——怀念诗人、翻译家穆旦. 南京：江苏人
　　民出版社.

杜运燮，周与良，李方等. 1997. 丰富和丰富的痛苦——穆旦逝世20周年纪念文集. 北京：北

京师范大学出版社.

多人. 2005. 秋风怀故人：冯至百年诞辰纪念集. 北京：人民文学出版社.

费孝通. 1991. 清华人的一代风骚. 读书, 10：3-14.

费孝通. 1999. 我心目中的爱国学者. 读书, 11：16-17.

封越健, 孙卫国. 2009. 郑天挺先生学行录. 北京：中华书局.

冯尔康, 郑克晟. 1991. 郑天挺学记. 北京：生活·读书·新知三联书店.

冯契. 1993. 忆在昆明从汤用彤先生受教的日子. 学术月刊, 8：96-99.

冯契. 1996. 冯契文集（第 1 卷）. 上海：华东师范大学出版社.

冯至. 2011. 阳光融成的大海. 昆明：云南人民出版社.

龚放. 1987. 大学师生关系的现状必须改变. 高等教育研究, 4：63-66.

龚克. 2013. 立德树人、素质教育与内涵式发展. 中国高等教育, 2：6-8.

顾迈南. 1997. 华罗庚传. 上海：复旦大学出版社.

顾明远. 2021. 何谓大先生. 理论导报, 9：53.

顾农. 1997. 西南联大的启示. 读书, 12：47-48.

顾小英, 朱明远. 2011. 朱光亚的赤子情怀. 神州学人, 4：19-26.

郭良夫. 1987. 完美的人格——朱自清的治学和为人. 北京：生活·读书·新知三联书店.

何炳棣. 2005. 读史阅世六十年. 桂林：广西师范大学出版社.

何南. 2010. 一代大师任继愈. 长春：时代文艺出版社.

何兆武口述, 文靖撰写. 2006. 上学记. 北京：生活·读书·新知三联书店.

贺麟. 1931a. 德国三大伟人处国难时之态度. 大公报·文学副刊, 10-26（2）.

贺麟. 1931b. 德国三大伟人处国难时之态度. 大公报·文学副刊, 11-02（2）.

贺麟. 1931c. 德国三大伟人处国难时之态度. 大公报·文学副刊, 11-03（2）.

贺麟. 1931d. 德国三大伟人处国难时之态度. 大公报·文学副刊, 12-07（2）.

贺麟. 1932. 德国三大伟人处国难时之态度. 大公报·文学副刊, 02-08（2）.

贺麟. 1988. 文化与人生. 北京：商务印书馆.

扈中平, 蔡春. 2003. 教育人学论纲. 华东师范大学学报（教育科学版）, 3：1-9.

黄延复, 钟秀斌. 2011. 一个时代的斯文——清华校长梅贻琦. 北京：九州出版社.

季羡林. 2002. 季羡林文丛：学问之道. 沈阳：沈阳出版社.

江渝. 2010. 西南联大——特定历史时期的大学文化. 成都：电子科技大学出版社.

教育部中外大学校长论坛领导小组. 2002. 中外大学校长论坛文集. 北京：高等教育出版社.

金克木. 2006. 书读完了. 上海：汉语大词典出版社.

金岳霖. 1995. 金岳霖文集（第二卷）. 兰州：甘肃人民出版社.

《李继侗文集》编辑委员会. 1986. 李继侗文集. 北京：科学出版社.

李硕豪, 王改改. 2019. "拔尖计划"学生成就动机及其影响因素的实证研究. 高等教育研究,

8：63-76，106.

李政道. 2008. 李政道文选（科学和人文）. 上海：上海科学技术出版社.

林崇德. 1999. 教育的智慧——写给中小学教师. 北京：开明出版社.

林建法. 2014. 诗人讲坛. 沈阳：辽宁人民出版社.

林语堂. 1996. 林语堂文集（第九卷）. 北京：作家出版社.

刘剑虹，杨竞红. 2005. 梅贻琦通才教育思想引论. 宁波大学学报（教育科学版），（5）：35-40.

刘克光. 1988. 春风时雨硕果丰盈. 云南师范大学学报（哲学社会科学版），1988 年校庆专辑，
　　25-28.

刘培育. 1995. 金岳霖的回忆与回忆金岳霖（增补本）. 成都：四川教育出版社.

刘培育. 2000. 金岳霖的回忆与回忆金岳霖. 2 版. 成都：四川教育出版社.

刘述礼，黄延复. 1993. 梅贻琦教育论著选. 北京：人民教育出版社.

刘绪贻口述，余坦坦整理. 2010. 箫声剑影：刘绪贻口述自传. 桂林：广西师范大学出版社.

刘宜庆. 2019. 大师之大：西南联大风云记. 沈阳：辽宁人民出版社.

刘又辛. 2002. 治学纪事. 成都：巴蜀书社.

刘祚昌. 2000. 西南联大忆旧——兼论“西南联大精神”. 学术界，1：230-235.

柳怀祖. 1999. 李政道文录. 杭州：浙江文艺出版社.

罗曼·英伽登. 2008. 论文学作品. 张振辉译. 开封：河南大学出版社.

罗荣渠. 2006. 北大岁月. 北京：商务印书馆.

罗庸讲述，郑临川记录，徐希平整理. 2014. 罗庸西南联大授课录. 北京：北京出版社.

马丁·布伯. 1992. 人与人. 张见，韦海英译. 北京：作家出版社.

马识途. 2021a. 百岁拾忆. 成都：四川文艺出版社.

马识途. 2021b. 马识途西南联大甲骨文笔记. 成都：四川人民出版社.

梅贻琦. 2012. 中国的大学. 北京：北京理工大学出版社.

梅贻琦. 2013. 梅贻琦自述. 文明国编. 合肥：安徽文艺出版社.

尼尔·波兹曼. 2004. 娱乐至死. 章艳译. 桂林：广西师范大学出版社.

潘乃穆等. 1999. 中和位育：潘光旦百年诞辰纪念. 北京：中国人民大学出版社.

浦江清. 1999. 清华园日记·西行日记. 北京：生活·读书·新知三联书店.

钱理群. 1997. 世纪末的沉思. 石家庄：河北人民出版社.

钱理群. 2008. 我的教师梦——钱理群教育讲演录. 上海：华东师范大学出版社.

钱理群. 2012. 北大清华再争状元就没有希望. 中国青年报，05-03（3）.

钱理群，高远东. 2003. 中国大学的问题与改革. 天津：天津人民出版社.

钱穆. 1948. 国史大纲. 上海：商务印书馆.

钱穆. 2012. 八十忆双亲·师友杂忆. 北京：九州出版社.

钱伟长. 2000. 教育和教学问题的思考. 上海：上海大学出版社.

清华大学校史编写组. 1981. 清华大学校史稿. 北京：中华书局.

裴立群. 1994. 西南联大师生步行考察大凉山. 中国科技史料，2：32-41.

屈志斌. 2015. 梅贻琦的师生关系理念及其实践. 教育理论与实践，（30）：50-52.

任继愈. 2017. 自由与包容：西南联大人和事. 南昌：江西教育出版社.

任之恭. 1992. 一位华裔物理学家的回忆录. 范岱年，范建年，范华译. 太原：山西高校联合出版社.

沈从文. 2002. 续废邮存底. 北京：北京电子出版物出版中心.

沈从文. 2011. 长河集. 重庆：重庆大学出版社.

苏双碧，王宏志. 1998. 吴晗传. 上海：上海人民出版社.

孙正聿. 1998. 哲学通论. 沈阳：辽宁人民出版社.

汤佩松. 1987a. 为接朝霞顾夕阳——五十多年来在植物生理学领域中学习和工作的一些回顾. 植物生理学通讯，（3）：58-64.

汤佩松. 1987b. 为接朝霞顾夕阳——五十多年来在植物生理学领域中学习和工作的一些回顾. 植物生理学通讯，（4）：73-79.

唐小兵. 2017. 与民国相遇. 北京：生活·读书·新知三联书店.

田亮. 2005. 抗战时期史学研究. 北京：人民出版社.

汪曾祺. 1986. 沈从文先生在西南联大. 人民文学，5：34-37.

汪曾祺. 2017. 昆明的雨. 梁由之编. 北京：中信出版社.

汪曾祺. 2021. 在西南联大. 北京：文化发展出版社.

汪曾祺. 1998. 汪曾祺全集（四）. 邓九平编. 北京：北京师范大学出版社.

汪子嵩. 1999a. 中西哲学的交会：漫忆西南联大哲学系教授（之一）. 读书，9：63-72.

汪子嵩. 1999b. 中西哲学的交会：漫忆西南联大哲学系教授（之二）. 读书，10：63-71.

汪子嵩，王太庆. 1990. 陈康：论希腊哲学. 北京：商务印书馆.

王路，刘奋荣. 2002. 逻辑、语言与思维——周礼全先生八十寿辰纪念文集. 北京：中国科学文化出版社.

王世儒，闻笛. 1998. 我与北大——"老北大"话北大. 北京：北京大学出版社.

王文凯. 2011. 中国传统"从游"教育模式平议. 湖北大学学报（哲学社会科学版），（6）：111-114.

王喜旺. 2008. 学术与教育互动：西南联大历史时空中的观照. 太原：山西教育出版社.

王彦铭. 1988. 缅怀罗膺中先生. 云南师范大学学报（哲学社会科学版），1988年校庆纪念专辑，94-99.

王瑶. 1936. 关于第四十五卷的周刊. 清华周刊，1：5.

王瑶. 1995. 王瑶文集（第7卷）. 太原：北岳文艺出版社.

《王瑶先生纪念集》编辑小组. 1990. 王瑶先生纪念集. 天津：天津人民出版社.

王一川. 2010. 中国古典"从游"传统与重建本科艺术专业教育. 北京师范大学学报（社会科学版），（1）：89-94.

王一川，周星，于丹等. 2009. 研究型大学艺术专业的"从游式"教学模式. 中国大学教学，（10）：17-21.

王怡红. 2003. 人与人的相遇——人际传播论. 北京：人民出版社.

王云五，罗家伦等. 2015. 民国三大校长. 长沙：岳麓书社.

文集编撰委员会. 1999. 一代宗师——曾昭抡百年诞辰纪念文集. 北京：北京大学出版社.

闻黎明. 1992. 闻一多传. 北京：人民出版社.

闻黎明，侯菊坤. 1994. 闻一多年谱长编. 武汉：湖北人民出版社.

闻立鹏，张同霞. 1999. 闻一多. 北京：人民美术出版社.

闻一多. 1986. 闻一多书信选集. 北京：人民文学出版社.

闻一多讲授，郑临川记录，徐希平整理. 2014. 闻一多西南联大授课录. 北京：北京出版社.

吴宝璋. 1988. 西南联大的传统及历史地位. 云南师范大学学报（哲学社会科学版），1988年校庆纪念专辑，15-24.

吴承学. 2021. 冰壶秋月. 杭州：浙江古籍出版社.

吴洪成，甘少杰. 2011. 梅贻琦"从游论"的教育思想与当代启示. 广州大学学报（社会科学版），（5）：52-56，76.

吴宓著，吴学昭整理. 1998a. 吴宓日记 第6册：1936—1938. 北京：生活·读书·新知三联书店.

吴宓著，吴学昭整理. 1998b. 吴宓日记 第7册：1939—1940. 北京：生活·读书·新知三联书店.

吴宓著，吴学昭整理. 1998c. 吴宓日记 第8册：1941—1942. 北京：生活·读书·新知三联书店.

吴宓著，吴学昭整理. 1998d. 吴宓日记 第9册：1943—1945. 北京：生活·读书·新知三联书店.

吴世坦. 1990. 回忆吴宓先生. 西安：陕西人民出版社.

吴有训百年诞辰纪念活动筹备委员会. 1997. 吴有训百年诞辰纪念文集. 北京：中国科学技术出版社.

吴征镒. 2008. 百兼杂感随忆. 北京：科学出版社.

西南联大北京校友会. 2002. 庆祝西南联合大学成立65周年纪念特辑. 北京：北京大学出版社.

西南联大北京校友会. 2008. 我心中的西南联大——西南联大建校70周年纪念文集. 北京：清华大学出版社.

西南联大除夕副刊. 1946. 联大八年. 昆明：西南联大学生出版社.

西南联合大学北京校友会. 1988. 笳吹弦诵情弥切——国立西南联合大学五十周年纪念文集. 北京：中国文史出版社.

西南联合大学北京校友会. 2006. 国立西南联合大学校史：一九三七至一九四六年的北大、清华、南开. 北京：北京大学出版社.

夏晓虹. 1999. 季镇淮先生纪念集. 北京：北京大学出版社.

夏中义. 2000. 九谒先哲书. 上海：上海文化出版社.

萧超然. 1981. 北京大学校史. 北京：北京大学出版社.

邢军纪. 2010. 最后的大师：叶企孙和他的时代. 北京：北京十月文艺出版社.

徐凯文. 2020-07-25. 学生空心病与时代焦虑. https://www. sohu. com/a/409713471_120297999.

徐利治等. 2004. 回顾西南联合大学数学系. 中国科技史料，2：175-184.

许渊冲. 1996. 追忆逝水年华. 北京：生活·读书·新知三联书店.

许渊冲. 2008. 联大人九歌. 昆明：云南人民出版社.

许渊冲. 2021a. 西南联大求学日记. 北京：中译出版社.

许渊冲. 2021b. 许渊冲百岁自述. 北京：华文出版社.

许知远. 2001. 那些忧伤的年轻人. 海口：海南出版社.

雅斯贝尔斯. 1991. 什么是教育. 邹进译. 北京：生活·读书·新知三联书店.

雅斯贝尔斯. 2007. 大学之理念. 邱立波译. 上海：上海人民出版社.

雅斯贝斯. 1989. 雅斯贝斯哲学自传. 王立权译. 上海：上海译文出版社.

杨东平. 2000. 大学精神. 沈阳：辽海出版社.

杨立德. 1995. 西南联大教育史. 成都：成都出版社.

杨立德. 2005. 西南联大的"斯芬克司"之谜. 昆明：云南人民出版社.

杨振东，杨存泉. 1998. 杨振宁谈读书与治学. 广州：暨南大学出版社.

杨振宁. 2018. 曙光集. 翁帆编译. 北京：生活·读书·新知三联书店.

杨志玖. 1983. 我怎样学元史. 文史哲，5：85-88.

杨祖陶. 2010. 回眸——从西南联大走来的六十年. 北京：人民出版社.

佚名. 1980. 闻一多纪念文集. 北京：生活·读书·新知三联书店.

易社强. 2012. 战争与革命中的西南联大. 饶佳荣译. 北京：九州出版社.

虞昊，黄延复. 2008. 中国科技的基石——叶企孙和科学大师们. 上海：复旦大学出版社.

云南省政协文史资料研究委员会，西南联合大学北京、昆明校友会，云南师范大学. 1988. 云南
    文史资料选辑（第三十四辑）. 昆明：云南人民出版社.

云南西南联大校友会. 1998. 难忘联大岁月——国立西南联合大学在昆建校六十周年纪念文集.
    昆明：云南教育出版社.

云南西南联大校友会. 2003. 西南联大精神永垂云南——国立西南联合大学昆明建校 65 周年纪
    念文集（1938—2003）. 昆明：云南教育出版社.

张奠宙，王善平. 2004. 陈省身传. 天津：南开大学出版社.

张杰，杨燕丽. 1999. 追忆陈寅恪. 北京：社会科学文献出版社.

张曼菱. 2013. 西南联大行思录. 北京：生活·读书·新知三联书店.

张世英. 2008. 归途——我的哲学生涯. 北京：人民出版社.

张世英，杨澜洁. 2013. 我的西南联大——张世英的片断记忆. 学术月刊，2：165-170.

赵瑞蕻. 2021. 离乱弦歌忆旧游——西南联大求学记. 北京：生活·读书·新知三联书店.

赵汀阳. 1998. 一个或所有问题. 南昌：江西教育出版社.

赵新林，张国龙. 2000. 西南联大：战火的洗礼. 上海：上海教育出版社.

赵振銮. 1983. 龙云与蒋介石的合与分之我见. 云南历史研究所研究集刊，2：18-24.

郑家栋，陈鹏. 2002. 追忆冯友兰. 北京：社会科学文献出版社.

郑敏. 2004. 思维 文化 诗学. 郑州：河南人民出版社.

郑天挺. 2018. 郑天挺西南联大日记（上册）. 北京：中华书局.

中国高等科学技术中心. 2008. 李政道文选. 上海：上海科学技术出版社.

中国人民政治协商会议江苏省无锡县委员会. 1992. 钱穆纪念文集. 上海：上海人民出版社.

中国人民政治协商会议云南省委员会文史资料委员会. 1998. 云南文史资料选辑（第五十三辑）——内迁院校在云南. 昆明：云南人民出版社.

中国人民政治协商会议云南省委员会文史资料研究委员会. 1964. 云南文史资料（第六辑）. 昆明：云南人民出版社.

中国社会科学院哲学研究所. 1987. 金岳霖学术思想研究. 成都：四川人民出版社.

周忱. 2002. 张荫麟先生纪念文集. 上海：汉语大词典出版社.

《朱德熙先生纪念文集》编辑小组. 1993. 朱德熙先生纪念文集. 北京：语文出版社.

朱自清. 1997. 朱自清自传. 南京：江苏文艺出版社.

Buber M. 1961. Between Men and Men. London：Fontana Library.

Mercer N. 2000. Words & Minds：How We Use Language to Think Together. New York：Routledge.

后　记

　　在写作这部著作的时候，去世不久的西南联大毕业生何兆武先生的一番话始终萦绕在我的心头："关于西南联大的研究已有很多，也出版了不少书，但大多是资料集，就像注册组的报告一样。比如北大出版社的《西南联大校史》，最后的修订我也参与了，可那本书我也不大满意，因为它都是资料数字，虽然也有用，但毕竟是死的，而真正的历史是要把人的精神写出来。'糟粕所存非粹美，丹青难写是精神'，把每根头发都画得一丝不错不一定就是最好，可是漫画家三笔两笔就能把人活灵活现地勾勒出来……写历史最重要的也是把'精神'写出来，堆多少资料也堆不出活生生的人。"（何兆武，文靖，2006：189-190）在这里，何兆武先生用散淡、幽默的笔触，给我们揭示了一个道理，即历史研究要把研究对象的"精神""灵魂"刻画出来。这也是我的研究、写作中念兹在兹的。虽然由于时间、精力、自己的学养等的限制，没有在本书的写作中做到尽善尽美，但对西南联大师生在"从游式"教育中的"精气神"还是在一定程度上画出来了，希望有心的读者顺着我的思路捕捉这种"精气神"。

　　在本书成书的过程中，有许多人是需要感谢的。感谢全国教育科学规划领导小组办公室的评审专家，没有他们的认可、支持，本书研究的开展几乎是不可能的。感谢胡保利教授！如果没有他的关心、支持，本书的出版不可能这么顺利。

感谢我的学生马鑫丽、王淑萍、常美、杨东升、张俊，在学校安排了燕赵文化学科群重大课题的科研任务之时，是他们分担了一部分，才使我有充足的时间推进本书的研究工作，顺利完成任务。感谢科学出版社的责任编辑朱丽娜、高丽丽，如果没有她们的专业、敬业的工作，本书的很多讹误不可能消弭于无形。

在研究西南联大的道路上，我不知道还会走多远、还能走多远，但我知道在未来的某一时刻，我一定会再次回归，回归到这一值得研究的"神奇的大学"，展现它的智慧、美德之光和无与伦比之美。

王喜旺
志于河北大学悦学楼工作室